四川大学“财政学国家一流专业建设经费”资助

财政政策与宏观调控的理论与实践

Theory and Practice of Fiscal Policy and Macroeconomic Control

主编　王文甫

西南财经大学出版社
Southwestern University of Finance & Economics Press
中国·成都

图书在版编目(CIP)数据

财政政策与宏观调控的理论与实践 / 王文甫主编.
成都:西南财经大学出版社,2025.6. --ISBN 978-7-5504-6781-1
Ⅰ.F812.0
中国国家版本馆 CIP 数据核字第 2025ER6614 号

财政政策与宏观调控的理论与实践
CAIZHENG ZHENGCE YU HONGGUAN TIAOKONG DE LILUN YU SHIJIAN
主　编　王文甫

策划编辑:何春梅
责任编辑:植　苗
责任校对:杨婧颖
封面设计:墨创文化
责任印制:朱曼丽

出版发行	西南财经大学出版社(四川省成都市光华村街 55 号)
网　　址	http://cbs.swufe.edu.cn
电子邮件	bookcj@swufe.edu.cn
邮政编码	610074
电　　话	028-87353785
照　　排	四川胜翔数码印务设计有限公司
印　　刷	成都国图广告印务有限公司
成品尺寸	185 mm×260 mm
印　　张	11.125
字　　数	253 千字
版　　次	2025 年 6 月第 1 版
印　　次	2025 年 6 月第 1 次印刷
书　　号	ISBN 978-7-5504-6781-1
定　　价	68.00 元

前言

Preface

改革开放以来，我国的经济发展取得了举世瞩目的成就，人均国内生产总值（GDP）从1978年的156美元增长至2023年的1.27万美元，国内生产总值从1978年的1 500亿美元左右增长至2023年的17.89万亿美元，并在2013年成为世界第一货物贸易大国，2021年全面建成小康社会。我国经济已进入“十四五”规划收官之年，即将迈入“十五五”时期，世界百年未有之大变局加速演变，为我国经济追求高质量增长带来了新挑战，这就需要经济理论来指导经济实践。财政的主要经济功能不仅体现为一个国家在资源管理和配置层面的经济活动，更是国家治理的基础和重要支柱，而财政政策在宏观经济调控中能起到重要作用。为此，本书试图从财政政策与宏观经济调控的理论与实践两个层面进行系统归纳总结，以理解理论与实践之间的内在逻辑关系。

本书有两个特点：一是把理论和实践分开，前面部分介绍财政宏观调控理论，后面部分介绍财政宏观调控的中外实践；二是中国财政调控的特点，在最后一章讨论了中国的财政政策和宏观调控的中长期特性，如财政政策对高质量增长和经济结构的作用。为此，本书先梳理宏观经济学基本理论概述、宏观财政政策的目标和内容，再梳理中外财政政策实践，特别是新中国成立以来的财政政策实践。本书由八章内容组成，大体安排如下：第一章是宏观经济学基本理论概述，主要包括古典与凯恩斯宏观经济学、货币主义学派、理性预期与新古典宏观经济学以及新凯恩斯主义四部分内容；第二章是宏观财政政策的目标和内容，主要包括宏观财政政策目标和宏观财政政策两部分内容；第三章是凯恩斯主义模型及财政政策，主要包括收入-支出模型、IS-LM模型和AD-AS模型三部分内容；第四章是开放经济中的宏观财政政策，主要包括弗莱明-蒙代尔模型、浮动汇率下财政政策效应、固定汇率下财政政策效应三部分内容；第五章是欧美国家的财政政策实践，包括二战后美国的财政政策实践和二战后欧洲主要国家的财政政策实践两部分内容；第六章是计划经济时代我国的财政政策实践，主要包括新中国成立初期的财政政策、20 世纪六七十年代的财政政策、计划经济时代的财政政策的理论归纳和总结三部分内容；第七章是改革开放以来我国的财政政策实践，主要包括转轨时期的财政政策实践（1978—1991 年）、市场经济条件下的财政政策实践（1992—2008 年）、宏观经济调整优化的财政政策实践（2009—2019 年）、新冠疫情后的财政政策实践（2020 年至今）以及财政政策和货币政策的相互协调五部分内容；第八章是中长期我国财政政策与宏观调控，主要包括财政政策与高质量经济增长、财政政策与宏观经济波动、财政政策与结构调整三部分内容。

本书在相关资料收集及研究过程中得到了梁丰、原佳佳、晋曼溶、黄蕊、刘海源和李艾玲等同学的大力支持，同时征求了西南财经大学及四川大学宏观经济学者的意见，还参考了国内外相关教材及文献，汲取了其中有价值的观点，在此对相关人员及学者表示感谢！

限于写作时间及水平，书中难免存在不足，还望专家、读者批评指正！

王文甫

2025 年 1 月

目录 CONTENTS

第一章
宏观经济学基本理论概述

第一节　古典与凯恩斯宏观经济学

一、古典学派与二分法

（一）古典学派

这里的古典学派是指古典宏观经济学，是从亚当·斯密（1776）的《国富论》发表开始，到约翰·梅纳德·凯恩斯（1936）的《就业、利息和货币通论》出版之前的主流宏观经济理论体系，主要以自由竞争和充分就业为基本假设条件。古典宏观经济学家指出，市场经济的运行状态或许会暂时偏离产量与就业的理想均衡状态，然而，他们坚信这种偏离仅是短暂现象。因此，古典宏观经济学的核心观点是，价格和工资是灵活变动的，这种灵活性提供了一种自我纠正机制，能够迅速恢复充分就业并使实际产出等于充分就业产出水平。如果古典宏观经济学的分析是正确的，那么政府以稳定性政策为形式的介入，既非必要之举，亦难以达到令人满意的效果。

古典宏观经济学的推理建立在以下基本假设之上：

（1）所有经济行为人①都是理性的，它们的目标为最大化利润或者最大化效用。当做出决策时，它们假定拥有完备信息，且不受货币幻觉的影响。

① 经济行为人是指在经济活动中参与生产、分配、消费等行为的主体，包括个人、企业、政府等。其行为受到经济利益、制度规则、社会环境等多重因素的影响，并对经济运行产生重要影响。

（2）所有市场都是完全竞争的。因此，经济行为人依据市场价格信号，能够自由买卖其意愿中的交易量，且市场成交仅发生在达到均衡状态之后，即不存在非均衡价格下的交易情形。

（3）所有经济行为人都有一个稳定的预期。

上述假设保证了市场总是处于出清状态。

根据古典宏观经济学的理论思路，现实经济可以划分为两个部门：一个是实物经济部门；另一个是货币经济部门。这两个部门是两分的，古典宏观经济学首先要解决的是实物经济部门的产量与就业水平的决定问题，其次才是解决货币经济领域的价格水平决定问题。因此，古典宏观经济学的相关理论主要包含三方面内容：一是产量和就业水平决定理论；二是萨伊的市场定律；三是货币数量论。

（1）产量和就业水平决定理论。在古典经济模型中，短期生产函数是产量决定的关键因素，形式为 $Y=F(K^{-}, L)$。我们设定一个经济体系在短期内资本存量恒定，即 $K=K^{-}$，且技术水平保持不变。在此情境下，产出水平 Y 与劳动力投入总量 L 之间形成了一种特定的函数关系：随着劳动投入的增多，产出水平相应提升。然而，由于资本总量是固定的，随着劳动力投入的持续增加，产出的增长速率将逐渐放缓，即劳动的边际产出呈现递减趋势。

（2）萨伊的市场定律，即供给会创造出自己的需求。萨伊认为，生产的增长不存在某种长期性的限度，如果超过这个限度，产品就无法全部售完。但这不排斥可能出现的短期性经济失调，萨伊把它说成是“终将过去的灾难”，并且他把短期现象归因于商品结构不符合消费者需求，而不是生产总量的过剩。生产之所以不可能过剩，是由于通过完全的自由竞争，价格和工资灵活变动，能够起到平稳总供给和总需求的作用。萨伊定律的根基在于这一观点：他主张货币经济与物物交换经济在本质上并无显著区别。在物物交换体系中，只要工厂能够扩大生产，就会有相应的消费者进行购买；同样地，这一逻辑在货币经济体系中亦适用。

（3）货币数量论。古典经济学派认为，价格水平是由货币供应量决定的，是在货币市场上决定的。对于何种货币会影响总价格水平，有两种解释，古典经济学的货币数量理论也相应地有两种形式：一是美国经济学家费雪提出的“费雪方程式”；二是英国剑桥学派提出的“剑桥方程式”。费雪认为，货币流通速度 V 取决于商业习惯，可以假定在一定时期内，是一个相对稳定的常数；总产出 Y 被认为是充分就业条件下的总产出，也是一个常数。因此，影响和决定一般物价水平 P 的是流通中的货币量 M，P 随 M 的变化而同方向成正比例变化，即 $MV=PY$。剑桥学派的学者认为，在 Y 和 k 假定为常数的情况下，总价格水平是随着货币存量的变动而正比例变动的，即 $M=kPY$。

古典经济学中的利率是在资本市场上决定的。在资本市场上，储蓄的供给和对投资的需求在市场出清的利率水平上达到均衡。

（二）古典学派的二分法

古典模型主张，在货币市场中，货币供应量的变动不会对实际生产总量产生直接影响，而是只调整价格总水平，进而经由这一机制对名义产出量产生作用。实际产出量的决定因素包括劳动力和资本等，这种将货币与实际产出相分离的观点被称为“二分法”。在二分法的框架下，一方面存在实物经济领域，其中就业、产出以及投资水平得以确定；另一方面则是货币经济领域，该领域中价格水平得以决定，如表 1-1 所示。

表 1-1　古典经济的二分法

实物经济领域	货币经济领域
$L^d = L^d(W)$（劳动力需求） $L^s = L^s(W)$（劳动力供给） $L^d(W) = L^S(W)$（均衡就业） $Y = F(K, L)$（均衡产出） $S(r) = I(r)$（储蓄与投资相均衡）	$P = aM$ $m = \frac{PY}{V}$（费雪方程式） $m = kPY$（剑桥方程式）

根据上表的古典宏观经济模型，一个经济社会是不可能出现大规模失业现象的。萨伊主张，生产的目的并非单纯为了生产本身，而是为了换取其他商品，故而“一旦产品被制造出来，它即刻为其他产品提供了一个潜在的市场”。市场活动在创造收入的同时，也生成了购买力，这一过程并不会导致总需求发生波动，从而确保了充分就业状态的实现。“供给创造自己的需求”这一萨伊定律，抓住了物物交换经济中专业化生产和交换的本质特征，但是在一个货币经济中，这一切就不一定能成立。然而，在古典学派那里，大多数经济学家如李嘉图和穆勒等，他们都是信奉萨伊定律的。

二、凯恩斯学派及其主要论点

（一）凯恩斯学派

凯恩斯学派的产生以 1936 年《就业、利息和货币通论》的发表为标志。20 世纪 30 年代，凯恩斯经历了经济大危机，他在《就业、利息和货币通论》中否定了新古典宏观经济学，认为资本主义市场经济无法自动实现充分就业均衡，提出了有效需求理论，主张通过政府干预来消除失业和摆脱经济萧条。这些理论和观点导致了西方经济学历史上的“凯恩斯革命”。大多数经济学家同意萨缪尔逊的评价，即凯恩斯对经济学领域的影响堪称“20 世纪经济科学领域内最为突出的里程碑”。因此，可以说，《就业、利息和货币通论》的发表奠定了现代宏观经济学的基础。凯恩斯在《就业、利息和货币通论》中提出的理论革新与核心观点聚焦于有效需求理论，并着重强调了产出变动（而非价格变动）在经济运行中的核心作用，这与前文所探讨的古典宏观经济学观点形成了鲜明的反差。

1. 有效需求理论

根据凯恩斯的观点，有效需求是指总需求价格和总供给价格达到均衡时的社会总需求水平。有效需求原理认为，社会就业水平取决于社会总需求，非充分就业状态意味着社会上的有效需求不足，有效需求不足主要受以下因素的影响：

（1）边际消费倾向递减。在古典模型里，消费、储蓄和投资都是实际利率的函数，而在凯恩斯模型中，消费支出被视为一个依据收入水平变化而定的内生变量。伴随经济的增长与人们收入水平的提升，边际消费倾向呈现出递减的趋势。

（2）资本边际效率递减。凯恩斯提出，资本的边际效率表现为一种预期的利润率，其受到双重因素的制约。一方面，随着投资规模的持续扩大，资本品的供给价格势必上升，这就导致成本增加，进而降低了投资的预期收益率；另一方面，投资的增加会促使产品产量提升，产品数量的增多则会导致市场价格下滑，同样也会压缩投资的预期利润率。这种资本边际效率的递减趋势，往往导致资本家对未来信心不足，进而引发投资需求的不足。

（3）心理上的流动偏好。凯恩斯认为，因为人们有交易动机、预防动机和投机动机，从而在心理上更喜欢持有流动性较强的财富，更倾向于以现金形式保存自己的收入和财富。交易动机和预防动机产生的货币需求将随着收入的增长而增加，投机动机则取决于人们对利率变化的敏感程度。

（4）乘数效应。凯恩斯认为，当投资增加时，收入增量将是投资增量的倍数——投资乘数，投资乘数建立在消费倾向的基础上，边际消费倾向越大，投资乘数也越大。凯恩斯认为，投资减少会引起产出和就业的急剧减少，从而导致经济陷入萧条，摆脱这种困境的办法是利用政府支出弥补私人部门需求不足，在乘数效应的作用下，就会促进社会总需求的增加，从而逐渐实现“充分就业”。

2. 利率决定理论

在利率决定的问题上，凯恩斯并不认同古典宏观经济学派将利息视为推迟当前消费之报酬的观点，而是强调居民持有货币不仅出于交易动机，还有预防性和投机动机，特别是投机动机对利率变动极为敏感。凯恩斯通过将投机动机融入货币需求函数中，使得利率的决定要素扩展至包括市场预期与货币供应量，这一革新挑战了古典宏观经济学派关于货币流通速度的恒定，从而导致货币需求函数稳定的预设。因此，在凯恩斯的理论框架下，古典宏观经济学所秉持的货币数量中性理念（货币量的增减仅作用于价格层面，而不波及实体经济活动）遭到了摒弃。凯恩斯主张，货币供应的扩充能够触发利率的下行，而利率的降低又能激发投资的加速，投资的增长借助乘数效应进一步促进了产出与就业的扩张。

凯恩斯之所以将其著作命名为《就业、利息和货币通论》，正是基于这样的考量。

3. 产出变动在经济运行中的作用

凯恩斯理论还有一个特征，就是忽视了价格调整在经济中的作用。20 世纪 60 年代以来，为凯恩斯宏观理论寻找微观基础的非瓦尔拉斯均衡理论把凯恩斯宏观模型描述为固定价格模型，即无论是在商品市场上还是在劳动力市场上，价格和工资都是固定的，宏观经济运行的主要调节变量是数量变量，如消费是收入的函数，而非价格的函数。实际上也是如此，根据凯恩斯的推理，当总有效需求因为投资下降等因素出现大幅度下滑时，在短期内最先做出反应的是产出、就业等数量变量，这时，价格不可能起到调节经济的作用；只有从长期的角度来看，价格与工资水平才可能变动，从而对经济产生影响。

（二）凯恩斯学派的主要论点

根据凯恩斯的经济理论，资本主义经济之所以出现危机，主要原因在于有效需求不足，因此解救经济危机的办法必然是刺激有效需求的增长，以实现充分就业。具体来讲，有效需求不足包括两方面内容：①消费需求不足。消费需求不足是因为消费倾向递减。②投资需求不足。投资需求不足是因为资本边际效率递减，而利息率由于流动偏好具有向下的刚性，不能随着资本边际效率的下降递减；由于相对于利息率的资本边际效率过低，投资引诱不足，投资需求不旺。

针对上述原因，凯恩斯提出，为了解决经济危机与失业问题，必须提升社会的有效需求。一个明智的策略是采用双轨并行的方式：一方面，通过社会调控来管理投资规模，以减缓资本边际效率的下降趋势；另一方面，运用多种政策措施来增强消费意愿。鉴于当前的消费倾向，单纯依靠调控投资难以实现充分就业，因此这两种策略应并行不悖：既要增加投资，又要提升消费水平。也就是说，针对失业和经济危机产生的原因，必须设法提高社会的消费倾向，扩大消费，同时还要设法提高资本边际效率，加强投资引诱。为实现上述两个目标，凯恩斯强调必须依靠政府对经济实行干预。

凯恩斯在有效需求理论的基础上提出，国家干预政策可以说是对传统经济学的一大“革命”，然而这种革命又是不彻底的，凯恩斯并没有彻底推翻传统经济理论。凯恩斯虽然提出政府干预经济的观点，但是也不否定自由竞争的市场机制，因为“似乎没有强烈理由要实行国家社会主义，把社会上大部分经济生活包罗在政府权限以内，除了消费倾向与投资引诱两者必须由中央统制，以便两者相互配合以外，实在没有理由要使经济生活比以前更社会化”。所以凯恩斯的经济政策应该是“国家之权威与私人之策动力量互相合作”，主张主要采用赤字财政政策。

（三）凯恩斯学派政策主张

基于前述理论框架，凯恩斯阐述了一系列经济政策观点，其核心要义在于反对经济上的自由放任原则，而主张国家应积极介入经济调控。在此之中，宏观财政政策被视为国家实施经济干预的核心手段。凯恩斯提出，面对有效需求不足的情形，应推行赤字财政政策，通过扩大政府开支范围与增加公共投资举措，来维持较高的就业水平。这与古典学派所倡导的财政收支均衡原则形成鲜明对比。凯恩斯学派认为，在经济危机期间，盲目削减财政支出以追求预算平衡只会加深经济困境；相反，赤字财政政策能够助力经济复苏与就业增长。此外，凯恩斯学派还着重强调了税收在经济调控中的关键作用，提倡通过改革税制、调整利率等策略来引导消费倾向，包括从间接税向直接税的转型，以及推行累进税制，以期减少收入不平等现象，刺激消费需求。

在公债政策方面，凯恩斯学派将公债视为国家干预经济和弥补财政赤字的重要手段。其认为，在经济萧条时期，发行公债不仅无害反而有益，因为公债的债权人与债务人在总体上是一致的，政府债务可以一届届传递，公民的债权也可以一代代继承。此外，公债的发行与经济状况相关联，经济繁荣时债务总额较少，经济萧条时债务总额增加。一旦经济恢复，公债的发行也会相应减少或停止。

二战后，凯恩斯主义的继承者根据西方国家公债不断增长的现实，对公债理论进行了广泛补充。汉森等西方经济学家继承并发展了凯恩斯的公债理论，认为大量举债是维持经济繁荣、充分就业和人民致富的最简单方法。汉森还指出，公债对国民收入分配产生积极影响，因为公债分散而税收集中于富人。他认为，公众持有公债类似于国民保险制度，既能通过税收和公债利息实现收入的再分配，又能作为应对不时之需和经济衰退的保障。同时，汉森也强调政府举债应有限度，但这个限度是动态的。

从20世纪30年代开始，以美国为首的西方主要资本主义国家采纳了凯恩斯学派所倡导的赤字财政政策。为了摆脱经济大萧条，罗斯福政府在其“新政”中采取了一系列财政扩张措施，包括“劫富济贫”的税收政策，以实现国民收入的再分配。二战后至20世纪70年代初，美国财政政策的制定和实施主要受凯恩斯主义理论的影响。随着经济运行态势的变化，美国政府开始实行补偿性财政政策，并主张财政政策与货币政策并重。然而，长期推行赤字财政政策导致财政赤字剧增，美国经济陷入“滞胀”局面。

在英国，1929—1933年的经济危机促使政府放弃了不干预经济的做法，转向积极干预。1936年，凯恩斯出版的《就业、利息和货币通论》成为英国政府制定宏观经济政策的基本理论依据。1945年，英国工党执政后，开始实行以凯恩斯主义和费边社会主义为理论基础的经济政策和福利政策，对部分重要工业部门的企业实行国有化。然而，这些政策的混合实施并未提高英国的经济地位，反而导致经济增长缓慢、财政赤字扩大和失业率上升。进入20世纪70年代后，英国经济同样陷入“滞胀”局面①。

三、古典学派与凯恩斯学派的比较

（一）古典学派与凯恩斯学派理论的异同点

1. 相同点

凯恩斯并未否定自由竞争的市场经济制度作为古典理论的核心假设；相反，在构建其理论体系的过程中，凯恩斯采纳了诸多与古典模型相吻合的基本概念，并沿用了源自古典理论传统的短期静态（相应的比较静态）均衡分析手段，这些要素构成了对古典理论的一种直接继承与发展。

2. 区别

（1）经济学探讨的核心议题在于相对稀缺资源与无限需求之间的矛盾。这一矛盾涵盖两大维度：一是资源的使用效率；二是资源的配置充分性。古典理论主要聚焦

---

① 毛慧姝. 凯恩斯学派财政政策实践及借鉴［J］. 广东商学院学报，2003（2）：52-55.

于资源使用效率这一层面；凯恩斯理论则主张，资源配置的充分性应成为经济学研究的重心。

（2）古典理论认为“供给创造需求”；凯恩斯理论则认为“需求创造供给”。

（3）古典理论认为，资本主义经济经常处于充分就业状态；凯恩斯理论则认为，资本主义运行的常态是小于充分就业的均衡。这是有效需求不足造成的。

（4）古典理论认为，竞争性的市场制度足以保证充分就业的实现，政府的任务不过是维持公平竞争的市场秩序，其余则任凭市场机制决定；凯恩斯理论则认为，既然竞争性的市场制度无法使得有效需求达到充分就业水平，那么政府就应当责无旁贷地承担起需求管理者的职责，积极干预经济生活。

（5）古典理论认为，货币工资的调整是迅速完成的；凯恩斯理论则认为，货币工资具有刚性，在一定时期内固定不变。

（6）古典理论认为，储蓄是利率的函数，从而暗示着消费也是利率函数，人们的投资与储蓄的均衡是通过利率的变化来实现的；凯恩斯理论则认为，消费（从而储蓄）主要取决于收入，储蓄与投资的均衡是通过收入的变化来实现的。

（7）古典理论认为，资本供求是利率的函数；凯恩斯理论则认为，利率是由货币供求决定的。

（8）古典理论认为，货币是中性的，不能影响实际产出；凯恩斯理论则认为，既然利率是由货币市场的供求关系决定的，则货币供应量的增加会导致利率下降，即货币不再是中性的，货币市场与产品市场不再一分为二，而是合二为一。

（二）从总供给曲线的形状看古典学派和凯恩斯学派的区别

古典学派和凯恩斯学派争论的问题主要有三个方面：供给决定还是需求决定、货币中性还是货币非中性、市场出清还是政府干预。两条形状不同的总供给曲线实际上就可以对这三个方面的问题做出不同回答。古典学派的供给曲线 AS 是一条垂直于横轴的直线，与总需求曲线 AD 结合在一起，决定了产量不变、价格可变的均衡结果。而凯恩斯学派的供给曲线 AS 是一条水平线，与总需求曲线 AD 结合在一起，产生了价格不变、产量可变的均衡结果。可以说，正是这两条截然不同的总供给曲线把这两个学派的理论观点和政策主张完全区别开来（见图 1-1）。

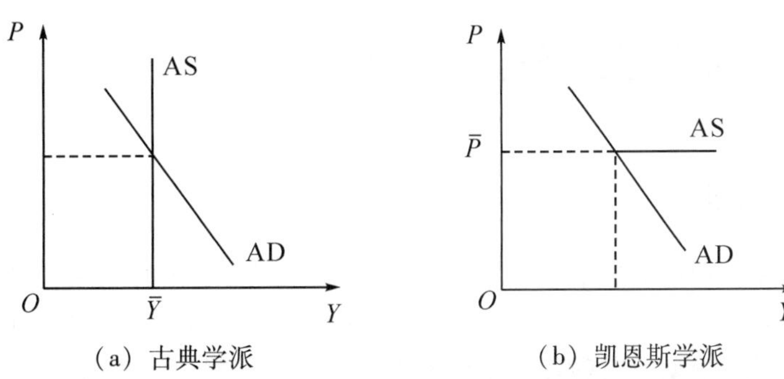

图 1-1 古典学派与凯恩斯学派

1. 货币决定和需求决定

如果总供给曲线是一条垂直线，则均衡产量是供给决定的，与需求曲线的位置无关，因此供给能自行创造需求，这就是古典学派的萨伊定律。而如果总供给曲线是一条水平线，则产量是由需求决定的，需求曲线的位置决定了均衡产量的大小，这就是凯恩斯的需求决定论。因此，在古典经济中不可能出现总需求不足的问题，而在凯恩斯模型中，由总需求曲线决定的均衡产量有可能会低于充分就业的产量。

2. 货币中性与货币非中性

在总供给曲线处于垂直状态的情况下，总产量固定不变，而价格充分变动。因此，货币数量的多少只能影响价格的高低，而不能影响产量的大小。如果货币数量增长5%，价格上涨5%，名义利率上涨5%，实际利率不变，对产量不会造成任何影响。那么，货币必然是中性的，古典学派二分法成立。而在总供给曲线处于水平状态的情况下，产量是可变的，而价格固定不变。因此，当货币供给量增加时，在价格不变的情况下实际货币数量会增加，而实际利率会下降，从而带动劳动投资和产出增加。那么，货币是非中性的，二分法不能成立。

3. 市场出清和政府干预

垂直的总供给曲线暗含的前提是，价格等变量的灵活变动可以使劳动力市场、产品市场和资本市场自动出清。因此，均衡产量始终由潜在的产出水平决定，政府没必要进行干预。政府干预的结果只能是名义变量的变动，如价格的上涨，对就业、产出等实际变量不会产生任何影响。而水平的总供给曲线暗含的条件是价格等变量存在刚性，不能起到市场出清作用，市场出清的任务必须借助政府的力量完成。政府的宏观经济政策可以移动总需求曲线，使均衡的产量达到市场出清的水平，因此政府的干预是必要的。

由此可见，古典学派和凯恩斯学派争论的核心在于总供给曲线的形状。主张古典学派的经济学家总是力图证明总供给曲线是垂直的，而主张凯恩斯理论的经济学家则总是希望推导出一条水平或者是接近水平的总供给曲线，或者至少证明总供给曲线不是垂直的。

第二节　货币主义学派

一、货币主义

货币主义也称现代货币主义，它出现于20世纪50年代的美国，盛行于20世纪60年代末至80年代初，由芝加哥大学的M. 弗里德曼创立。这个学派在弗里德曼的领导下，向凯恩斯学派的宏观经济学理论提出了挑战，强调了货币政策在保持宏观经济稳定中的重要性。货币主义学派认为，货币的增长在短期内决定名义GDP，在长期内决定价格总水平，这一理论分析是在货币数量理论的框架中进行的。货币主义的主要观点如下：

（1）货币供给量的增长，是名义 GDP 的重要决定因素。和凯恩斯主义一样，货币主义基本上是一种总需求的决定理论，但它认为，总需求主要受货币政策的影响，因为货币供给量的变动是最重要的。至于财政政策，对于某些事情是很重要的。如财政支出中用于国防或个人消费的比重，对于国防或个人消费当然很重要。但是，主要的宏观经济变量如 GDP、就业量以及价格总水平，却主要受货币供给量变动的影响。那么，货币主义根据什么相信货币是居第一位的呢？经验证明，货币周转速度是稳定的。从货币数量的交换方程式来看，如果货币周转速度是稳定的，那么，货币供给量将决定名义 GDP，财政政策不起作用，因为政府支出和税收都不可能进入其中发挥作用。

（2）价格和工资是相对灵活的。凯恩斯主义的基本观点之一，就是价格和工资具有“黏性”。而货币主义虽然接受工资和价格存在着某些惯性的看法，但仍然认为短期的菲利普斯曲线是相当陡的，并坚持认为长期的菲利普斯曲线是垂直的。据此，货币主义认为货币供给量的变动对于实际产出只有微小及短期的影响，主要是对价格总水平发生影响。也就是说，货币在短期对产出和价格都有影响。在长期，由于经济运行趋于接近充分就业，所以货币主要是影响价格总水平。

（3）在经济周期的演变中，货币存量的波动深受货币当局举措的显著影响，故而，诸如通货膨胀、经济增长放缓乃至经济衰退等现象，均可主要通过货币当局对货币供给量的有效调控来加以合理调节。货币作为驱动力，是阐释产量变动、就业状况及物价水平变化的核心要素。

二、货币主义的货币需求函数

货币主义认为，相较于先前的货币需求理论，凯恩斯的货币需求函数虽展现了一定程度的进步，但仍存在一定的局限性。这些局限体现在它主要聚焦于利率和收入水平对货币需求的影响，却未充分考虑个人财富保有量这一关键要素在决定货币需求中的作用。更进一步地，凯恩斯对财富构成的描绘显得过于简化，似乎仅将货币与债券视为人们在现实社会中可供选择的两种主要资产，这显然忽略了更为复杂的资产组合多样性，并留下了改进的空间。在此基础上，弗里德曼通过吸纳并修正凯恩斯的流动性偏好理论，进而发展出了新的货币数量理论。在做出某种简化性的分析后，弗里德曼提出的货币需求函数为

$$M = f\left(P, rb, re, \frac{1}{p} \cdot \frac{\mathrm{d}p}{\mathrm{d}t}, w, Y, u\right) \tag{1-1}$$

公式（1-1）中，M 表示财富持有者手中保存的名义货币量；P 表示一般价格水平；rb 表示市场债券利息率；re 表示预期的股票收益率；$\frac{1}{p} \cdot \frac{\mathrm{d}p}{\mathrm{d}t}$ 表示预期的物质资产的

收益率，即价格的预期变动率；w 表示非人力财富与人力财富之间的比例；Y 表示名义收入；u 表示其他影响货币需求的变量。

从货币需求函数式可以看出，货币需求量主要取决于以下四个方面的因素：

（1）以各种形式持有的总财富。弗里德曼强调，总财富是衡量货币需求的一个核心要素。由于总财富涵盖了物质与人力两大类财富，其量化存在难度，因此弗里德曼选择以总收入作为总财富的代理变量。当构建货币需求函数时，弗里德曼采用永久性收入（以 Y 表示）替代现期收入作为社会总财富的表征，原因在于，他认为现期收入易受到短期经济波动的无规律影响。

（2）非人力财富在总财富中所占的比例。弗里德曼将总财富细化为非人力财富（如有形资产，包括货币、债券、股票、资本品、房地产及耐用消费品等）与人力财富（个人的劳动能力，又称无形财富）两类。尽管从理论上讲，两者可以相互转换，但由于制度性限制，转换过程面临障碍，特别是人力财富向非人力财富的转化在特定情境下尤为困难，如高失业率时期，工人的劳动能力难以转化为货币收入，而在此转换前，人们仍需货币以维持生活。因此，非人力财富在总财富中的占比变化显著影响货币需求：当人力财富占比上升或非人力财富占比下降时，货币需求随之增加；反之则减少。

（3）各种非人力财富的预期报酬率。弗里德曼进一步指出，人们在选择资产保存形式时，除了各种有价债券外，还会考虑资本品、不动产、耐用消费品等有形资产。他认为，货币与其他有形资产之间的配置比例，取决于它们的预期报酬率。一般而言，有形资产的预期报酬率越高，人们越倾向于减少货币持有，转而以其他有形资产形式保存资产，因为这对自己更为有利。因此，债券的预期报酬率（rb）、股票的预期报酬率（re）和物质资产的预期报酬率（rp）（$rp=\frac{1}{p}\cdot\frac{\mathrm{d}p}{\mathrm{d}t}$）便成为影响货币需求的因素。

（4）其他影响货币需求的因素。例如，资本品的转手量、个人偏好、经济的稳定性预期等，以变量 u 来概括。弗里德曼货币需求函数还可以变化为

$$Y = Py = V(rb, re, rp, w, y, u)M \tag{1-2}$$

公式（1-2）将 V 看作传统货币数量论中的 V 或（$1/k$），则新货币数量论与传统的货币数量论在形式上完全一样。弗里德曼强调，新货币数量论与传统货币数量论的差别在于，传统货币数量论把货币流通速度 V（或 $1/k$）当作由制度决定了的一个函数，而新货币数量论则认为流通速度 V 不是常数，而是其他几个变量的稳定函数。总之，货币主义在维持传统货币数量论关于 V 在长期中是一个不变的数量的同时，又认为 V 在短期中可以做出轻微的波动。

第三节　理性预期与新古典宏观经济学

一、理性预期学说主要内容

1961 年，美国经济学家约翰·穆斯在美国《经济计量学》杂志上发表了《理性预期与价格变动理论》一文，首次提出了“理性预期”的概念。20 世纪 70 年代以来，美国的部分经济学家以理性预期假说为基础，运用经济计量学研究方法向新古典综合宏观经济模型提出全面挑战。由于他们强调“理性预期”对经济行为和经济政策的影响作用，因此被称为“理性预期学派”。他们认为，资本主义市场经济本质上是稳定的，凯恩斯主义旨在熨平经济波动、实现稳定的充分就业和经济增长的需求管理政策不仅无效，而且引起了“滞胀”，由此否定凯恩斯主义的财政政策和货币政策，主张恢复传统的自由放任①。他们试图证明，以传统的新古典主义为基础建立起来的宏观经济模型，比凯恩斯主义的宏观经济模型更能说明通货膨胀与失业之间的关系，因此凯恩斯主义的宏观经济管理是无效的。

理性预期学派是沿着新古典经济学的分析思路进一步展开理论分析的，是对新古典经济学关于理性行为分析的扩展。在坚持新古典主义的基础上，理性预期学派阐明了预期在经济模型中的关键作用，将预期形成作为经济分析的重点对象。

依据理性预期假说，信息论构成了经济学理论的基石，个体凭借掌握的大量信息来形成预期并做出决策，进而引领整体经济活动。据此观点，理性预期学派深刻地重塑了西方经济学的发展轨迹与演进路径。

“理性预期”这一概念，指的是在充分且有效地整合所有可得信息的基础上，对经济变量所做出的、在长期平均意义上最为精准且与经济理论、模型相吻合的预期。换言之，若某个经济变量的主观预期值等同于在同等信息条件下的数学期望值，则该预期即被视为理性预期。

理性预期假设用数学形式表述为

$$X_{t+1}^{e} = E(X_{t+1}^{e}/I_{t}) \tag{1-3}$$

公式（1-3）中，X 是经济变量，如价格、利率等；X_{t+1}^{e} 是在 t 期对 $t+1$ 期的经济变量的主观预期值；I_t 是 t 期经济过程所反映的信息集合；$E(X_{t+1}^{e}/I_{t})$ 是 $t+1$ 期的经济变量 X 在 t 期信息集合条件下的条件期望值，也就是说，如果 t 期预测的 $t+1$ 期的经济变量的值 X_{t+1}^{e} 与 t 期的条件期望值 $E(X_{t+1}^{e}/I_{t})$ 是一致的，该预期为理性预期。

实际上，理性预期假说蕴含三大核心要素：①经济决策的主体具备理性特征，其总是致力于对未来进行精准预测，以期实现利益最大化。②为了达成这一目的，经济

① 吴遵杰，陈勇. 新古典宏观经济学：理论、模型与问题［J］. 政治经济学评论，2017，8（1）：72-97.

主体在形成预期时会竭力获取所有相关信息，这些信息涵盖了经济变量间的因果关系（这自然包括相关的经济理论与模型）以及必要的资料与数据。③经济主体在预期过程中不会陷入系统性的偏差。换言之，由于准确的预期能为经济主体带来最大利益，其会依据所获信息不断修正预期值中的偏差。若预期值高于实际，则下调；反之，则上调。因此，这种持续的修正机制能够有效防止系统性偏差的产生。

弗朗科·莫迪利安尼进一步指出，理性预期理论包含三个关键论点：①虽然价格预期的误差在所难免，但这些误差应当是短期的且随机的。若预期与连续误差高度相关，则与理性预期理论的基本假设相悖。②任何试图通过固定的货币或财政政策规则来稳定经济的举措终将失效，因为这些政策的效应会因理性预期而被大幅削弱。③政府难以通过实施对冲措施来有效应对经济冲击，除非政府掌握的信息远胜于公众（但根据理性预期理论，公众同样能够获取充分信息，因此这种情况几乎不可能发生），否则政府的政策难以发挥实效。

二、卢卡斯总供给曲线

古典学派的总供给曲线是一条位于充分就业产量水平的垂直线，它是在货币工资具有完全伸缩性这一假定条件下得到的。由于总供给曲线是一条垂直线，所以任何一条总需求曲线与它相交的点都处于垂直线上，如图 1-2 中的 *A*、*B* 点所示。

图 1-2 表明，资本主义社会的生产总是处于自然失业率水平，不会出现长期的大量失业现象。正是由于这一原因，古典理论不能解释经济波动，从而被凯恩斯主义所替代。

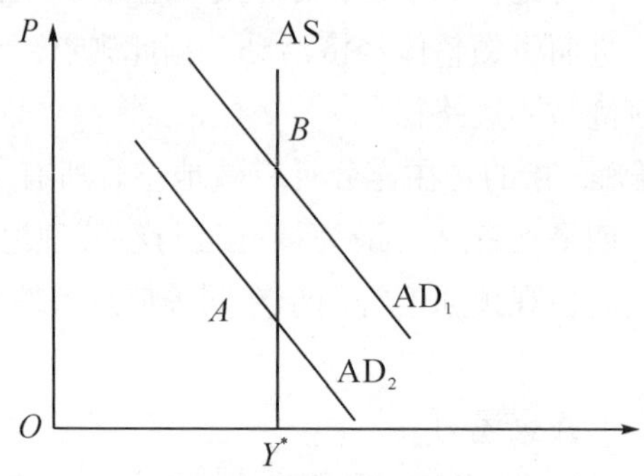

图 1-2 古典学派的总供给曲线

理性预期学派试图弥补古典理论的不足，对古典学派总供给曲线进行了修改和补充。卢卡斯在他的论文中提出了附加预期变量的总供给曲线，或称卢卡斯供给函数。根据传统经济学的总供给理论，劳动供给和需求都是实际工资 W/P 的函数。理性预期学派很赞同这一点。但是，理性预期学派认为，劳动供给方（工人）和劳动需求方（企业）在计算实际工资时所采用的方法是不同的。由于企业熟知自己和本行业产品的价格，故企业是用实际存在的价格水平 P 来计算实际工资的，而工人并不熟知各行业的现行价格，只能用预期的价格水平 P_e 来计算实际工资。把企业所使用的

实际价格 P（劳动的需求曲线方面的 P）和工人预期价格 P_e（劳动的供给曲线方面的 P）的差别考虑进去，就得到附加预期变量的总供给曲线，如图 1-3 所示。

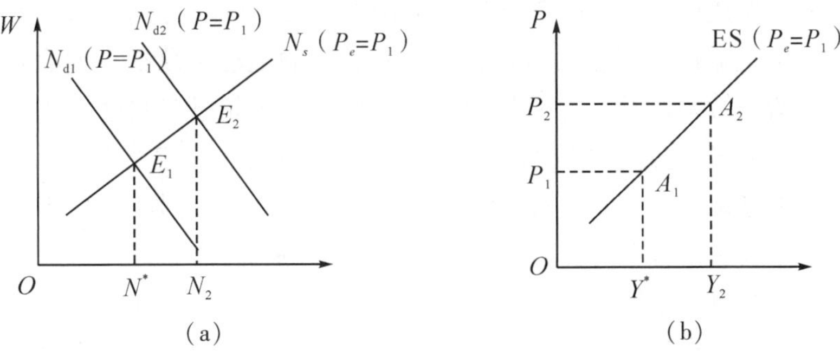

图 1-3　卢卡斯总供给曲线（附加预期变量的总供给曲线）的推导

在图 1-3 中，N_{d1} 曲线是根据实际价格水平 P_1 的劳动需求曲线，N 曲线表示当劳动者的预期价格 P_e 等于实际价格 P_1 的劳动供给曲线。当劳动需求方所依据的价格和劳动供给方所依据的价格相等时，N_{d1} 与 N_e 曲线相交于 E_1 点，对应的就业量为 N^*，产量为 Y^*，从而在图 1-3（b）中得到点（Y^*，P_1）。假设实际价格由 P_1 上升到 P_2，而工人的预期价格 P_e 不变，N_{d1}仍等于 P_1，此时，由于 $P_2>P_1$，故劳动的需求曲线由 N_{d1} 右移到 N_{d2}。因为 P_e 不变，所以 N_s 的位置不变。此时，N_{d2} 与 N_s 曲线相交于 E_2 点，对应的就业量为 N_2，产量为 Y_2，从而又得到图 1-3（b）中的点 A_2（Y_2，P_2）。同理，可以得到一系列的点，将这些点连接起来，就得到图 1-3（b）中的附加预期变量的总供给曲线 ES（$P_e=P_1$）。它表示当预期价格 P_e 为一定值 P_1 时，一个社会在不同实际价格 P 下所提供的产量或国民收入 Y。

经济中的所有市场都会持续出清，这是新古典宏观经济学的第二个核心假说，这一假说与瓦尔拉斯一般均衡传统一脉相承。理性的经济行为人根据最优化原则做出自己的行为选择，从而导致所有市场出清。因此，经济无论是短期还是长期，都应该处于一种持续的均衡状态。就劳动力市场来讲，失业率应该处于自然失业率上。

然而，新古典宏观经济学的这一观点显然难以解释现实当中存在的经济周期波动以及失业率背离自然失业率的情况。为什么会出现这些情况呢？新古典宏观经济学用卢卡斯供给方程来说明这一问题。卢卡斯总供给曲线可以写成

$$Y_t^s = Y' + \beta[Pt - E_{t-1}(Pt)] + \mu t \tag{1-4}$$

在公式（1-4）中，Y_t^s 表示 t 时期的真实产出；Y' 表示自然产出率，即与自然失业率水平相一致的潜在产出水平；$[Pt - E_{t-1}(Pt)]$ 表示预期误差，即实际价格水平与预期价格水平的误差额；β 是一个正的常数，表示产出对这一误差额的反应程度；μt 表示供给冲击，如 20 世纪 70 年代的石油危机冲击。

公式（1-4）表明，当经济主体未能精确预测实际通货膨胀率时，会产生两种结果：低估将导致产出供给超越自然产出界限；高估则会使产出供给低于自然产出标准。这一现象的本质归因于经济主体信息获取的限制性。面对商品价格或名义薪资的

调整，经济主体难以明确辨析这是相对价格的变动还是总体价格水平的波动。实际上，商品价格的变动通常融合了相对价格变动与一般价格变动的双重因素，准确区分并量化两者极具挑战性。倘若厂商与劳动者错误地将由整体价格水平上涨引起的产品价格与货币薪资上涨视为产品相对价格与实际薪资的上涨，那么厂商会扩大产品供给，劳动者会增加劳动供给，进而促使经济产出攀升至超过其自然产出（或称均衡产出）的水平。相较于弗里德曼的模型，卢卡斯的模型并未建立在劳动者与厂商之间信息不对称的基础上。在卢卡斯的模型中，无论是厂商还是劳动者，均可能产生预期偏差，并对市场价格水平的普遍上扬做出响应，分别提升产品与劳动的供给。这一响应使得总产量与就业率暂时性地超越了其自然水平。然而，一旦经济主体认识到相对价格并未变动，产出与就业率便会逐步恢复到其长期均衡状态。根据理性预期的假设，产出和就业偏离其自然水平是因为“随机冲击”，如无法预期的货币供给的变化，造成经济行为人预期误差，但这种预期误差是非系统的。

如果我们把上述动态的理性预期公式改写成一般形式，那么理性预期理论可表达为 $Pt = E_{t-1}(Pt) + \varepsilon t$，其中$P_t$ 为 t 期的实际价格水平，$E_{t-1}(Pt)$ 为$(t-1)$ 期的预期价格水平。对上式两边取预期值，则有$E_{t-1}[Pt - E_{t-1}(Pt)] = 0$，理论预期误差的平均值为零，也就是说，经济行为人不会犯系统性的错误。把这一结论代入卢卡斯总供给方程，并不考虑供给冲击的影响$(ut = 0)$，则卢卡斯总供给曲线变为$Y_t^s = Y'$， 总供给曲线是一条由潜在产出水平决定的垂直线。由此可见，新古典宏观经济学家用理性预期的理论捍卫了古典学派的垂直总供给曲线。

三、新古典学派政策主张

（一）反对凯恩斯主义的宏观经济政策

新古典学派认为，就业量的变动取决于实际和预期的通货膨胀率之间的差额，那么旨在改变就业量的经济政策都必须通过影响这个差额才产生作用，而影响差额又必须依赖经济主体的货币幻觉。也就是说，要想使政策有效，必须具有欺骗性。然而，这一点在事实上又是做不到的，因为按照理性预期假说，人们不会在长期中系统地且持续地犯认识上的错误，政策的真正内容和后果长期中必然为公众所熟知。所以，新古典学派认为宏观经济政策无效，反对凯恩斯干预经济的政策主张。

（二）反对用计量经济模型来评价经济政策

新古典宏观经济学最重要的有关宏观经济政策的推断应该是“卢卡斯批判”。卢卡斯对大量使用宏观计量经济模型来评价不同政策方案的效果的做法进行了批判。卢卡斯认为，这些计量经济模型存在的一个最大的问题，是模型在模拟宏观经济变动时，假定模型的基本参数是不变的，但是根据理性预期假设，“上有政策，下有对策”，一旦宏观经济政策发生变动，经济行为人的行为就将发生变化，于是模型的基本参数就不可能保持不变了。在这里，经济行为人的预期实际上是一个内生变量。“卢卡斯批判”对宏观经济政策的规划与实施产生了深远影响。由于政策制定者通常难以准确预判新型或不同经济政策对其模型参数可能造成的变动，因此，单纯依赖现有模型的预测结果来评估其他政策框架的潜在效应，这种做法缺乏合理性。卢卡斯指出，在凯恩斯主义的宏观经济模型中，模型参数在面对政策调整时能否保持不变，这一点难以确保；相反，新古典的均衡理论分析的长处在于，通过把注意力集中到理性的经济行为人的目标及约束方面，模型很可能会在政策变化时改变结构关系。

（三）否定降低通货膨胀对产量和就业所付出的代价

凯恩斯主义和货币主义的经济理论都认为，降低通货膨胀必须以牺牲一部分产量和就业（增加失业率）为代价。但理性预期学派对此存在异议，他们主张，增加货币增长率非但不会有效减少失业率，反而可能加剧通货膨胀问题；相反，用降低货币增长率的办法能使通货膨胀降低，而并不一定会提高失业率。因为理性预期学派认为，由于追求效用最大化的经济主体能够观察到政府政策并预期到其效果，一旦发生通货膨胀，政府降低可信的货币增长率将使理性的经济主体立即修改其通货膨胀预期。如果货币供应事实上真的按照政府所宣布的速度来增长，则货币紧缩将引起通货膨胀的下降，而不会引起产出和就业的下降。也就是说，在一个存在理性预期的经济社会中，实行紧缩政策可以快速降低通货膨胀率，而就业和产量方面的损失则很小甚至没有。

（四）主张信誉重于规则经济政策

理性预期学派主张，经济政策的效果呈现出一种“时间不一致性”的特征。当政府依据这种不一致性的效果灵活调整政策规则时，虽可能带来某些收益，但同时也伴随着相应的代价。举例来说，政府在设定工资增长幅度之前，会公布紧缩的货币政策，旨在控制工资上涨。若政府能够持续执行这一策略，工人最合理的选择将是要求与低通货膨胀水平相匹配的低幅度工资增长，这最终将导致低通货膨胀率与低失业率并存。然而，一旦政府在工资协议达成后转而采取高通货膨胀政策来刺激经济增长，工人将不再信任政府的紧缩承诺，而是会合理预期政府可能会放弃原有的紧缩政策，从而导致低通货膨胀目标难以实现。理性预期学派的分析揭示，唯有政府遵循既定规则，如明确中期或长期政策目标，方能降低经济不确定性，提升政策可信度，进而增强政策效果。在面临政策效果“时间不一致性”的挑战时，建立公众对规则的信任比规则本身更加关键。

此外，新古典综合派还提出了一系列经济政策，包括浮动汇率政策、对外贸易调控措施、消费引导策略、能源发展战略、人口管理政策及农业支持政策等。这些政策在推动现代资本主义经济稳定发展方面发挥了一定作用，但终究无法从根本上解决由资本主义经济基本矛盾引发的周期性经济危机。

第四节 新凯恩斯主义

20世纪70年代出现的滞胀，使凯恩斯主义陷入了理论危机，此时兴起的新古典宏观经济学的学者们认为，凯恩斯主义在理论上是不恰当的。他们断言，宏观经济学必须建立在厂商微观经济的基础上，于是他们主张，应当用建立在市场始终出清和经济行为者始终实现最优化的假定基础之上的宏观经济理论来取代凯恩斯主义①。

为了应对各学派对凯恩斯主义的挑战，一个主张政府干预的新学派——新凯恩斯主义适时兴起。新凯恩斯主义既沿袭凯恩斯主义的传统，又肯定和吸收了新古典学派的部分观点，在此基础上形成了自己的理论。

一、新凯恩斯主义的基本假设

新凯恩斯主义的基本假设包含四点，其中工资和价格黏性以及非市场出清是继承和发展原凯恩斯主义的观点，理性限制性预期和微观基础是肯定和吸收新古典学派的理论。

（一）工资和价格黏性

原凯恩斯主义认为工资和价格具有刚性，即工资和价格确定后就不易变动，但是新凯恩斯主义提出一个限制相对弱一些的概念——黏性，即工资和价格确定后，如果其他条件发生变化后，工资和价格是可以随之变化的，只是变化的过程非常缓慢。

新凯恩斯主义还区分了名义黏性和实际黏性，并分别进行了解释。

（1）名义价格黏性是指价格不能随着总需求的变化而迅速地调整，其原因是产品市场的不完全竞争。在解释名义价格黏性中，新凯恩斯主义又提出了“菜单成本”“交错价格调整”等理论。

（2）实际价格黏性是指各种价格之间以及价格与工资之间的相对黏性，即一种价格对另一种价格、一种价格相对于一种工资之间的黏性。实际价格黏性的原因是企业的成本加成本定价。在解释实际价格黏性中，新凯恩斯主义提出了“实际刚性和货币非中性”“厂商信誉论”“投入产出表”等理论。

（3）名义工资黏性是指工资不能随着总需求的变化而迅速调整，尤其是名义工资下降更困难。

（4）实际工资黏性是指各种工资之间以及工资与价格之间的相对黏性，即一种工资对另一种工资、一种工资相对于一种价格之间的黏性。

（二）非市场出清

非市场出清是新凯恩斯主义最重要的假设。这一假设是新凯恩斯主义对原凯恩斯

---

① 黄邦根，李朝林. 新老凯恩斯主义的区别研究［J］. 现代商业，2019（25）：117-118.

主义的坚持，也是新凯恩斯主义与新古典宏观经济学的主要分歧。

非市场出清状态的核心意义在于，经济体系在遭遇总需求或总供给的变动时，工资与价格无法即时调整至市场出清的水平。这一缓慢的调整进程导致经济回归至实际产量与正常产量一致的状态需历经较长时间，且在此调整期间，经济会维持在一个持续的非均衡状态。

新古典宏观经济学则坚守市场出清的假设，认为工资与价格具备高度的弹性，能够迅速响应并做出调整。通过工资与价格的持续变动，供给量与需求量得以保持相等，从而使市场始终保持在一个连续的均衡状态，即实现持续出清。因此，新古典宏观经济学视供给量与需求量相等的均衡状态为一种常态①。而新凯恩斯主义坚持非市场出清假设，则供给量和需求量不相等的非均衡才是经济的常态。

（三）理性限制性预期

新凯恩斯主义采纳了理性预期学派的“理性预期”理念，但在此基础上有所发展。尽管新凯恩斯主义不认同人们能完全准确地预见现实状况，但它同样假定，为追求自身利益，人们会竭力搜集信息，力求预测精准，这些信息不仅涵盖过去与现在，还展望未来。

理性预期学派主张，公众的理性预期会削弱政府政策的效能。新凯恩斯主义则持不同观点，认为在特定条件下，理性限制性预期能加强政府政策相较于传统静态预期下的效果。例如，当前政府支出的扩张会提振下一期的国民收入，若预期均衡符合凯恩斯主义的需求制约均衡，那么预期的劳动需求将随之增长，这种增长的预期会促使人们预见未来收入的提升，进而减少当前储蓄，增加当期总需求。

综上所述，依据理性限制性预期理论，政府政策的效果得到了增强，而非削弱。

（四）微观基础

新凯恩斯主义也同意，宏观经济理论必须符合微观经济学的基本假设，特别是个人利益最大化的假设，即宏观经济学必须有其微观基础②。

新凯恩斯主义吸收了传统微观经济学中厂商追求利润最大化、消费者追求效用最大化的原则，当探索市场缺陷时，试图用“摩擦”因素（如菜单成本、交易成本等）解释非市场出清和非均衡现象。新凯恩斯主义在最大化原则假设下，分析了微观上工人和厂商在追求各自的私人利益时造成的严重社会后果，即微观层次市场失灵。

二、新凯恩斯主义的基本观点

（一）价格黏性及其调整理论

新凯恩斯主义认为，产品市场的非市场出清与价格黏性相关。价格黏性假设是新凯恩斯主义关于经济周期和经济波动理论的出发点。新凯恩斯主义采用成本加成定价理论、菜单成本理论、交错调整价格理论和投入产出关联理论来解释黏性价格问题。

---

① 张建刚. 凯恩斯主义的理论缺陷及其新的发展［J］. 经济问题，2010（3）：13-18.

② 吴遵杰，陈勇. 新古典宏观经济学：理论、模型与问题［J］. 政治经济学评论，2017，8（1）：72-97.

1. 成本加成定价理论

新凯恩斯主义认为，对大多数市场而言，都不是完全竞争的。假定制定价格的是不完全竞争厂商，厂商普遍采取成本加成定价，即在按生产能力 2/3 到 3/4 之间确定的平均成本基础上增加一定的比例。加价的幅度同企业的垄断程度有关，垄断性越强，加价幅度越大。如果行业中某个企业降低产品价格，那么得到好处的首先是消费者，其次是其他企业，其原因在于收入效应：该企业产品价格的降低使得消费者实际收入有所增加，进而对其他商品的需求也增加。这样，该企业不愿意降价。

2. 菜单成本理论

菜单成本理论又被称为有成本的价格调整理论。

菜单成本是指厂商每次调整价格要花费的成本，这一切变动都会花费一笔开支或费用，如同餐馆改变菜单价目表一样，所以，新凯恩斯主义将这类成本称为菜单成本。尽管菜单成本的金额并不大，但是除了直接成本，还会给厂商带来一些其他不利之处，如会让顾客感到麻烦和不快等。

在经济体系中，拥有一定垄断势力的厂商扮演着价格制定者的角色，它们通过调整产量来操控市场价格。然而，由于菜单成本的存在，这些厂商往往不愿意频繁调整价格，从而导致了名义价格的黏性。新凯恩斯主义从成本与收益对比的维度对此进行了剖析，指出当改变价格的收益超越成本时，厂商会选择调整价格；反之，则会选择维持价格不变而调整产量。正是菜单成本的存在，促使厂商倾向于避免频繁的价格变动，进而产生了价格黏性。

在价格黏性环境下，面对需求变动，各厂商更倾向于通过调整产量而非价格来做出响应。因此，随着总需求的波动，总产量也会相应产生波动，从而导致经济体系中出现较大的不稳定性。

3. 交错调整价格理论

交错调整价格理论认为，市场中各厂商要么在某一时点同时调整价格，要么在了解到其他厂商调整价格后再改变自己的价格，但没有一个厂商能坚持到其他所有厂商都调价后再改变自己的价格。因此，市场中各厂商调整价格的时间有先有后，形成一个交替调整价格的时间序列。这两种调整价格的方式前者称为同步调整价格，后者称为交错调整价格。

由于新凯恩斯主义认为市场是不完全竞争的，通过市场，厂商不能获得完全信息，只能获得有限信息。为了实现利润最大化，厂商必须尽可能地收集完备信息，但是收集信息的成本随信息量递增。在这种情况下，交错调整价格就是一种以最小成本获取最多信息量的方式。

交错调价方式使厂商不仅能获得比同步调价方式更多的信息，而且能将不断收集到的信息与现实经济情况进行对比分析，分辨出正确信息。只有这样，厂商的信息才能逐渐地逼近完全信息，从而确定出实现最大化利润的最优价位。

然而，采用交错方式调价的厂商一方面为了降低收集信息的成本，另一方面更重要的是厂商调整价格的行为更多地受制于相邻厂商行为而非经济的总体行为。因此，厂商在做出调价决策时，主要看重同一行业的各厂商或同一区域内不同行业的厂商等相邻厂商的信息，而不太注重经济总量信息。例如，大多数厂商只会关注本地区局部需求的变动而不太关心全国总需求的变化状况。当总需求扩张受阻，产品价格本来应该下降时，由于相邻厂商产品价格都在上涨，厂商也必须参与这种区域性变相抬价运动，否则厂商利润就会减少。当然，为了防止操之过急的提价导致销售量大幅度下降，各厂商往往不会一步就把价格提得很高，一般会试探性地交替调整价格。在价格的动态调整中确定最优价格，其结果是区域性物价水平螺旋式地上升，并通过区际价格传导机制扩散到其他地区，从而导致全国物价总水平易升难降，即名义价格有黏性。价格不能随总需求的变动而变动，这就恶化了总需求的波动。当总需求改变而价格难以改变时，厂商对总需求的反应是改变产量，产量变动诱使劳动市场上对劳动的诱致需求改变，所以总产量和总就业量都随总需求而变，即经济中出现周期性波动。

4. 投入产出关联理论

投入产出关联理论揭示，在现代经济体系中，生产力的提升与分工的日益细化促使企业之间的投入产出联系变得更加紧密且错综复杂，以至于任何单一企业的生产活动都无法脱离其他企业而独立存在。从企业相互依赖的视角分析，直接或间接地对某一企业的生产活动产生影响的企业数量庞大，这些企业以直接或间接的方式为该企业提供必要的生产要素。然而，通常情况下，企业仅对其直接上游供应商的价格策略有所了解。在此背景下，若单个企业试图预估需求变动对其直接及间接成本的影响，就需要计算大量的需求—价格弹性系数，这在当前的技术条件下几乎是不可能实现的。因此，企业更为明智的选择是依据其直接上游供应商提供的信息来调整自身的价格策略。在错综复杂的投入产出链条中，需求变动对单一产品的影响传递速度较慢。在此情况下，即便总需求发生变化，单个企业在未收到直接供应商价格变动的通知前，更倾向于维持其产品价格不变，以保持现有的相对价格结构。当众多企业均采取此类价格行为时，企业之间的投入产出联系便会产生成本黏性，进而引发价格的黏性。

（二）工资黏性与工资调整的方法

工资黏性的主要原因在于交错调整工资、行业工会、效率工资等。

1. 交错调整工资

劳动合同具有长期性，即合同具有期限，而且期限不是短暂的。在合同期内，工资不能改变，从而工资具有刚性。

劳动合同具有分批到期的性质，即社会的全部劳动合同不可能同时签订，也不可能同时到终止期。只有到期的合同才能够调整工资，由于合同分批到期，在合同期内工资不能改变，工资调整的决策一般是交替做出的。在一个时期内形成一个交替调整工资的序列。

交替调整工资使工资总水平有黏性。因为工人在与企业签订工资合同时，不仅要考虑以前的工资，还要考虑未来的物价水平，从而形成一个对未来工资的期望值。工资的期望值又与总需求的变动有关。但是，一旦签订合同，总需求的变动不会影响未到期的工资合同，只会影响那些到期合同的工资调整。所以，总工资水平有黏性。

名义工资黏性越强，对产出和就业的影响也越大。当国家致力于维持工资稳定或理性预期指向工资稳定时，货币政策必须与总工资的增长保持同步，以避免信用扩张引发的通货膨胀。鉴于货币与工资水平之间的紧密联系，超额需求的剧烈波动会导致产出下滑，进而减少对劳动力的派生需求，最终加剧失业问题。因此，高通货膨胀与高失业率往往会同时出现，形成并存局面。

2. 行业工会

行业工会的存在，一方面，会导致劳动力市场的卖方垄断，他们会抵制工资的降低；另一方面，在工会行业中，劳资双方一般签订一定期限的合同，不同行业和厂商的劳动合同谈判和签订是不同步的。此外，在工资模式上，非工会的工人也会向工会工人看齐。所有这些都可能导致工资的黏性。

3. 效率工资

为了保持工人的劳动积极性，厂商愿意支付比平均工资稍多的工资，否则可能会导致优秀工人流失或招聘不到优秀的工人，而且工人的劳动积极性不高。

另外，就业和失业之间也有差别。与厂商签订合同的人是已经就业的工人，即使失业工人愿意接受较低的工资，雇主也不会相信或不能联系到他们。

（三）信息不完全与信贷市场

传统经济学理论主张，在信贷市场中，利率机制发挥着主导作用。具体而言，当贷款需求超越供给时，利率会随之上扬，反之则下降。市场供需达到平衡时的利率水平被称为均衡利率，这一利率能够使市场达到出清状态，从而实现贷款资源的优化配置。信贷市场是有效的，政府没有必要进行干预。

新凯恩斯主义则认为，信贷市场中的信息是非对称性的。由于利率机制和贷款抵押机制的选择效应，资本市场不仅是储蓄者和投资者之间的媒介，而且涉及由借贷双方之间关于投资项目的不对称信息而产生的各种问题。信息不对称形成了资本市场上独特的筹资手段——信贷配给，从而导致信贷市场失灵，需要政府干预。

信贷配给是指即使当市场运行良好时，借款人也不能借到他所希望的那么多资金。这一概念有两层意思：一是信贷配给发生在一个人不能在现行利率水平借到他所想借到的那么多资金时；二是信贷配给发生在不同的借款者中间，一些人能够借到而另一些人却不能借到资金时。

信贷市场上借方和贷方的信息是不对称的，是一个信息不完全的市场。作为借方的厂商比作为贷方的银行在未来还款情况方面拥有更多的信息：所贷款项投资的项目情况、投资的风险和期望的收益情况、拖欠贷款的可能性等。在这些方面，厂商是信息的优势方，银行是信息的弱势方，银行只能根据项目的平均收益和以往的经验来推断厂商的投资收益，对厂商的投资风险知之甚少，更无法分辨出哪些厂商具有较强的还款能力和意愿。在这种情况下，信贷市场很容易出现道德风险和逆向选择。

道德风险是指当借贷双方签订一个允许破产的债务合同且双方所掌握的信息不对称时，银行提高利率会增加厂商进行风险投资的刺激。

逆向选择是指银行为了降低风险，不一定以高利率向风险偏好者放贷，而更可能有选择地以较低利率向风险厌恶者放贷。这是由于利率提高时，更加厌恶风险的个人会从借款队伍中退出，而不太厌恶风险的人则会涌入借款队伍，这些偏好风险的人越可能选择破产机会更大的风险项目，从而增加银行承担的风险。

1. 银行最优利率的确定原则

新凯恩斯主义主张，银行应依据利率的正向筛选与逆向筛选效应来设定最优贷款利率。此最优利率的设定标准是，在该利率水平下，正向筛选效应与逆向筛选效应相平衡，即两者相互抵消时的利率即银行的最优选择，此时银行收益实现最大化。

当贷款利率处于极低水平，足以吸引所有从事低风险安全项目投资的借款者时，无论是偏好高风险还是低风险的借款者均会提出贷款申请。低利率促使借款者倾向于选择低风险项目以确保稳定收益。此时，市场上高风险与低风险借款者均偏好安全投资，还款概率普遍较高，主要表现为利率的正向筛选效应。

随着利率上升，其激励作用促使借款者转向高风险、高收益项目投资，低风险偏好者则逐渐退出信贷市场。由此，高风险项目投资者占比增加，贷款违约风险随之提升，银行预期收益减少。此时，利率的正向筛选与逆向筛选效应并存。

在正向筛选效应强于逆向筛选效应阶段，尽管还款概率有所下降，但银行总收益仍呈增长趋势，随利率提升而增加。然而，随着利率持续上升，正向筛选效应逐渐减弱，逆向筛选效应日益增强，银行总收益的增长势头受到抑制。当利率达到某一临界点，所有低风险偏好的借款者均已退出市场，此时逆向筛选效应超越正向筛选效应，企业违约概率显著上升，银行贷款风险急剧增加，银行收益转而随利率提升而减少。显然，当正向筛选效应与逆向筛选效应相平衡时（此时的利率为最优利率），此时银行收益达到峰值。

2. 信贷配给

根据前述理论框架，银行所确定的最优利率往往与市场出清状态下的均衡利率存在差异，此时信贷市场将展现出配给效应。

在信贷市场中，资金供给不足会导致市场均衡利率上升，使其高于银行的最优利率。为追求利润最大化，银行会采取理性策略，选择以低于市场均衡利率的最优利率进行放贷，而非遵循较高的市场利率。这是因为，若按市场利率放贷，将加剧利率的逆向选择效应，降低借款者的还款概率，进而提高银行的贷款风险，降低银行收益；相反，若银行以最优利率放贷，尽管利息收入相对较低，但借款者的还款概率较高，贷款风险较低，从而保障银行获得较高的收益。因此，银行的理性决策是：以低于市场均衡利率的最优利率放贷，同时运用配给机制部分满足市场的贷款需求，使利率机制与配给机制协同作用。当实施信贷配给时，银行会优先向信用良好的借款者提供贷款，鼓励低风险投资的借款者增加贷款额度，而对高风险借款者则进行限制或拒绝，这体现了逆向选择的原则。因此，在信贷市场上，部分借款者即便愿意支付高于银行规定的利率，也可能无法获得贷款。

综上所述，不完全信息的信贷市场通常在利率与配给的共同作用下实现均衡。仅在极少数情况下，市场均衡利率才会与银行最优利率一致，使信贷市场在利率的单一作用下达到均衡状态。

显然，信贷市场的配给现象是自由信贷市场中银行基于利率的激励效应和筛选效应，为实现利润最大化目标而做出的理性决策的结果，而非国家干预的产物。

利率的上调可能促使银行和借款者采取相反的行动：借款者倾向于投资高风险项目，而银行则更倾向于通过配给机制应对贷款的超额需求，而非轻易上调贷款利率。银行通过信贷配给使信贷市场达到均衡，此时市场中的实际利率已不再是使市场出清的均衡利率。实际利率通常低于均衡利率，因此无法准确反映信贷市场的供求状况。也正因如此，中央银行若将货币政策重心单一地放在利率指标上，便存在不合理之处。信贷配给应成为货币政策发挥作用的另一重要渠道。

在充分考虑银行厌恶风险的行为之后，新凯恩斯主义进一步指出，抵押贷款和其他非价格配给机制也不能消除信贷配给的可能性。虽然不断增加的抵押品要求会增加银行的收入，但是，对于那些风险厌恶者而言，抵押品要求可能使其更不愿意冒风险以及借高利率贷款。此外，风险追求者会采取更加冒风险的计划，并愿意付出更多的抵押品。于是，贷款者（银行）会发现，对抵押品要求超过某点之后，收入会降低。

新凯恩斯主义的信贷配给论指出，由于信贷市场中利率机制和配给机制同时作用，信贷市场机制失灵，只有政府干预才能纠正市场失灵。

（四）认为货币非中性，否认新古典学派的二分法

1. 价格黏性下的货币非中性

新凯恩斯主义主张，在价格黏性条件下，货币展现出非中性特质。

当中央银行缩减货币供应量时，总需求随之减少。由于价格黏性的制约，价格无法有效调节需求，市场上产品过剩，无法实现市场出清。

市场无法出清的结果是产品积压严重，企业为应对需求变化不得不减少产量。产量的减少进一步引发了对劳动力需求的缩减，从而导致失业率上升。

相反地，当中央银行增加货币供应量时，总需求得以提升。在价格黏性的环境下，市场上产品供不应求，市场处于非均衡状态。此时，只要存在未充分利用的资源，企业就会扩大生产规模，增加对劳动力的需求，进而推动产量和就业量同步增长。

综上所述，货币量变动后，企业在不调整价格的情况下通过调整产量来应对，这就导致了经济的大幅波动。因此，可以认为货币是非中性的，至少在短期内如此。

2. 工资黏性下的货币非中性

新凯恩斯主义主张，在工资黏性条件下，货币展现非中性特征。

当中央银行扩大货币供应量导致物价总水平上升时，由于工资的黏性，工人的实

际工资相对下降。这一变化降低了产品成本中的劳动力成本，使得单位工资所能产生的产出增加，进而促使企业利润增加。利润的增加激励企业扩大生产规模以追求更高的利润，从而增加对工人的雇佣，推动就业率的提升。

相反，当中央银行减少货币供应量导致物价总水平下降时，工资的黏性使得工人的实际工资相对上升。这就导致单位工资产出减少，增加了产品成本中的劳动力成本，进而压缩了企业利润，甚至可能导致亏损。在此情境下，企业为减少损失会缩小生产规模，从而导致失业率上升。由此可见，由于工资黏性的存在，货币供应量的变动会引发产量、就业量等实际经济变量的相应变化，证明了货币的非中性特征。

综上所述，工资黏性与价格黏性理论构成了新凯恩斯主义经济学派理论体系的核心，不仅为原凯恩斯主义提供了微观经济基础，还坚守了原凯恩斯主义的核心观点：市场无法自动出清，宏观经济政策具有有效性。这为国家干预经济的学说重新赢得了生存与发展的空间。然而，新凯恩斯主义的工资与价格黏性理论尚需进一步完善和系统化。

（五）经济滞胀理论

针对20世纪60年代末至70年代初愈发严峻的经济滞胀问题，新凯恩斯主义经济学家如林德贝克、萨默斯、夏皮罗和斯蒂格里茨等人发展出了劳动市场理论。该理论在经济主体追求效用最大化和基于理性预期的前提下，探讨了工资黏性的成因，并同时验证了非自愿失业的存在性。其中，效率工资理论与失业滞后理论为经济滞胀现象提供了有力的解释。这些经济学家认为，劳动市场中高效率工资的实施，不可避免地导致了非自愿失业的产生。高效率工资水平的提升，进一步提高了商品成本，从而促使物价上涨，最终导致了通货膨胀与失业并存的局面，即经济滞胀。而失业滞后理论则通过构建一个局内人与局外人模型，阐述了失业率持续存在的原因，指出实际就业率对均衡就业率具有影响。当实际就业率偏离均衡水平时，市场机制无法自动调整就业率回归至均衡状态。

三、新凯恩斯主义的政策主张

（一）温和、适度、粗调的政府干预理论

新凯恩斯主义和原凯恩斯主义一样，都提出非市场出清假设，认为没有政府干预的市场机制必然会导致经济波动与失业，因而都强调国家干预，坚持认为国家干预经济不仅是必要的，而且是有效的。

在坚持国家干预的政策取向下，新凯恩斯主义在经济政策主张上的特点主要表现在以下三个方面：

（1）温和性。新凯恩斯主义赞同新古典综合派根据经济形势灵活调整政策的思路，但更倾向于采用一种更为柔和的方式，即指出缺乏紧缩政策会导致通货膨胀加剧，而缺乏扩张政策则会使失业问题更加严峻。

（2）适度性。基于对工资与价格黏性现象的深入模型分析，新凯恩斯主义揭示了市场失灵的问题。为应对这一问题，新凯恩斯主义主张政府应采取适度的经济调控措施，核心在于缓解工资与价格的黏性，从而恢复市场机制的有效性，促进经济稳定和社会福利的提升。值得注意的是，新凯恩斯主义在强调微观经济基础的同时，也高度重视市场机制的作用，并主张实施“适度”的国家干预。在政策实施层面，新凯恩斯主义针对新古典综合派的“精细调整”策略，提出了“宏观平衡”的调控思路，旨在缓解或削弱宏观经济波动。

（3）原则性。新凯恩斯主义通过数学模型推导出了众多经济对策的公式化表达，但较少将这些对策转化为具体可操作的经济政策。这种原则性的政策建议具有灵活性，能够适应多种情况，但也可能给政策执行带来挑战。在财政政策上，新凯恩斯主义基本遵循原凯恩斯主义的主张，缺乏根本性创新；然而，在价格政策、人力资源政策及货币政策方面，其政策主张则展现出独特的见解。

（二）抑制价格黏性，修复市场机制

新凯恩斯主义的价格黏性理论认为，只有当价格具有充分弹性时，市场失衡才能够迅速得到纠正，达到市场出清，使社会资源得到充分利用。但是在价格展现黏性特征时，若市场总需求低于总供给，价格无法及时下调，由此引发产品严重积压，市场难以达到出清状态。在此情境下，厂商不得不缩小生产规模，进而造成产量剧烈波动，同时也使得社会资源无法得到充分且有效的利用。

鉴于此，新凯恩斯主义主张的核心政策建议在于抑制价格黏性、增强价格灵活性，其目的是修复市场机制的失效状况，并维持总产量的稳定。

新凯恩斯主义根据菜单成本理论，主张国家推行抑制价格黏性使价格较有弹性的政策，根据交错调整价格理论提出制定能诱导厂商实行同步调整价格的政策，减少经济中的交错调整价格，以克服物价总水平的惯性。应该说，这些建议精准地把握了问题的核心所在，显得颇为合理。然而，遗憾的是，它们普遍偏向原则性，缺乏具体的政策实施细节。尽管这些原则性的政策框架为新凯恩斯主义提供了广阔的操作空间，但在实际操作层面，却给政策执行者带来了不小的困难，难以直接应用于实践。

（三）国家干预劳工合同，增加工资弹性，减少失业

新凯恩斯主义基于微观经济学的视角，深入剖析了工资黏性与失业现象，并据此提出了一系列旨在解决工资与就业问题的政策倡议。这些就业政策的核心在于提升工资的灵活性，以期有效降低失业率。新凯恩斯主义强调，政府应当给予长期失业群体更多关注，致力于为他们创造更多的就业机会。此外，新凯恩斯主义还主张国家应当对劳动工资合同进行适度干预，并通过货币政策手段促进工资的弹性调整，从而进一步推动就业率的提升，具体做法如下：

（1）软化工作保障法规，以便降低雇佣劳工和解雇劳工的流转成本。

（2）改良劳资关系，以便减少罢工的可能性。

（3）再培训局外人，以便增加他们的人力资本和边际产量。

（4）改善劳工流动性的政策，如住房市场等。

（5）劳资利润分享，以使工资具有更大灵活性。

（6）再设计失业补偿制度，以便鼓励寻找工作。

在西方国家，政府对微观层面的企业行为只有监管权限，在大多数情况下不能进行强制性干预，经济中的劳动工资合同既多又分散，政府不可能对每份合同都进行监督，只能通过法律规范劳动工资合同的签约，希望政府直接干预劳动合同在现实中难以做到。

（四）国家干预信贷市场，利用贷款补贴或贷款担保降低市场利率

当市场机制失灵时，价格对于总需求变动的响应显得过于迟缓，导致市场机制自身难以有效抵消总需求的冲击，经济因此陷入非效率状态。在此情境下，唯有政府介入，实施与需求波动相匹配的货币政策、薪酬政策及价格政策，方能扭转经济中的非效率局面，促使经济朝向产出均衡状态发展。

为了达到稳定产出的政策目标，政府应采取最优的货币政策策略，即货币供应量的调整需与实际的价格扰动因素相协调，并与导致价格波动的名义因素采取反向操作。值得注意的是，这两种政策手段对雇员产生的影响存在差异：在产出保持稳定的情境下，前者可能导致雇员薪酬的波动性增大；而后者则在产出不稳定时，为雇员薪酬提供相对稳定的保障①。

新凯恩斯主义的信贷配给理论主张，在信贷市场中，利率调节与配给机制共同发挥着作用。银行往往不依赖于提升利率，而是通过实施信贷配给策略来实现信贷市场的均衡状态。因此，从社会福利最大化的角度出发，政府应当介入信贷市场，采取诸如贷款补贴或提供信贷担保等措施来压低市场利率，确保那些具备社会效益的项目能够顺利获得融资。

信贷配给理论所提出的政策建议，不仅表述清晰，而且内容具体，并具备一定的可操作性。遵循这些政策建议，资金流动将趋向合理，此外，在保障银行利益的同时，也充分顾及了厂商的利益，这符合市场经济环境下利益主体多元化以及各利益主体追求自身利益最大化的基本原则。

---

① 何国华．凯恩斯主义复兴和宏观经济政策理论的新发展［J］．世界经济研究，1999（6）：66-70.

第二章
宏观财政政策的目标和内容

第一节 宏观财政政策目标

一、财政政策目标的含义

财政政策目标是国家通过财政政策手段的实施所要达到的目的，即财政政策所要实现的期望值，它是财政政策最主要的构成要素。目标的合理与否，直接关系到财政政策功能的作用范围和作用强度。因此对于这个期望值的确定，必须考虑以下因素：

第一，这一期望值受限于政策的作用范畴与力度，若其取值超出了政策功能的有效范围，则政策目标将无法实现，因为政策有其固有的作用边界。

第二，此期望值在时序上应当维持连续性，同时在地域范围上则需满足一致性标准。一般而言，基础财政政策被视为一种在较长时期内稳定发挥作用的政策工具，即长期财政策略。相对而言，常规财政政策（或称中期财政策略）则聚焦于特定时间框架内的实施效果。从作用领域的视角分析，财政政策可分为微观、中观及宏观三个层面，并进一步细化为总量调控与结构调整两大类型。在时间轴上，财政政策目标的设定需确保连续性，要求短期及中期政策与基础政策导向一致。而在空间轴上，财政政策目标的确定则展现出层级性特点，这不仅是财政政策连续性与一致性原则的体现，也是制定政策目标时的通用准则。

第三，政策目标作为一种预期设定，其确定值不仅受限于社会、政治、经济、文化等多维度环境与条件，还深受民众偏好与政府决策行为的影响。故而，政策目标的选定并非一个随意的过程，而是遵循科学与民主原则，经过审慎选择与决策的结果。

二、各国选择财政政策目标的制约因素

各个国家究竟选择什么样的政策目标，并不是人们主观随意选择的，而是受多种因素制约，主要有以下四个方面：

一是生产资料所有制的性质。因为财政政策目标的制定是受该社会处于统治阶级的生产资料所有者的利益所左右的，最终为统治阶级的利益服务，所以财政政策目标不能不打上生产资料所有者的烙印。

二是国家的职能。财政政策是实现国家职能的工具，国家的职能决定财政政策的目标。

三是不同时期的政治经济形势。不同时期的政治经济形势不同，所要解决的主要矛盾不同，财政政策的侧重点也有所不同。

四是财政在国民经济中的地位。在社会主义条件下，财政是国民收入分配的总枢纽，这种地位决定了财政政策不仅能进行总量调节，还能进行结构调节。

三、我国的财政政策目标

不同的国家有不同的财政政策目标选择，同一国家的不同时期也有不同的财政政策目标选择。从发达国家实际情况来看，20 世纪 30 年代大危机以来，财政政策目标由单一化转向多元化，40 年代英、美等众多国家将实现充分就业设定为财政政策的首要追求，然而，这一单一目标的追求策略，在 20 世纪 70 年代却引发了滞胀现象。鉴于此，政策导向随即进行了调整，从单一目标转向多元化目标体系。例如，1978 年，美国国会颁布了《充分就业和平衡增长法》，确立了包括充分就业、价格稳定、经济增长及国际收支平衡在内的四大财政政策目标，这一做法随后被多个发达国家效仿。

在我国，由于长期以来没有形成关于财政政策的理论，财政政策几乎等同于党和国家的路线、方针、政策，财政政策目标也就是党的路线、方针、政策的目标。改革开放以来，理论界开始研究我国的财政政策理论，一般认为我国的财政政策目标是物价相对稳定、收入合理分配、经济适度增长、社会生活质量逐步提高①。

1. 物价相对稳定

物价稳定作为世界各国广泛追求的一项核心目标，是财政政策发挥其宏观调控作用的基础性前提。物价稳定并非意味着物价的绝对静止，而是旨在将物价总水平的波动控制在不影响经济稳健发展的合理区间内，其本质在于有效防控通货膨胀。

通货膨胀的成因复杂多样，主要包括需求拉动、成本推进、结构失衡及外部冲击四大方面。当制定旨在实现物价稳定的政策时，准确区分通货膨胀的具体类型至关重要，以便精准施策。

① 冯海波. 关于中国财政政策演变的规律性认识［J］. 当代经济研究，2003（4）：24-27.

针对需求拉动型物价波动，政策导向侧重于需求管理，采用直接调控信贷总量的方法，如减少货币供应等强制性手段，旨在抑制过度的需求。然而，仅仅依靠信贷政策的调整常常难以达到预期效果，因为需求膨胀的根源往往与收入分配的不平等有关。工资增速的过快以及国民收入分配的过度倾斜，均对货币扩张起到了强制性的推动作用。故而，应对此类通货膨胀问题，需要财政政策和货币政策的协同配合。

针对成本推动型物价波动，政策制定者不仅要控制工资水平的过快上扬，还需致力于提升资源利用效率与劳动生产率来加以应对。推动技术创新、增强社会经济效能、减少成本开支，是解决这一难题的核心所在。

结构失衡引发的物价波动，要求政策导向注重经济结构的优化调整。经济结构作为经济资源配置的比例关系的体现，一旦比例失调，市场均衡状态即被打破，价格随之波动。当比例严重失衡时，局部的供求矛盾可能演化为全局性的供求失衡，从而导致个别商品比价不合理，进而可能对整个经济稳定构成冲击。对此，主要通过结构调整来治理，而在我国，产业结构调整的核心在于行业或部门利益的合理再分配，财政政策的制定需有助于产业结构的优化升级。

价格波动受外部冲击的影响显著，这主要源于我国在改革开放进程中外向型经济的迅猛增长，特别是东南沿海地区的快速发展。在此背景下，价格变动不仅受国内诸多因素的制约，还与国际市场的波动密切相关，国际市场价格变动有可能在一定程度上波及我国。因此，政策制定者需对此给予高度重视，并通过调整汇率政策、优化国际收支结构等手段来有效应对。

综上所述，对于我国而言，物价不稳定始终是经济发展中的重大隐患。因此，当选择财政政策目标时，我们必须充分考虑物价稳定的重要性。

2. 收入合理分配

在我国，实现收入的合理分配是确保经济稳健前行与发展的核心要素。若收入分配失衡加剧，贫富差距显著拉大，将对社会的经济稳定性构成严峻挑战。均等化的“大锅饭”分配模式降低了劳动者的积极性，成为经济发展的绊脚石。从历史角度来看，传统的社会主义计划经济体制遵循的是计划分配机制，这往往导致收入趋于均等化；相比之下，典型的资本主义经济体制则依据市场分配原则，其结果常常是收入分配上的两极分化。从比较经济学的视角来看，这两种经济体制在分配机制上都存在着明显的不足与局限。市场与计划的结合已成为各国经济发展中收入分配政策的主流。

在社会主义市场经济体系中，需依据社会成员劳动贡献的差异，科学设定其收入报酬，激发全体社会成员的劳动热情，同时避免收入分配上出现过度的非均衡现象。因此，在政策导向层面，平衡平等与效率的关系显得尤为重要。实现合理收入分配的关键举措在于合理分配税收负担以及构建完善的社会保障体系①。

---

① 孙学工. 关于新时代财税体制改革的四点认识［J］. 财政科学，2017（11）：26-29.

3. 经济适度增长

如果把经济增长看成生产力变动的函数，那么增长的本质是生产力的提高。生产能力可以通过生产函数表现出来：

$$Y = AF(L,\ K) \tag{2-1}$$

公式（2-1）中，Y 表示产出；F 表示函数在一定技术条件下的投入与产出关系；L 表示劳动量；K 表示资本量；A 表示技术进步。

这一函数关系说明，生产能力是由投入的劳动量、资本量等基本因素以及技术水平和结构等特殊因素综合而形成的，劳动量和资本量都是经济资源，对于我国来说，劳动力相对过剩，资本相对不足。现代经济增长理论认为，经济增长不仅取决于要素的投入量，而且取决于技术水平的发展，高技术将导致资源高效利用。

“经济适度增长”概念的核心在于量力而行，这一理念主要体现在两个维度：一是需依据财力状况（储蓄能力）来设定合理的增长率，而储蓄能力则由收入水平和储蓄意愿共同决定。对于低收入国家而言，由于国内储蓄能力有限，引进外资便成为驱动经济增长的关键因素之一。二是需考虑物力资源的可用性。物力资源涵盖了能源、钢材、木材、水泥、交通运输、机器设备等各类资源，实际上反映了支撑经济增长的物质基础。

在我国，经济发展不仅是生产力持续提升的过程，也是产业结构不断优化升级的过程，表现为现代产业部门的持续扩张和传统产业部门比重的逐渐降低。在此过程中，优先发展部分主导产业是一种必然趋势。然而，若非均衡的发展状态超出了合理范围，引发资源短缺成为制约经济增长的瓶颈，便会对经济发展构成阻碍。因此，当制定相关发展政策时，必须全面考虑这些资源的约束条件。

在促进经济增长的过程中，财政政策一方面需在政策导向上合理平衡储蓄与消费的关系，以保障维持合理的社会储蓄水平；另一方面，需深刻洞察我国经济发展中存在的多重制约因素，并充分发挥财政在推动产业结构调整和激发创新活力方面的核心作用。

4. 社会生活质量逐步提高

经济体系的终极目标在于满足全体社会成员的需求。这种满足的程度，不仅与个人消费需求的达成息息相关，还与社会共同消费需求的实现有密切关联。社会生活质量的提升，是社会共同消费需求得到满足的综合体现，包括公共安全水平的增强、环境质量的提升、基础科研领域的进步以及教育普及程度的提高等多个方面，它们共同构成了社会生活质量提高的重要标志。

财政政策之所以将提升社会生活质量纳入其政策目标体系之中，是因为社会生活质量的提升在很大程度上依赖于政府部门对社会公共需求的有效供给，而非只是依靠市场机制的自发作用来实现。

第二节　宏观财政政策内容

一、宏观财政政策内容

财政政策作为国家宏观经济调控的关键手段之一，对于实现政策目标具有举足轻重的作用。具体而言，财政政策是指政府为提升就业率、缓解经济波动、防控通货膨胀以及促进经济稳定增长，而采取的税收调整、政府支出安排以及公债管理等措施。这些措施实质上是政府为实现其宏观经济政策目标，对其财政收入与支出水平所做出的战略决策。

财政政策的核心构成涵盖政府支出与税收两大方面。其中，政府支出进一步细分为政府购买行为与转移支付两大类；政府税收主要是个人所得税、公司所得税和其他税收。

（一）政府支出体系

政府支出的范围十分广泛，包括社会福利支出、退役军人福利、国防安全经费、债务本息偿付、教育与职业培训投入、公共卫生服务及医疗保健、科学技术研发资金、交通运输基础设施与住房建设、自然资源和环境保护费用，以及国际交往与国际事务的经费开支。

政府支出的模式主要划分为政府购买与政府转移支付两大类。政府购买是指对商品和服务的采购行为，这是一种以获取所需商品和服务为前提的有偿性支出，象征着经济资源由私人部门向公共部门的转移。由于政府购买涉及实质性的商品和服务交易，它直接构成社会需求与社会消费能力的一部分，是国内生产总值四大需求要素（消费、投资、政府购买、净出口）的关键一环。

相比之下，政府转移支付则是指政府单方面、无偿性的资金拨付行为，涵盖社会保障、社会福利、农业补贴、债务利息偿付及慈善捐赠等领域。其特点在于不涉及商品和服务作为对等回报的交换，而是通过政府行为实现收入的再分配，调整社会成员之间的收入分配格局，而不改变社会总收入的整体规模。由于政府转移支付仅涉及资金权益的转移，并未伴随相应的商品和服务交换，因此不计入 GDP，不构成国民收入的直接构成部分。

（二）政府收入体系

政府财政收入主要源自两大渠道：税收与公债。其中，税收占据主导地位，它是国家为履行其职能，在依法预先设定的标准下，采取的一种强制性、无偿性的财政获得方式。各国的税收体系由众多具体的税种构成，并且依据不同的分类标准，可以对税收进行多样化的划分。

1. 按照课税对象的性质，可将税收分为财产税、所得税和流转税三大类

财产税也被称为“财产课税”，是针对法人和自然人拥有或可支配的财产征收的一类税收项目，包括房产税、城市房地产税、城镇土地使用税、车船使用税等。所得税是针对个人或企业的所得收入进行课税，涵盖了个人薪资、股票收益、债券利息、存款所得以及企业利润等。在多数西方发达国家，所得税构成了税收体系中的主导税种，因此所得税税率的调整或税收政策的变革对经济活动具有重要影响。流转税又被称为“流转课税”“流通税”，是指以纳税人商品生产、流通环节的流转额或者数量以及非商品交易的营业额为征税对象的一类税收，包括增值税、消费税、营业税、关税等。

2. 按税负能否转嫁，税收又可分为直接税和间接税两种

直接税是直接征收的、不能再转嫁给别人的税，如财产税、所得税和人头税。间接税是间接地向最终消费者征收的作为生产商和销售商的原来纳税人能最终转嫁给消费者的税，如消费税、营业税和进口税。

3. 按照收入中被扣除的比例，税收可以分为累退税、累进税和比例税三种

累退税是指税率随征税对象数量增加而递减的一种税，即收入越多，税率越低。累进税是税率随征税对象数量的增加而递增的一种税，即课税对象数额越大，税率也越高。上述的财产税和所得税一般是累进税。比例税是税率不随征税对象数量的变动而变动的一种税，即按固定比率从收入中征税，多适用于流转税。如财产税、营业税和大部分关税，一般属于比例税。

税收是政府支出的主要资金来源。年度内政府税收与支出之间的差额被界定为预算结余。当预算结余为零时，这种状态被称为预算平衡；若结余为正，则称为预算盈余状态；若结余为负，则称为预算赤字状态。当政府增加支出而未同步增加税收，或降低税收而未同步减少支出时，这种行为被称为赤字财政政策。面对预算赤字，政府可以选择通过发行国债从公众筹集资金，或者采取增加货币供应量的方式来弥补资金缺口。

二、财政政策的类型

（一）按照财政政策调节经济周期的作用方式分类

按照财政政策调节经济周期的作用方式分类，财政政策可以分为自动稳定的财政政策和相机抉择的财政政策两类。

1. 自动稳定的财政政策

这种政策不需要政府改变现有的政策制度，无须借助任何外力，可以在调节经济运行的第一线自发地进行调节，自动地产生稳定的效果。财政政策的这种自动稳定性，可以根据国民经济运行情况进行自动调节，而不需要政府通过改变现行的政策和制度进行干预。自动稳定的财政政策主要包括以下两个方面：

（1）自动稳定的税收政策，主要是指包括公司所得税和累进个人所得税在内的所得税制度。所得税特别是累进个人所得税对社会经济活动的变化反应非常敏感，而

且税收弹性很强。当经济繁荣时，企业得到较多的利润，个人收入也呈上升趋势，在所得税中表现为自动适应较高一级的税率，从而给纳税人留下较少比例的税后收入，以减少流通中的货币量，抑制通货膨胀；反之，当遭遇经济危机时，企业利润下降，居民个人收入也呈下降的趋势，在所得税中则表现为自动适应较低一级的税率，从而给纳税人较大比例的税后收入，以增加流通中的货币量，进而抑制通货紧缩。这种经济总量变化而导致的税收总量相应的变化，可以自动产生对宏观经济的调节作用，起到熨平经济周期的效果。

（2）自动稳定的政府支出政策，主要是指政府支出中的转移性支出，特别是以失业救济和最低生活保障为重点的社会保障性支出。当经济处于通货紧缩状态时，社会失业人员增加，个人收入呈下降趋势。此时，政府支付的失业救济金必然上升，从而可以增加流通中的货币量，进而抑制经济危机。当经济处于通货膨胀状态时，社会失业人员减少，个人收入呈上升趋势，此时，政府支付的失业救济金也会随之下降，从而减少流通中的货币量，进而抑制通货膨胀。

自动稳定的税收政策和自动稳定的政府支出政策的配合共同构成了财政政策中的自动稳定政策。只要在经济生活中实施了累进所得税制度和社会保障制度，就可以在调节经济周期的第一线自动发生调节作用，而不需要政府改变现有的政策制度加以任何干预。应当指出的是，自动稳定的财政政策可以自动调节经济周期，但自动稳定政策的力度一般比较小，难以抵御较大程度的经济失衡。如果经济周期波动幅度较大，单纯依靠自动稳定政策难以取得良好的调控效果。

2. 相机抉择的财政政策

相机抉择的财政政策不能利用现有的政策与制度自发发生作用，而必须由政府根据经济运行的状况加以改变，制定新的政策和制度，进而加以推进实施才能产生相应的效果。该政策可以看作国家有意识地自觉干预社会经济运行的调节行为。例如，当国民经济处于通货紧缩状态时，政府可以改变现行的税收制度，制定新的减税政策，将减税政策加以贯彻实施，以扩大社会总需求，进而抑制通货紧缩。

一般而言，相机抉择的财政政策可以分为汲水政策和补偿政策两类。按照汉森的财政理论，汲水政策是指在经济萧条时通过政府扩大公共投资范围，从而带动民间资本投资的跟进，进而扩大社会总需求，使经济得以复苏的政策。汲水政策的特点包括：①它是一种诱导性政策，诱导民间资本投资跟进，进而诱导景气复苏；②它以公共投资为载体和工具；③汲水政策必须促使民间资本投资范围的扩大，而不能使财政成为增加投资的唯一主体而超额增长；④汲水政策是一种短期政策，一旦经济复苏，汲水政策就应当停止。事实上，早在 1929—1933 年经济大危机中，美国实施的罗斯福新政和日本实施的匡救政策都是比较典型的汲水政策。

补偿政策则是典型的反周期调节政策，是政府有意识地根据当时经济运行状态的反方向调节经济周期波动的财政政策。在经济繁荣时减少流通中的货币量以抑制社会总需求，而在经济萧条时则增加流通中的货币量以扩大社会总需求，以期把整个经济运行的波动减少到最低限度。

汲水政策和补偿政策都是政府有意识地干预经济的财政政策，也都需要改变现有的政策和制度并由政府加以实施，因而都属于相机抉择的财政政策，但两者也有以下差别：

（1）汲水政策只是用于应对通货紧缩，而补偿政策既可以应对通货紧缩，也可以应对通货膨胀。

（2）汲水政策的载体和工具只是政府投资，而补偿政策的载体和工具除政府投资外，还包括税收、公债、公共支出、财政补贴等。

（3）汲水政策的公共投资支出不宜超额增长，以刺激民间资本投资跟进为限，而补偿政策的财政支出可以视情况超额增长。

（4）汲水政策的调节对象是民间投资，而补偿政策的调节对象是社会经济的有效需求。

（二）按照财政政策在调节国民经济总量方面的功能分类

按照财政政策在调节国民经济总量方面的功能分类，财政政策可以分为扩张性财政政策、紧缩性财政政策和中性财政政策三类。

1. 扩张性财政政策

扩张性财政政策的作用是通过刺激和扩大社会总需求，进而抑制通货紧缩，使总供给和总需求相对均衡。扩张性财政政策一般应在整个国民经济运行处于通货紧缩状态，社会总需求小于社会总供给时使用。扩张性财政政策的载体主要是减税和增加政府公共支出，其机制在于通过减税和增加支出形成财政赤字，通过赤字增加流通中的货币量，进而扩大社会总需求。减税和增加政府支出是扩张性财政政策的两个工具，应当根据具体情况配合运用。当政府支出不变时，减税可以形成财政赤字；而当现行税制不变时，增加政府支出也可以形成财政赤字。两者的同时运用也可以形成财政赤字，最终扩大社会总需求。无论是减税还是增加政府支出，事实上都要通过财政赤字发生作用。从这个意义上讲，扩张性财政政策也可以等同于赤字财政政策。

2. 紧缩性财政政策

紧缩性财政政策的作用是通过减少和抑制社会总需求，进而抑制通货膨胀，使总供给和总需求相对均衡。紧缩性财政政策一般应在整个国民经济运行处于通货膨胀状态，社会总需求大于社会总供给时使用。紧缩性财政政策的载体主要是增税和减少政府公共支出，其机制在于通过增税和减少政府支出形成财政结余，通过财政结余减少流通中的货币量，进而抑制社会总需求。增税和减少政府支出是紧缩性财政政策的两个工具，应当根据具体情况配合使用。当政府支出不变时，增税可以形成财政结余；而当现行税制不变时，减少政府支出也可以形成财政结余。两者同时运用也可以形成财政结余，最终减少社会总需求。无论是增税还是减少政府支出，事实上都要通过财政结余发生作用。从这个意义上看，紧缩性财政政策也可以等同于结余财政政策。

3. 中性财政政策

中性财政政策的作用是使社会总供给与总需求基本维持现状。中性财政政策一般在社会总供给和社会总需求基本平衡时采用。这种中性财政政策既不使社会总需求扩大，也不使社会总需求缩小。由于社会总供给和社会总需求的不平衡是绝对的，而平衡则是相对的，因而中性财政政策也是相对而言的。事实上，即使财政收支是平衡的，也可能存在着扩张或紧缩的作用，因而中性财政政策一般不能等同于平衡财政政策。

（三）其他分类

1. 按财政政策所规范的内容分类，财政政策可以分为财政收入政策、财政支出政策和财政调控政策三类

财政收入政策通过规范和调整财政收入总量、结构等实现对国民经济的调控。财政支出政策是通过规范和调整财政支出总量、结构等对国民经济进行调控。财政调控政策则是通过对各方面经济关系进行调整和规范，进而对国民经济进行调控。例如，调控中央与地方的关系、调控政府与企业的关系、调控政府与居民的关系等。

2. 按财政活动与社会经济活动的层次关系分类，财政政策可以分为宏观财政政策和微观财政政策两类

宏观经济财政政策亦被称作总量调控政策，旨在通过对国民经济的全面调节来影响国民经济总量的变动。前述的扩张性财政政策、紧缩性财政政策和中性财政政策实质上均属于宏观财政政策的范畴。宏观财政政策主要解决宏观经济调节问题。微观财政政策也称为个量政策，是对有关经济个量进行调节，影响有关经济个量增减变化的政策。微观财政政策主要解决个量经济的调节问题，如在不改变税收总量的情况下，对局部税率进行调整，使某些个量税负加重而使另一些个量税负减轻；又如在不改变支出总量的情况下改变支出结构等。

3. 根据财政政策涉及的利益分配种类划分，财政政策可以分为物质性财政政策和符号性财政政策两类

物质性财政政策是指通过财政政策的分配，使一部分社会成员增加实际利益或者使一部分社会成员减少实际利益，也就是说赋予社会成员有利或不利的相关条件。例如，失业救济就是给予一部分符合条件的社会成员以一定的物质利益，属于物质性财政政策，此类政策还包括税收优惠、财政补贴等。又比如，通过增税使一部分社会成员税后收入下降，也是物质性财政政策。符号性财政政策实际上并不是对社会成员分配有利条件或不利条件，也很少对社会成员的实际利益发生实质性影响，更多的是表现为一种象征性的导向。例如，平等课税原则更多的是一种符号。事实上，大多数财政政策兼有符号性与物质性两个方面，是两者的结合，既有符号性的一面，又有物质性的一面。我们还应看到，在有些情况下，符号性财政政策与物质性财政政策也可以相互转换。例如，发展中国家对外商投资企业的税收优惠，在政策制定的早期更多的是一种符号性导向政策。由于基础设施、交通环境、市场规模等因素的制约，外国投资者大多是一种观望的态度。但随着环境的改变和完善，外商真正投资后，这种优惠就能转化为物质性政策。

三、财政政策的运用

制定宏观财政政策的具体目的就是通过政府增减税收和支出，或者是刺激消费和投资，从而使需求增加；又或者是削弱消费和投资，从而使需求减少，但究竟是需要增加需求还是减少需求，需视具体情况而定。

（一）萧条时期的财政政策

经济萧条是指在社会总需求小于总供给时，必然要出现的生产收缩、解雇工人的现象。这时为了消除经济危机，实现充分就业，政府就可以采取以下两种政策：

1. 减税政策（包括免税、退税、减税等政策在内）

如果企业的所得税减少，企业的税后利润就增加，企业就乐于投资，从而使投资需求扩大；如果居民的所得税减少，居民可支配的收入增加，从而增加了消费需求，这样就可以使总需求增加，致使总供给与总需求趋向均衡。

2. 增加财政支出

如果增加公共工程开支，就意味着政府直接投资增加；如果增加政府购买和政府转移支付，就意味着消费支出增加。这样，由于政府支出的增加，同样可以达到社会总需求增加，从而使总供给与总需求趋向均衡的目的。

以上这两种办法统称为扩张性的财政政策，这是在经济萧条时期西方国家常用的财政政策，其实质就是国家运用财政手段对国民收入进行有利于垄断资本的再分配。

（二）财政赤字的弥补政策

在经济萧条时期，政府由于采取减税和增支的扩张性财政政策，就势必会引起财政赤字。对此，有两种观点：一种观点认为，国家应保持财政预算平衡，不能出现财政赤字，因为赤字不利于国民经济健康发展；另一种观点认为，萧条时期出现财政赤字并不可怕，而且只有财政赤字政策才能克服经济萧条，实现充分就业，因为财政赤字对整个社会经济的发展是有利的。

但赤字是必须弥补的，如何弥补赤字呢？凯恩斯认为，撇开外债不谈，可用下述两种方法弥补：

（1）多发钞票，即用多印钞票的办法来弥补财政赤字。但是，西方经济学家几乎同时认为，多发钞票容易造成通货膨胀，引起在野党和选民的反感，不利于政局稳定，一般不可取。

（2）发行公债。这个办法最稳妥，没有多发钞票那些弊病，且可弥补赤字，使经济均衡发展。

但是，公债卖给谁呢？凯恩斯认为，最主要而又简便的办法是出售给中央银行，中央银行把财政部出售给自己的公债而应支付的金额作为存款，在自己的银行里给它开立存款户头，然后用银行支票支付给财政部，财政部将此支票用作政府支出，或者用作直接向企业购买商品、劳务，或者用作转移支付，付给居民。这样，政府举债支出的循环过程可用图 2-1 表示。

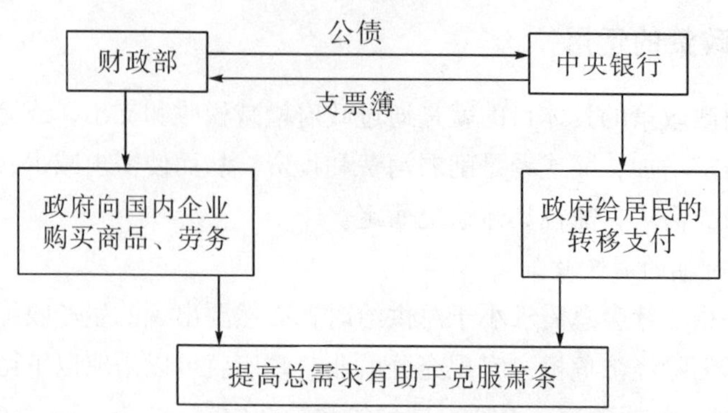

图 2-1 政府举债支出的循环过程

刚开始，凯恩斯学派认为政府的公债也可以直接卖给居民、企业或私人商业银行。但是，如果卖给它们，实际上是它们对商品的需求转移到政府手中。因此，并不能使社会有效需求有多大增加，达不到发行公债刺激有效需求的目的。即使居民和企业用暂时闲置不用的现金去购买公债，从而增加了社会有效需求，那也是很有限的。所以，凯恩斯学派认为，把公债卖给中央银行是最简便而又有效的办法。

同时，凯恩斯学派还认为，用这种举债支出来弥补赤字的办法，既不会加重社会负担，也不会加剧国民收入分配不均的程度，而且因为它有助于克服经济萧条、刺激经济发展，国民生产总值这块“蛋糕”会愈来愈大，最终会使大家受益。

我们认为，凯恩斯的这种用举债支出来弥补赤字的办法，无异于变相通货膨胀政策，因为中央银行用支票来购买公债，实际是动用银行闲置不用的资金，即把退出流通领域的现金投入流通领域，增加市场通货，而且西方国家的支票本身也可当作通货在市场上流通。例如，美国市场上流通的纸币与支票的比例，大致为 1：9，由于市场通货增加，物价必然上涨，人们的实际生活水平会下降。因此，这种用举债支出弥补赤字的办法即使暂时能克服萧条、增加就业，但最终不能解决经济危机的矛盾。

（三）通货膨胀时期的财政政策

按照凯恩斯的理论，当出现总需求大于总供给时，就形成过度需求，从而引起通货膨胀、物价上涨。为了平衡供求、稳定物价，政府可以采取增税，或减少财政支出，或同时采取这两种办法的政策，这些被统称为紧缩性的财政政策。

从增税来看，企业由于多交税，就要减少投资的支出；居民由于多交税，就要减少消费支出。总之，政府增加税收，就可以抑制社会总需求，有助于消除通货膨胀。

从减少财政支出来看，如果是减少公共工程开支和政府购买，就会压缩政府的直接投资和消费；如果是减少政府的转移支付，就会压缩居民户的消费。结果都会使社会总需求减少，因而同样有助于消除通货膨胀。

总之，凯恩斯主义财政政策的特点就是要“逆经济风向行事”，在经济萧条时期实行扩张性的财政政策；在经济繁荣时期实行紧缩性的财政政策。凯恩斯学派认为，这既可以消除失业又可以抑制通货膨胀，从而实现经济长期稳定的发展。

（四）补偿性财政政策和平衡预算政策

凯恩斯宏观财政政策的基调是实行扩张性的赤字政策，这与他出版《就业、利息和货币通论》时所面临的20世纪30年代经济危机的形势是相适应的。但20世纪50年代资本主义经济现实的发展并非一直处于危机状态，而是周期性的、有起有伏的，于是他的后继者便提出了“补偿性财政政策”，随后又提出了充分就业政策和平衡预算政策，从而补充和发展了凯恩斯的宏观经济政策思想。

美国经济学家阿尔文·汉森认为，资本主义经济发展是周期性的由繁荣到萧条的波动过程。在经济衰退阶段，政府会采取扩张性的财政政策以应对，这通常会导致财政赤字的产生；而在经济高涨、需求过剩并引发通货膨胀的时期，政府则会实施紧缩性的财政政策，从而可能出现财政盈余的情况。这时，政府如果把财政盈余用作财政支出，或者用作偿还公债，结果都会增加社会总需求，因而无助于消除通货膨胀。所以，此时应把财政盈余冻结起来，以用作补偿经济萧条时期的财政赤字。这样，在政府实行补偿性财政政策的条件下，从经济长期发展过程来看，财政收支便会趋于平衡。

美国在20世纪50年代实行补偿性财政政策的结果，虽然没有出现严重的财政赤字和通货膨胀，但经济增长却很缓慢。从1953年到1960年，实际国民生产总值年均只增长2.5%，这远远落后于联邦德国、日本和苏联，甚至也不如法国和意大利。

进入20世纪60年代，以詹姆斯·托宾和华尔特·海勒为代表的美国凯恩斯主义经济学者根据美国50年代经济发展的经验和“混合经济”理论，提出以充分就业为核心的新的宏观经济政策，即以4%的失业率为充分就业的标准，把达到这一标准时的国民生产总值增长率作为潜在的国民生产总值增长率，政府应争取把这潜在的增长率变为现实。具体来讲，他们认为，美国政府应以失业率为4%的1955年的国民生产总值增长率3.5%作为宏观经济政策目标，如果连续两年的实际国民生产总值增长率小于3.5%，即使经济处于上升时期，仍应实行扩张性的财政政策和货币政策以刺激需求，从而促进经济增长和实现充分就业。这样，过去的所谓“逆经济风向而行事”的政策便有所改变，即在经济繁荣时期也不实行紧缩性财政政策，而要实行扩张性财政政策。

美国在20世纪60年代以后，由于基本上实行扩张性财政政策，不可避免地使财政赤字愈来愈严重：50年代财政赤字最大的年份是1959年，为129亿美元；60年代财政赤字最大的年份是1968年，为252亿美元；70年代财政赤字最大的年份是1976年，为664亿美元；1985年增至2 119亿美元；1990年为2 560亿美元。在此形势下，美国当局十分担忧，于1985年12月12日由里根签署了“格拉姆-拉德曼-霍林斯”平衡预算法。这个法案要求政府将联邦预算赤字按一个固定的日程表削减，到1991年实现预算平衡。如果政府的行政部门和立法部门不能就实现指标的措施达成协议时，开支自动削减。但实际上，美国政府达不到也从来没有达到过预算平衡。

四、财政政策效果

（一）财政政策的传递机制

当我们考虑产品市场与货币市场同时均衡情况下财政政策的传递机制时，就要考虑到财政政策对两个市场的影响，可用图 2-2 来说明这一问题。

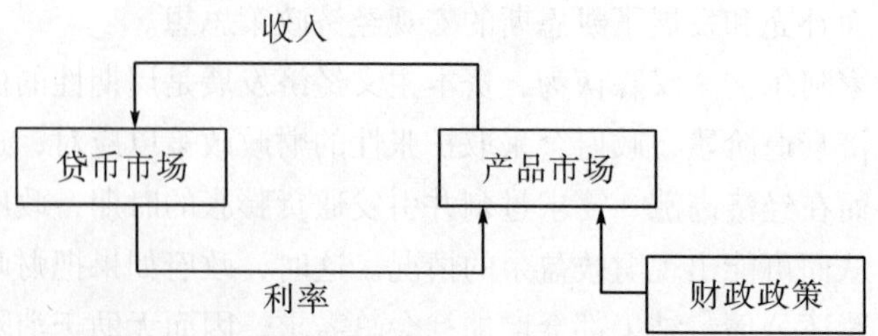

图 2-2　财政政策对两个市场的影响

图 2-2 表明，财政政策影响产品市场的总需求，总需求影响国民收入，国民收入影响货币市场上的货币需求，货币需求又影响利率，利率最后影响产品市场上的投资与总需求。具体来说，财政政策发生作用的过程可以说明如下（以政府购买支出为例）：

$$G\uparrow \rightarrow AD\uparrow \rightarrow Y\uparrow \rightarrow L\uparrow \rightarrow r\uparrow \rightarrow I\downarrow \rightarrow AD\downarrow$$

这就是说，政府支出增加（$G\uparrow$），使总需求（$AD\uparrow$）与国民收入上升（$Y\uparrow$），在货币供给量不变的情况下，货币需求增加（$L\uparrow$），利率上升（$r\uparrow$），从而投资下降（$I\downarrow$），最后又引致总需求减少（$AD\downarrow$）。

（二）财政政策效果的决定因素

财政政策效果的大小体现在政府收支变动（涵盖税收调整、政府购买行为及转移支付等）对总需求，进而对国民收入与就业水平的影响程度上。从 IS-LM 模型的角度观察，财政政策效果是指 IS 曲线位移所引发的国民收入变动的程度。显然，从 IS 与 LM 图形的分析中可以看出，这种影响程度主要取决于 IS 曲线与 LM 曲线斜率的特性。

在 LM 曲线斜率保持恒定的情况下，IS 曲线斜率的绝对值越小，即曲线越趋于平缓，IS 曲线的位移对国民收入变动的影响就越轻微，意味着财政政策的效果越小；反之，IS 曲线斜率的绝对值越大，即曲线越陡峭，IS 曲线的位移对国民收入变动的影响就越显著，财政政策的效果也就越大，如图 2-3 和图 2-4 所示。

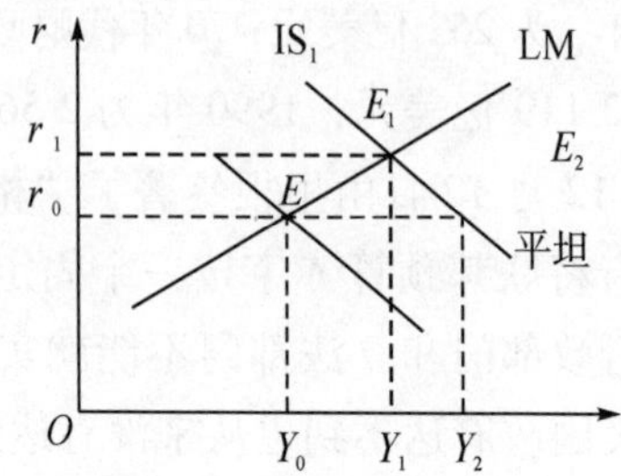

图 2-3　财政政策效果小

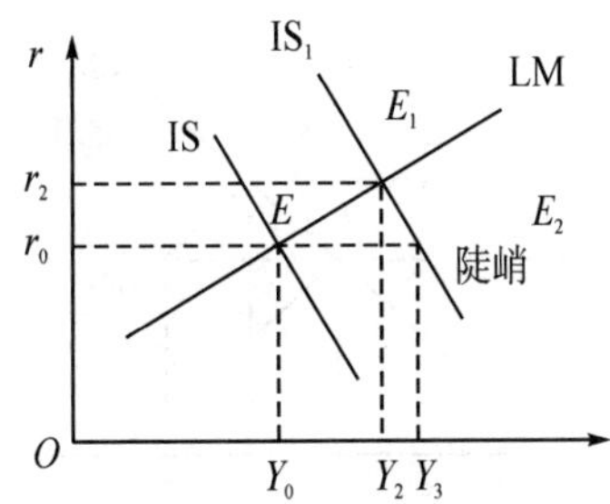

图 2-4　财政政策效果大

在上面两个图中，假定LM曲线即货币市场的均衡情况完全相同，并且开始的均衡点为 E。现假定政府实施增加同样一笔政府支出的扩张性政策，使IS曲线向右移动。尽管IS曲线向右移动的距离都相同，但因两个图中IS曲线的斜率不同，所产生的财政政策效果也不同。图2-3中，IS曲线平坦，斜率的绝对值小，IS曲线移动引起的国民收入变动为 Y_0Y_1；图2-4中，IS曲线陡峭，斜率的绝对值大，IS曲线移动引起的国民收入变动为 Y_0Y_2，此时财政政策效果比图2-3中的大。

由图2-3和图2-4可见，$Y_0Y_1 < Y_0Y_2$，即图2-3表示的财政政策效果小于图2-4。原因在于，图2-3中的IS曲线比较平坦，而图2-4中的IS曲线比较陡峭。如前所述，IS曲线的斜率反映投资需求对利率的敏感程度，IS曲线越平坦，斜率的绝对值越小，反映的投资需求对利率变动就越敏感；IS曲线越陡峭，斜率的绝对值越大，反映的投资需求对利率的敏感程度就越小。因此，当IS曲线由于政府支出的增加而向右移动使利率上升时，前者引起的投资下降较小，从而使国民收入水平提高较大。

当IS曲线的斜率不变时，LM曲线的斜率越小，曲线越平坦，IS曲线移动时收入变动就越大，即财政政策的效果越大；反之，LM曲线的斜率越大，曲线越陡峭，IS曲线移动时收入变动就越小，即财政政策的效果越小，如图2-5和图2-6所示。

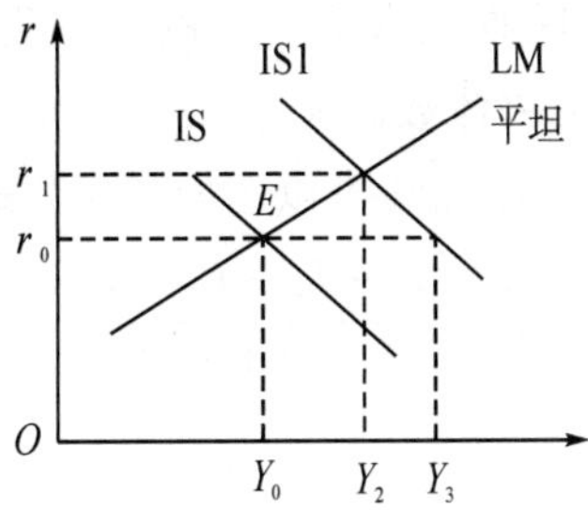

图 2-5　财政政策效果大

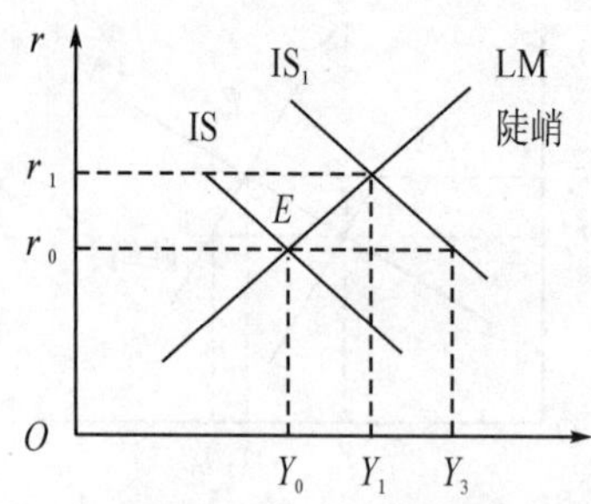

图 2-6 财政政策效果小

在上面两个图中，假定 IS 曲线的斜率相同，且开始的均衡点为 E。现假定政府实施增加一笔支出的扩张性财政政策，使 IS 曲线向右移动。尽管 IS 曲线向右移动的距离都相同，但因图 2-5 和图 2-6 中 LM 曲线的斜率不同，所产生的财政政策效果也不同。图 2-6 中，LM 曲线的斜率比较大，曲线比较陡峭，IS 曲线移动引起的国民收入变动为 Y_0Y_1；图 2-5 中，LM 曲线的斜率比较小，曲线比较平坦，IS 曲线移动引起的国民收入变动为 Y_0Y_2，此时财政政策的效果比图 2-6 中的大。

由图 2-5 和图 2-6 可见，$Y_0Y_1 < Y_0Y_2$。也就是说，图 2-6 表示的政策效果小于图 2-5。其原因在于，图 2-6 中的 LM 曲线比较陡峭，而在图 2-5 中的 LM 曲线比较平坦。如前所述，LM 曲线反映货币需求对利率的敏感程度。LM 曲线越平坦，斜率越小，反映的货币需求对利率变动越敏感，即利率的较小变动就会引起货币需求的较大变动，或者说货币需求的较小变动就会引起利率甚至投资的较大变动。因此，当 IS 曲线向右移动，即政府增加支出引起货币需求增加时，前者所引起的利率上升幅度较小；后者引起的利率上升幅度大，导致的投资下降也大，从而国民收入提高较小，即财政政策效果较小。

财政政策效果同样可以通过财政政策乘数来加以衡量与表达。具体而言，财政政策乘数衡量的是在中央银行货币政策维持恒定，即实际货币供应量不发生变动的情况下，政府支出的变动对均衡国民收入水平产生的影响程度。例如，政府支出每增加 1 美元，能促使国民收入提升的具体数额。

我们知道，三部门经济中，IS 曲线可以用如下代数式表达：

$$Y = \frac{C_0 + I_0 + G_0 - ir}{1 - c(1 - t)} \tag{2-2}$$

LM 曲线的代数表达式为

$$r = \frac{k}{h}y - \frac{m}{h} \tag{2-3}$$

将 LM 代数表达式（2-3）代入公式（2-2），整理得

$$Y = \frac{h(C_0 + I_0)}{h[1 - c(1 - t)] + ik} + \frac{hG_0}{h[1 - c(1 - t)] + ik} + \frac{im}{h[1 - c(1 - t)] + ik} \tag{2-4}$$

这实际上就是产品市场和货币市场同时均衡时的收入决定的表达式。

公式（2-4）以 G 为自变量微分可得财政政策乘数，即

$$\frac{dy}{dG_0}=\frac{h}{h[1-c(1-t)]+ik}=\frac{1}{1-c(1-t)+ik/h} \tag{2-5}$$

公式（2-5）中，c 表示边际消费倾向；t 表示税收函数中的边际税率，即边际税收倾向；m 表示边际进口倾向，即每增加一单位收入所增加的进口量，或者是进口增加量在收入增加量中的比例，且 $0<m<1$；r 表示利率；i 表示投资需求函数 $I=I_0-ir$ 中投资对利率的敏感程度；k 和 h 分别表示货币需求函数中货币需求对收入和利率的敏感程度。

从上述财政政策乘数表达式可见，当 c、t、I、k 既定时，h 越大，即货币需求对利率变动越敏感；LM 曲线越平坦，财政政策乘数就越大，即财政政策效果越大。若 h 趋于无穷大，LM 曲线成为一条水平线，财政政策效果就极大；反之，若越小，财政政策乘数就越小，即财政政策效果越小。

同样，若其他参数既定，i 越大，即投资对利率变动越敏感；IS 曲线越平坦，财政政策乘数就越小，即财政政策效果就越小。显然，这一结论与上面论述的财政政策效果完全一致。

此外，边际消费倾向 c 、边际税率 t 以及货币需求对收入的敏感程度 k 等参数的大小也会影响上述乘数，即影响财政政策效果。

需要指出的是，财政政策乘数和下面要说的政府购买支出乘数以及税收乘数等是不同的概念。以政府购买支出乘数为例，政府购买支出乘数用公式可表示为

$$K_G=\frac{1}{1-c}\text{或}K_G=\frac{1}{1-c(1-t)} \tag{2-6}$$

公式（2-6）是一种简单的支出乘数，它基于未将政府支出对利率产生的效应纳入考量，来探讨政府支出如何作用于国民收入的变化。相比之下，财政政策乘数则是在充分考虑政府支出对利率影响的背景下，分析支出变动对国民收入的影响。普遍而言，财政政策乘数的值要小于不考虑利率影响的政府支出乘数。唯一例外的情形是发生在流动性陷阱这一特殊环境下，即当 LM 曲线呈现水平状态时，财政政策乘数才会与政府购买支出乘数相等。

（三）财政政策的挤出效应

挤出效应是指政府支出的增长导致私人消费或投资相应缩减的现象。在充分就业的经济条件下，政府支出的扩张通过以下机制对私人投资产生“挤出”作用：政府支出的扩大加剧了商品市场对产品和劳务的需求竞争，从而提高了物价水平。在名义货币供应量维持稳定的情况下，由于物价上涨，实际货币供应量相对减少，进而减少了可用于投机性活动的货币量。这一变化导致债券价格下降，引发利率上升，最终抑制了私人投资的增长。私人投资的减少进一步触发了消费的下滑。简而言之，政府支出的增加“侵占”了原本应由私人部门占据的投资与消费领域。

如图 2-7 所示，开始时 IS 曲线和 LM 曲线相交于 E 点，对应的利率和收入分别是 r_1 和 Y_1。若政府采取增加支出的扩张性政策，IS 曲线将向右移动至IS_1，假定 LM 曲线不变，即货币总供给量不变，利率和收入将分别增长为 r_2 和 Y_2。这一结果就是挤出效应的反映。如果利率不上升，收入将增长为 Y_3，但由于货币供给量不变，政府支出的增加会受到货币可供量的限制，由此会引起政府和私人部门争资金的现象。筹资的竞争会引起利率的上升，从而导致私人投资的减少，结果政府的支出“挤占”了私人的投资。这就是挤出效应。

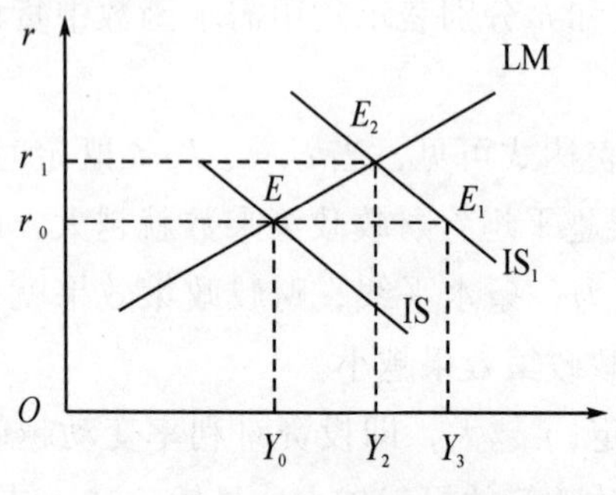

图 2-7　挤出效应

在非充分就业的经济中，政府实施的旨在扩大支出的扩张性财政政策同样对私人投资产生挤出效应。这一现象归因于政府支出的增长带动了总体产出水平的提升，进而使得货币需求超越了既有的货币供给。具体表现为：货币的交易需求激增，而名义货币供给量维持不变，由此促使利率上扬，并最终抑制了投资活动的扩张。然而，通常而言，在就业未达到充分水平的经济环境中，政府支出的增加不太可能对私人投资造成完全的“排挤”。因此，扩张性财政政策仍能在一定程度上促进生产和就业的增长。

五、财政政策的特例

如前所述，在 IS-LM 模型中，如果 LM 曲线越平坦，或 IS 曲线越陡峭，则财政政策的效果越强，财政政策的挤出效应就越小；反之则相反。这就出现了财政政策的两个极端情况。

（一）流动性陷阱

“流动性陷阱”又称“凯恩斯陷阱”，是指利率下降到如此低的水平，以至人们认为利率再不会下降而只会上升，债券价格不会上升而只会下降，因而人们不管有多少货币都会持在手中，这时无论货币当局增加多少货币供给，都不会导致利率的下跌。在“流动性陷阱”中，财政政策效果最大，挤出效应为零，如图 2-8 和图 2-9 所示。

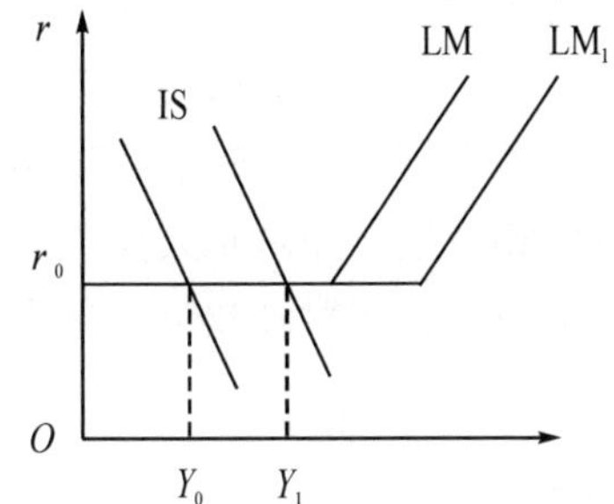

图 2-8　IS 曲线在“流动性陷阱”移动

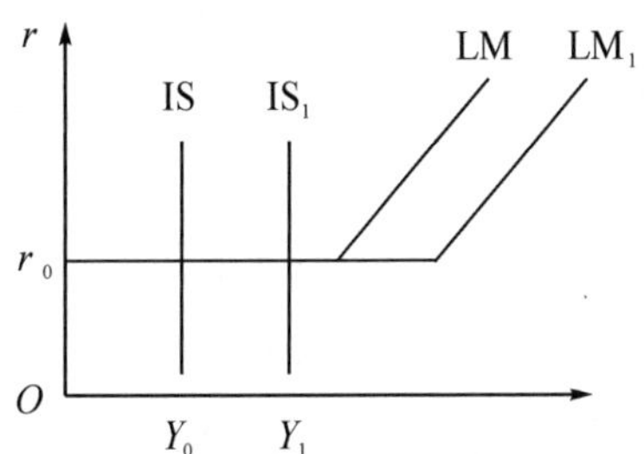

图 2-9　凯恩斯主义极端情况

当利率下降到 0 时，货币的投机需求将是有限的，因而货币的投机需求曲线（LM 曲线）是一条水平线，斜率为零。这表明，货币需求对利率变动敏感度极大，即货币需求的很大变动也不会引起利率的变动。因此，当政府实施增加支出的扩张性财政政策时，尽管 IS 曲线向右移动，但并不会引起利率的上升，从而对私人投资不产生挤出效应，所以财政政策效果很大。政府支出引起国民收入增加为 $Y_0 Y_1$。

如果在“流动性陷阱”中，存在垂直的 IS 曲线，即水平的 LM 曲线和垂直的 IS 曲线相交，就会出现凯恩斯主义的极端情况。如图 2-9 所示。LM 曲线水平表示货币需求对利率变动敏感度极大，从而货币需求的变动不会引起利率的变动。IS 曲线垂直表示投资需求的利率弹性为零，即使利率发生变动，投资也不会变动。因此，当政府增加支出使 IS 曲线向右移动时，既不会引起利率的上升，也不会引起投资的下降，财政政策将发挥最充分的效果，挤出效应为零。

以上情况之所以被称为凯恩斯主义极端情况，是因为凯恩斯认为，当利率较低而投资对利率的反应不太敏感时，只有财政政策才能达到增加就业、增加收入的效果。以上情况把凯恩斯的观点推向了极端，因此被称为凯恩斯主义极端情况。

（二）古典情况

“古典情况”是指 LM 曲线处在“古典区域”的情况，这时利率上升到如此高的水平，致使人们再也不愿意为投机而持有货币。这是因为利率很高即债券价格很低，人们估计这样的债券价格以后只会上涨而不会下跌，因而如果人们手头有货币，一定会去购买债券，以待债券价格上涨时出售而获利。

在此情境下，若政府欲实施一项旨在扩大支出的扩张性财政政策并需要从私人部门筹措资金，鉴于私人部门并无闲置资金可用，政府唯有在私人部门判定减少相当于政府借款额度的投资支出为明智之举时，方能成功获取所需资金。为此目的，利率必须提升至一个水平，以确保政府债券所提供的收益超越私人投资的预期回报。在此情形下，政府支出的任何增长都将相应地伴随着私人投资的等量缩减。显然，扩张性财政政策并没有使收入水平有任何改变，即财政政策效果为零（见图 2-10）。

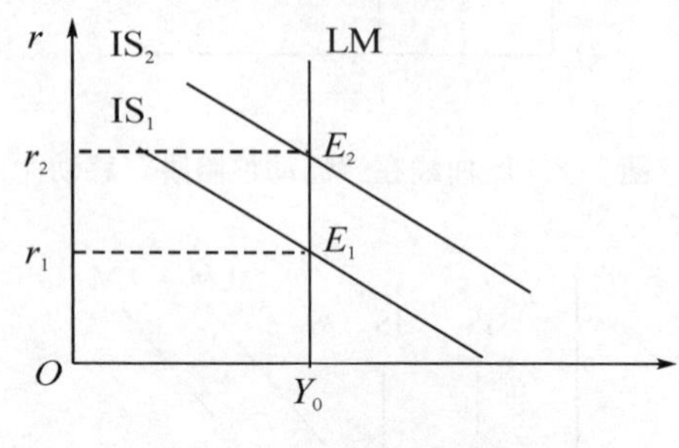

图 2-10　古典情况

图 2-10 中，由于利率达到极高，所以 LM 曲线为垂线（水平及向上倾斜部分省略）。开始时，IS 曲线和 LM 曲线相交于 E_1 点，均衡收入和均衡利率分别为 Y_0 和 r_1。这时，如果政府采取一项扩张性财政政策，使 IS 曲线由 IS_1 移至 IS_2，均衡点由 E_1 移至 E_2 点，均衡利率上升为 r_2，而均衡收入却始终不变，仍为 Y_0。即在这种情况下，政府财政政策效果为零，挤出效应达到完全的地步。

特别是，如果 IS 曲线呈水平状，说明投资需求的利率弹性达到无限大，利率稍有变动，就会引起投资大幅度变动。因此，政府因支出增加或税收减少而需要向私人部门借钱时，利率只要稍有上升，就会使私人投资大大减少，使挤出效应达到完全的地步。

第三章
凯恩斯主义模型及财政政策

第一节　收入-支出模型

一、均衡产出

（一）最简单的经济关系

我们要分析国家的生产或收入是怎样决定的，需要从简单情况下入手，于是做以下假定：

一是假设我们进行分析的经济中不存在政府也不存在对外贸易，只有家庭和企业两个部门。其中，家庭部门中有发生消费行为和储蓄行为，企业部门有发生生产行为和投资行为。在分析中，我们还假定企业投资是外生的，即不随着利率和产量而变动。这种简单的经济关系被称为两部门经济。

二是假设经济社会在整个过程中一直能以不变的价格提供与需求量相适应的供给量。在西方经济学中存在一个观点，即在经济运行过程中，供给量能够持续以稳定的价格满足需求变化。这意味着，当社会总需求出现波动时，它主要影响的是产出和收入，而对价格水平的影响较小。这一理论被称为凯恩斯定律，它起源于凯恩斯在《就业、利息和货币通论》中的论述，当时正值1929—1933年的经济大危机，社会普遍存在失业和资源闲置问题。在这种背景下，增加总需求能够促进未利用资源的利用和生产扩张，而不会导致资源成本上升，从而保持产品成本和价格的相对稳定。凯恩斯定律主要适用于短期经济分析，关注短期内的收入与就业水平的决定因素。由于短期内价格存在一定程度的黏性，企业更倾向于通过调整产量而非价格来应对需求变化。

此外，该理论还假设折旧和企业未分配利润忽略不计，这使得国内生产总值（GDP）、国内生产净值（NDP）、国民收入（NI）和个人收入（PI）在数值上相等。

（二）均衡产出的概念

在上述这种情况下，经济社会的产量或者说国民收入就取决于总需求和与总需求相一致的产出，被称为均衡产出或者均衡收入。均衡是指一种不再变动的情况。当总产出水平等于总需求水平时，企业生产就会稳定下来。因为企业必须根据产品的销售情况来组织生产，所以一定会根据产品需求来确定生产水平。由于两部门经济中不存在政府部门和对外贸易，总需求只包括消费和投资，因此均衡产出可表示为

$$y = c + i \tag{3-1}$$

其中，y、c、i 都用小写字母表示，分别代表实际产出或收入、实际消费和实际投资，这里的“实际”表明已经剔除了价格因素。还应注意的是，公式（3-1）中的 c 和 i 代表居民和企业实际希望持有的消费和投资额，即意愿消费和意愿投资，而不是国民收入构成公式中实际发生的消费和投资。

均衡产出是指符合总需求的产出，即经济和社会的收入与所有居民和企业希望获得的支出完全相等。若用 E 代表支出，y 代表收入，则经济均衡的条件是 $E = y$，这和公式（3-1）的 $y = c + i$ 表明的是一个意思。因为 E 表示总支出，两部门经济中 $y = c + i$，这个关系可用图 3-1 表示。在图 3-1 中，纵轴表示支出（单位为亿美元），横轴表示收入（单位为亿美元），从原点出发的 45 °线上的各点都表示支出和收入相等。

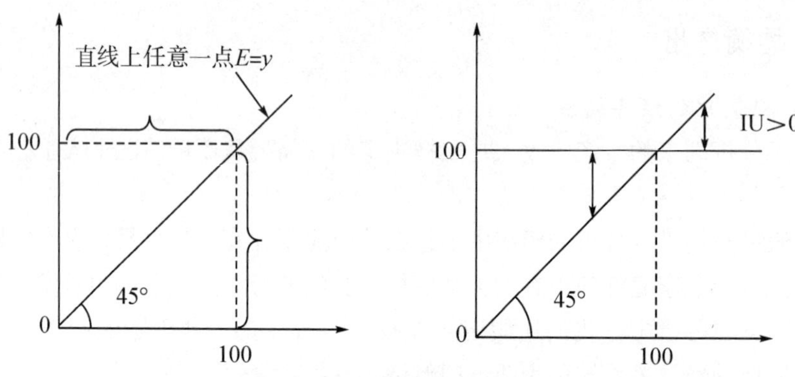

图 3-1　均衡产出

从均衡产出的概念可以看出，增加均衡产出的关键在于增加总需求，因为均衡产出的水平是由总需求或总支出的水平决定的。

（三）投资等于储蓄

均衡产出或收入的条件 $E = y$ 也可以用 $i = s$ 表示，因为这里的计划支出等于计划消费加投资，即 $E = c + i$；而生产创造的收入等于计划消费加计划储蓄，即 $y = c + s$（这里，y、c、s 也是实际收入、实际消费和实际储蓄，实际表明已经剔除了价格因素）。因此，$E = y$ 也就是 $c + i = c + s$，等式两边同时消去 c，可得

$$i = s \tag{3-2}$$

同样，这里的投资等于储蓄是指经济要达到均衡，计划投资必须等于计划储蓄；而国民收入核算中的 $i = s$ 是指实际发生的投资（包括计划内和计划外的存货投资）总是等于储蓄。前者是均衡的一个条件，即计划投资并不一定等于计划储蓄，只有当两者相等时，收入才处于均衡状态；而后者指的是实际投资和实际储蓄是定义上的实际数字，因此必然相等①。

二、凯恩斯的消费理论

（一）消费函数

由于均衡产出是与总需求相一致的产出，要分析均衡产出是如何确定的，就要分析总需求的组成部分是如何确定的。决定消费的因素有很多，如收入水平、价格水平、消费者偏好、利率、信贷可获得性、社会和文化因素、消费者信心等。这些因素中的决定性因素是家庭收入。因此，我们可以将这一因素从众多因素中挑选出来，单独进行分析。

关于收入与消费之间的关系，凯恩斯主义的三大心理定律之一指出，随着收入的增加，消费也会增加，但消费的增加幅度并没有收入的增加幅度大，消费与收入之间的这种关系被称为消费函数或消费倾向。用公式表示为

$$c = c(y) \tag{3-3}$$

假定家庭的消费和收入之间有如表 3-1 所示的关系。

表 3-1　家庭消费函数

消费函数	(1) 收入 /美元	(2) 消费 /美元	(3) 边际消费倾向 (MPC)	(4) 平均消费倾向 (APC)
A	5 000	5 310	—	1.06
—	—	—	0.89	—
B	6 000	6 200	—	1.03
—	—	—	1	—
C	7 000	7 200	—	1.02
—	—	—	0.91	—
D	8 000	8 110	—	1.01
—	—	—	0.9	—
E	9 000	9 010	—	1.00
—	—	—	0.89	—
F	10 000	9 900	—	0.99
—	—	—	0.55	—
G	11 000	10 450	—	0.95

① 凯恩斯. 就业、利息和货币通论［M］. 徐毓枬，译. 北京：商务印书馆，1936.

表 3-1 的数字表明：当收入为 5 000 美元时，消费为 5 310 美元，收入小于支出；当收入为 6 000 美元时，消费为 6 200 美元，收入开始大于支出；当收入依次增至 7 000 元、8 000 美元、9 000 美元、10 000 美元和 11 000 美元时，消费依次增加到 7 200 美元、8 110 美元、9 010 美元、9 900 美元和 10 450 美元。这就是说，当收入增加时，消费随之增加，但增加得越来越少。表 3-1 中，当收入依次增加 1 000 美元时，消费分别增加 890 美元、1 000 美元、910 美元、900 美元、890 美元和 550 美元。增加的消费与增加的收入之比率，也就是增加的 1 单位收入中用于增加消费部分的比率，被称为边际消费倾向（MPC）。表 3-1 中第（3）列即边际消费倾向，其公式为

$$\mathrm{MPC}=\frac{\Delta c}{\Delta y}\quad 或\quad \beta=\frac{\Delta c}{\Delta y} \tag{3-4}$$

若收入增量和消费增量极小，公式（3-4）可写成

$$\mathrm{MPC}=\frac{\mathrm{d}c}{\mathrm{d}y} \tag{3-5}$$

表 3-1 中第（4）列是平均消费倾向（APC）。平均消费倾向是指任一收入水平上消费支出在收入中所占的比率，其公式为

$$\mathrm{APC}=\frac{c}{y} \tag{3-6}$$

根据表 3-1 可得消费曲线，如图 3-2 所示。

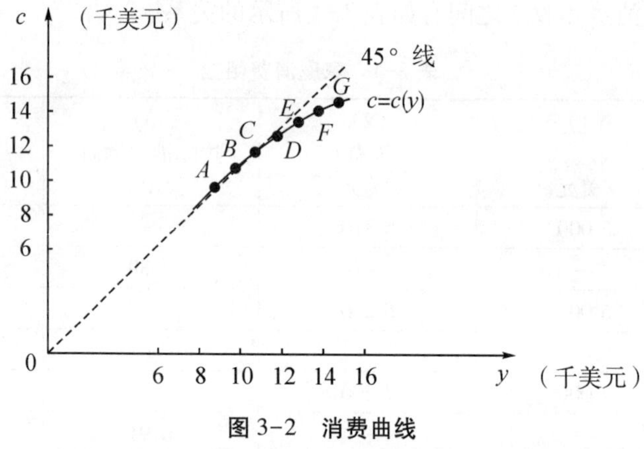

图 3-2 消费曲线

在图 3-2 中，横轴表示收入 y，纵轴表示消费 c，45 °线表示收入与消费相等的点，即任何位于这条线上的点，其横纵坐标值相等，也就意味着所有增加的收入都被用于消费。消费函数 $c=c\ (y)$ 描述了消费与收入之间的关系。C 点是消费函数与 45 °线的交点，表明在这一点上，消费额与收入相等。C 点上方的区域表示消费超过收入，而 C 点下方的区域则表示消费低于收入。随着消费函数向右上方延伸，它与 45 °线之间的差距逐渐增大，表明虽然消费随着收入的增加而增加，但消费增长的速率逐渐低于收入增长的速率。消费函数上任意点的斜率代表该点的边际消费倾向（MPC），而从该点到原点的直线斜率则代表平均消费倾向（APC）。随着消费函数向

右延伸，各点的斜率逐渐减小，表明边际消费倾向逐渐降低。同时，连接各点与原点的直线斜率也在减小，表明平均消费倾向也在降低，但平均消费倾向始终高于边际消费倾向，这与表 3-1 中的数据相吻合。由于消费增长通常小于收入增长，边际消费倾向始终在 0 到 1 之间，而平均消费倾向可能大于、等于或小于 1，这取决于消费是大于、等于还是小于收入①。

表 3-1 所表示的是边际消费倾向递减的情况。如果消费和收入之间存在线性关系，则边际消费倾向为一个常数，这时消费函数可用下列方程表示：

$$c = \alpha + \beta y \tag{3-7}$$

其中，α 是基本自发消费部分，即在收入为零时，即使负债或动用过去的储蓄也必须进行的基本生存消费；β 是边际消费倾向；β 与 y 的乘积代表收入引起的消费，即引致消费。因此，$c = \alpha + \beta y$ 的经济含义是：消费等于自发消费和引致消费之和。例如，若 $\alpha = 100$，$\beta = 0.75$，则 $c = 100 + 0.75y$。这就是说，若收入增加 1 单位，其中就有 75% 用于增加消费，只要 y 已知，就可以算出全部消费支出量。

当消费和收入之间呈线性关系时，消费函数就是一条向右上方倾斜的直线，消费函数上每一点的斜率都相等，并且大于 0 而小于 1，如图 3-3 所示。

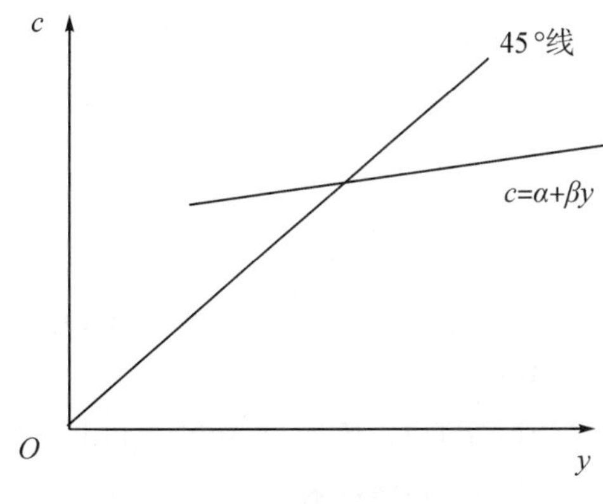

图 3-3 线性消费函数

当消费函数为线性时，APC>MPC 这一点更易看清，因为消费函数上任一点与原点相连所成射线的斜率都大于消费曲线（这里是直线）的斜率。而且从公式来看，$APC = \frac{c}{y} = \frac{\alpha + \beta y}{y} = \frac{\alpha}{y} + \beta$，在这里 β 是 MPC，由于 α 和 y 都是正数，因此 $\frac{\alpha}{y} > 0$，所以 APC>MPC。随着收入增加，$\frac{\alpha}{y}$ 越来越小，说明 APC 逐渐趋近 MPC。

（二）储蓄函数

与消费函数不同，还有储蓄函数的概念。

储蓄是全部收入中还没有被消费的部分。既然消费随收入增加而增加的比率是递

① 胡永刚，郭长林. 财政政策规则、预期与居民消费：基于经济波动的视角［J］. 经济研究，2013，48（3）：96-107.

减的，则可知储蓄随收入增加而增加的比率递增。储蓄与收入的这种关系就是储蓄函数，其公式为

$$s = s(y) \tag{3-8}$$

根据表 3-1 的数据，我们不难做出储蓄函数的数字表和相应的几何图形。

边际储蓄倾向（MPS）是储蓄增加的比例与收入增加的比例之比，公式为

$$\text{MPS} = \frac{\Delta s}{\Delta y} \tag{3-9}$$

如果收入与储蓄增量极小，公式（3-9）可写成

$$\text{MPS} = \frac{ds}{dy} \tag{3-10}$$

平均储蓄倾向是指在任一收入水平上储蓄在收入中所占的比率，其公式为

$$\text{APS} = \frac{s}{y} \tag{3-11}$$

如果消费曲线和储蓄曲线为一直线，则由于 $s = y - c$，且 $c = \alpha + \beta y$，因此有

$$s = y - c = y - (\alpha + \beta y) = -\alpha + (1 - \beta)y \tag{3-12}$$

（三）消费函数和储蓄函数的关系

由于储蓄是全部收入中没有被消费掉的部分，因此：

第一，消费函数和储蓄函数相加为收入，从公式看，即

$\because s = y - c$

$c = \alpha + \beta y$

$\therefore s = y - c = y - \alpha - \beta y = -\alpha + (1 - \beta)y$

第二，若 APC 和 MPC 都随收入增加而递减，但 APC>MPC，则 APS 和 MPS 都随收入增加而递增，但 APS<MPS。

第三，APC 和 APS 之和恒等于 1，MPC 和 MPS 之和也恒等于 1。

根据上述性质，只要消费函数和储蓄函数中的一个成立，另一个也会随之成立。

（四）家庭消费函数和社会消费函数

以上部分分析的是家庭消费函数和储蓄函数，而宏观经济学关注的是整个社会的消费函数，即总消费和总收入之间的关系。虽然理论上可以通过将所有家庭的消费函数相加来得到社会消费函数，但实际上这种加总需要考虑收入分配、外部性、宏观经济环境、政策因素和经济周期等复杂因素。在实际应用中，经济学家通常会使用更复杂的模型和方法来估计社会消费函数，而不是简单地将家庭消费函数相加。

一是关于国民收入分配的问题。不同收入水平的人群在储蓄能力上存在差异，这影响了他们的边际消费倾向。富裕人群由于拥有更多的收入，通常有更强的储蓄能力，因此他们的边际消费倾向相对较低。而收入较低的人群由于储蓄能力有限，他们的边际消费倾向相对较高。因此，如果国民收入分配不均，社会消费曲线会向下偏移；如果分配较为平等，消费曲线则相反地向上移动。

二是政府的税收政策对社会消费曲线也有影响。例如，实行累进税率的个人所得

税制度意味着高收入者的一部分收入将被政府征收，并转化为政府支出。根据西方经济学的观点，这部分支出最终会转化为公众收入，并更多地用于消费。这将导致社会总消费量的增加，从而使社会消费曲线整体上移。

三是公司未分配利润的比例也会影响消费。未分配利润本质上是一种储蓄形式，如果这些利润被分配给股东，那么其中一部分可能会被用于消费。因此，公司未分配利润比例越高，意味着消费减少而储蓄增加；反之，如果分配给股东的利润增加，消费增加而储蓄减少，这将导致社会消费曲线向上移动。

四是社会嵌入性因素。其包括认知嵌入、关系嵌入、结构嵌入、文化嵌入和政治嵌入等，这些因素影响居民的消费偏好和行为。

五是外贸依存度。外贸依存度越高，消费支出可能增加，因为更多的境外商品被进口和消费。

六是城市化率。城市化率的提高可以增加商场等消费性场所的建设，直接促进居民消费的支出。

七是地区的产值结构。地区的产值结构对城镇居民人均当期消费支出有间接影响，产值结构能够促进当期收入对当期消费支出的影响。

还有其他一些因素也会影响社会消费函数，因此社会消费曲线并非家庭消费曲线的简单加总。但是，在考虑所有这些限制因素后，社会消费曲线的基本形状仍然与家庭消费曲线非常相似。

上述提到的消费函数只是凯恩斯提出的一种消费函数，它假定消费是人们收入水平的函数，这是西方消费函数最简单的形式，被称为凯恩斯的绝对收入消费理论。在凯恩斯的《就业、利息和货币通论》一书出版后，这种简单的消费函数得到了补充和修正，产生了其他一些理论，如消费函数之谜等问题。

（五）影响消费的其他因素

尽管前述分析着重强调了收入作为消费行为的主要驱动力，然而众所周知，消费的波动并非仅由收入的起伏所单独决定。在日常生活中，除了收入之外，尚存诸多其他因素对消费习惯产生显著影响。下面将逐一阐述其中四个重要因素。

1. 利率

首先，利率是借款的成本，直接影响个人、家庭和企业的借款决策。较高的利率会增加借款成本，减少借款者的消费和投资；相反，较低的利率可以刺激借款和投资活动，从而可能增加消费。其次，利率还对个人和家庭的消费决策有重要影响。较低的利率可以降低贷款成本、激发消费需求、促进经济增长；相反，较高的利率可能减少借款和消费、抑制经济活动。再次，利率也被用作央行调控经济的工具之一。央行通过调整政策利率影响市场利率，从而影响借款和投资活动，进而影响经济的通货膨胀水平。较高的利率可以抑制通货膨胀，而较低的利率则有助于刺激经济活动。最后，利率的变化可能会影响金融市场的表现，进而影响家庭的财富水平。例如，利率下降可能会提高股票市场的价值，增加家庭的财富，从而可能增加消费。

2. 价格水平

价格水平的变化是影响消费行为的另一重要因素。所谓价格水平，指的是商品和服务的整体价格变动，这种变动通过实际收入的调整来间接影响消费者的支出决策。当货币收入（名义收入）保持不变时，如果物价上涨，则会导致实际购买力的下降；反之，如果物价下跌，则实际购买力增强。在这两种情况下，消费者为了维持原有的生活水平或达到预期的生活标准，其平均消费倾向将相应地发生变化：物价上升时，人们往往需要提高消费倾向以保证生活质量不受影响；物价下降时，人们则可能降低消费倾向。

特别值得注意的是，在某些情况下，尽管物价与货币收入同步增长，理论上讲这并不应该改变个人的实际可支配收入，进而也不会直接影响到消费行为，然而现实中却存在一种被称为“货币幻觉”的现象——部分消费者可能会忽视价格水平的普遍上涨，只看到自己手中持有的货币数量增加了，从而错误地认为自己的实际财富有所增加。基于这种错觉，这些消费者可能会增加当前的消费量，从而导致其平均消费倾向出现非预期性的上升。相反地，如果消费者能够正确认识到虽然名义上的收入有所增长，但通货膨胀的存在使得单位货币所能购买的商品和服务减少，那么他们就不太可能盲目增加开支，而是会更加注重长远规划和储蓄积累。

3. 收入分配

当探讨国民收入分配对消费倾向的影响时，我们不难发现一个显著的现象：高收入家庭由于其经济基础较为稳固，往往表现出较低的边际消费倾向；而低收入家庭则因基本生活需求尚未得到充分满足，故而展现出较高的边际消费倾向。基于此观察，可以推导出以下结论：当一个国家或地区的国民收入分配趋于均衡时，即贫富差距较小、中产阶层占比较大的情况下，整体上的平均消费倾向将会提高；反之，若财富高度集中在少数人手中，大多数人处于相对较低的收入水平，则全国性的平均消费倾向便会相应降低。

进一步分析可知，这种由收入分布状况所决定的消费模式差异背后蕴含着深刻的社会经济意义。一方面，更加公平合理的收入再分配机制有助于增强社会稳定性与和谐度，同时也能促进内需增长，为经济发展注入持久动力；另一方面，悬殊的贫富分化不仅不利于构建包容性社会，还可能抑制潜在消费需求的有效释放，进而制约长期经济增长潜力。因此，政策制定者通过实施有效的税收调节措施以及加大对弱势群体的支持力度等手段来缩小收入差距，对于提高资源配置效率、激发市场活力具有重要意义。

4. 社会保障制度

完善的社会保障体系能够增强居民的消费信心，而欠缺的保障机制则可能促使个人增加储蓄以应对未来的不确定性。

上述讨论简要概述了影响消费与储蓄决策的非收入因素。在分析国民收入如何决定的过程中，为简化模型并便于理解，我们仍采用凯恩斯关于收入驱动消费的理论框架。

三、两部门以及三部门经济中国民收入的决定及乘数

（一）两部门经济中国民收入的决定

为简化分析过程，我们在探讨国民收入决定的基本模型时，通常预设计划净投资为一个恒定值，不随利率或国民收入水平波动。基于这一假设，仅需要将收入恒等式与消费函数相结合，即可推导出均衡状态下的国民收入：

$$y = c + i \tag{3-13}$$

$$c = \alpha + \beta y \tag{3-14}$$

解联立方程，得到均衡收入：

$$y = \frac{\alpha + i}{1 - \beta} \tag{3-15}$$

我们在明确了消费函数与投资量后，即可确定均衡国民收入。

此均衡状态亦可通过图形直观展现，如图 3-4 所示。图 3-4 中，消费曲线与投资曲线（假定为恒定的 500 亿美元自发投资）相加形成总支出曲线，并与 45 °线相交于 E 点，该点即代表均衡收入水平。在此点上，家庭部门的消费意愿与企业部门的投资需求之和恰好等于总收入（总产出）。若经济偏离此均衡点，则企业销售额将超出或低于其产出水平，从而导致非计划性的存货变动，进而引发生产规模的相应调整，直至恢复到均衡状态为止。

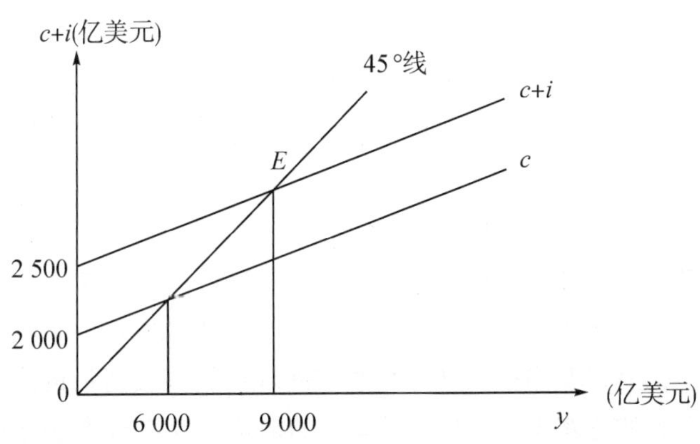

图 3-4　消费曲线加投资曲线和 45 °线相交决定收入

（二）使用储蓄函数决定收入

上面说明了如何使用总支出等于总收入的方法决定均衡收入，下面再用计划投资等于计划储蓄的方法求得均衡收入。计划投资等于计划储蓄即 $i = y - c = s$，而储蓄函数为 $s = -\alpha + (1 - \beta)y$。

将上面两个式子联立：

$$i = y - c = s \tag{3-16}$$

$$s = -\alpha + (1 - \beta)y \tag{3-17}$$

求解同样可得到均衡收入：

$$y = \frac{\alpha + i}{1 - \beta} \tag{3-18}$$

在宏观经济分析中，通过将计划投资量设定为等于计划储蓄量的方法，可以确定国民收入的均衡水平。这一过程同样可以通过图形来直观展示，如图 3-4 所示。在图 3-5 中，横轴表示国民收入，纵轴则表示储蓄和投资的数量；s 曲线表示储蓄函数，它随着国民收入的增加而逐渐上升；i 曲线表示投资函数，由于我们假设这里的投资是自发性的且不随收入变化的，因此这条曲线在整个图表中保持水平。

当储蓄曲线 s 与投资曲线 i 相交于 E 点时，这个交点对应的横坐标值即我们所求得的均衡国民收入水平。如果实际产出低于此均衡点，这意味着市场上存在未被满足的需求（总需求超过了总供给），企业会发现它们的库存正在减少。为了补充存货并抓住更多销售机会，企业会增加生产量，从而推动经济向右移动直至达到新的平衡状态。相反地，如果实际产出高于此均衡点，则表明市场上出现了过剩供给（总供给超过了总需求），这将导致企业面临积压的库存问题，为了减少成本并避免进一步亏损，企业不得不削减产量，使得整个经济体向左调整回到最初的均衡位置。

只有在这样一个特定的均衡收入水平上，企业的生产活动才会处于相对稳定的状态，既不会继续扩张也不会萎缩，因为此时所有的商品和服务都能够找到买家，没有剩余也没有短缺。这种状态下，资源得到了最优化配置，经济体内各部分之间达到了和谐统一①。

（三）乘数论

当总投资增加时，国民收入的增长将是投资增长的数倍。若以 k 表示这一倍数，则 k 被称为投资乘数。因此，投资乘数定义为收入变化量与引起该变化的投资支出变化量之间的比率。

（四）三部门经济中收入的决定

在政府介入的三部门经济体系中，从总支出的视角观察，国民收入由消费、投资及政府购买构成，即经济中各个部门对物品和劳务支出的总量；而从总收入的角度审视，则涵盖消费、储蓄以及净税收（总税收扣除政府转移支付后的余额）。因此，引入政府部门后的均衡收入水平，体现为计划中的消费、投资与政府购买总额，等同于计划中的消费、储蓄加上净税收总额，即

$$c + i + g = c + s + t \tag{3-19}$$

消去公式（3-19）等号两边的 c，得

$$i + g = s + t \tag{3-20}$$

上式是三部门经济中宏观均衡的条件。

这些因素共同作用决定了三部门经济中国民收入的水平。政府的政策选择、企业的投资决策、家庭的消费行为以及价格水平的稳定性都是影响国民收入的关键因素。

① 凯恩斯. 就业、利息和货币通论［M］. 徐毓枬，译. 北京：商务印书馆，1936.

第二节　IS-LM 模型

一、产品市场和 IS 曲线

（一）投资的决定

根据凯恩斯理论，企业在决定是否进行新的实物资本投资，如购买机器、设备、厂房和仓库时，会将预期的回报率与借款成本即利率进行比较。如果预期回报率高于借款利率，投资就变得有吸引力；反之，则投资缺乏吸引力。在众多影响投资决策的因素中，利率是一个关键因素。这里所说的利率是指实际利率，通常可以理解为名义利率减去通货膨胀率。在给定的预期回报率下，企业的投资决策主要受实际利率的影响。利率上升时，企业的投资意愿减弱；利率下降时，企业的投资意愿增强。简而言之，投资与利率之间存在负相关关系，即投资是利率的减函数。

这种关系背后的原因是，企业的投资资金往往来源于借贷，因此利息成为投资成本的一部分。即使资金来自自有资本，投资者也会将利息视为机会成本，纳入投资成本考量。因此，随着利率的提高，投资者倾向于减少投资品的购买。用 r 表示利率，这种投资与利率之间的负相关关系可以被描述为投资函数：

$$i = i(r) \tag{3-21}$$

在宏观经济学中，为简单起见，通常把投资函数表示为如下线性函数：

$$i = e - \mathrm{d}r \tag{3-22}$$

公式（3-22）中，e 和 d 为正的常数，e 被称为自发投资，d 为投资对利率反应程度的参数。线性投资函数的图形如图 3-5 所示。

在图 3-5 中，投资需求曲线描述对应于每个利率水平，企业在投资上支出的资金数额。当利率为 r_0 时，投资数额为 i_0；当利率下降为 r_1 时，投资数额增加到 i_1；当利率变动时，经济的投资额将沿着现存的投资需求曲线的移动发生变动。

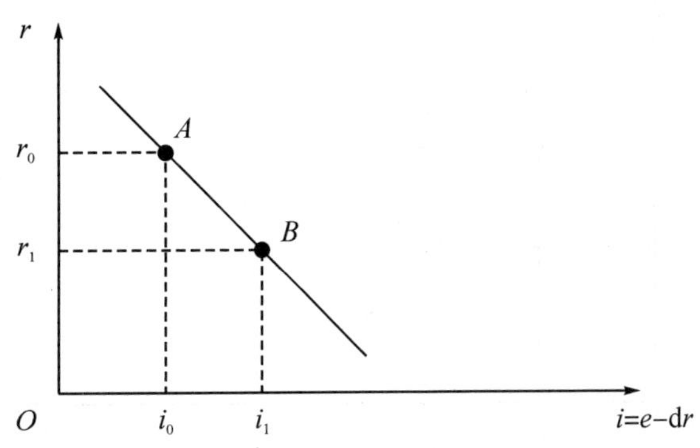

图 3-5　投资需求曲线

（二）IS 曲线及其推导

当把投资当作利率的函数之后，再来考察产品市场的均衡。在两部门经济中，产品市场均衡即产品市场上总供给与总需求相等，可表示为 $c+s=+i$，即 $i=s$。根据 $i=i(r)$，上一节 $s=s(y)$，从而有产品市场的均衡条件如下：

$$i(r)=s(y) \tag{3-23}$$

公式（3-23）表明了在符合产品市场均衡条件下利率 r 和收入 y 之间的函数关系。在宏观经济学中，IS 曲线被定义为，当产品市场达到均衡时，表明收入（或产出）水平 y 和利率 r 之间的函数关系的曲线。

IS 曲线的推导一般有两种形式：一种是代数推导，即用数学运算来完成推导；另一种是借助于图形来完成推导。

这里先来进行代数推导。

在一个三部门经济中，假定家庭部门的消费函数是 $c=\alpha+\beta(y-t+tr)$，其中 t 为税收，tr 为政府转移支付。企业部门的投资函数为 $i=e-\mathrm{d}r$，政府部门的政府购买为 g_0，即有下面的关系式：

$$y=c+i+g \tag{3-24}$$

$$c=\alpha+\beta(y-t+t_r) \tag{3-25}$$

$$i=e-\mathrm{d}r \tag{3-26}$$

$$g=g_0 \tag{3-27}$$

其中，公式（3-27）为三部门经济中产品市场的均衡条件。为了求得经济的 IS 曲线的数学表达式，经简单运算可以得到下面的表达式：

$$y=\frac{\alpha+e+g_0-\beta t+\beta tr}{1-\beta}-\frac{\mathrm{d}r}{1-\beta} \tag{3-28}$$

公式（3-28）即产品市场达到均衡时，收入 y 与利率 r 之间的数学表达式，也是 IS 曲线的数学表达式。从公式（3-28）可以看出，在消费函数和投资函数均为线性函数的条件下，经济中的 IS 曲线也是线性的，该曲线斜率（$-\frac{\mathrm{d}}{1-\beta}$）为负，即 IS 曲线（见图 3-6）在以 y 为横坐标、r 为纵坐标的坐标系中是一条向右下方倾斜的直线。

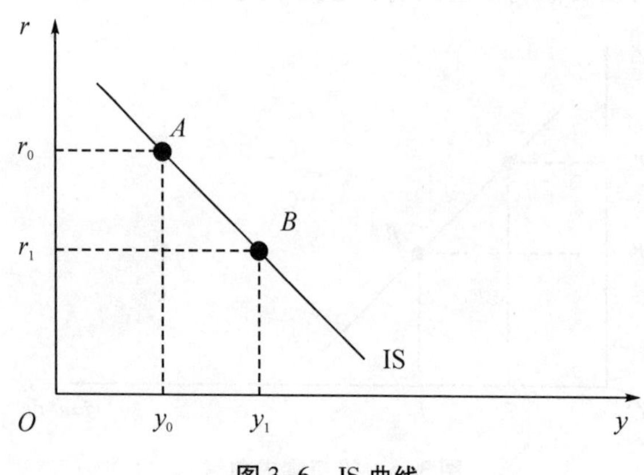

图 3-6　IS 曲线

下面再说IS曲线的图形推导（见图3-7）。为简单起见，这里以两部门经济，即只有家庭部门和企业部门的经济来说明。

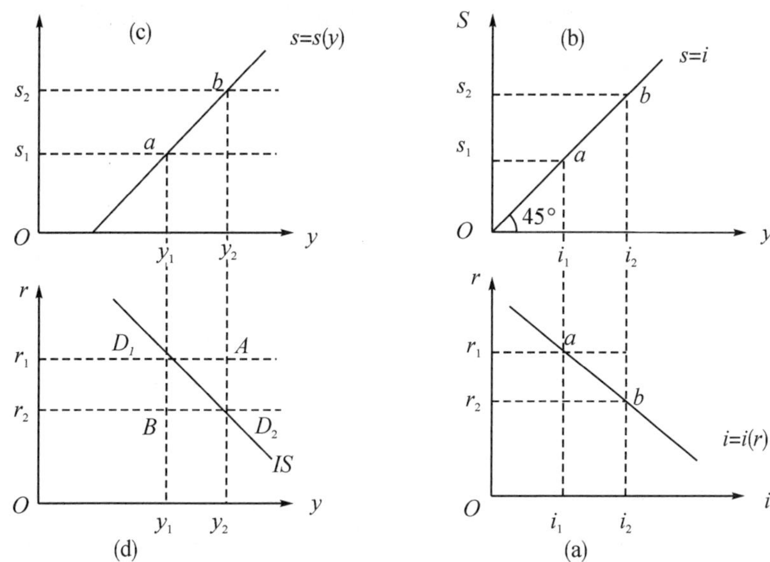

图3-7　IS曲线推导图示

图3-7（a）表示投资函数，投资是利率的减函数。利率越高，投资越少；利率越低，投资越多。图3-7（c）表示储蓄函数，储蓄是收入的增函数，收入越高，储蓄越多；收入越低，储蓄越少。图3-7（b）表示投资和储蓄的均等关系。45°线上的任意一点到两坐标轴的距离都相等。$i=s$ 是两部门经济中产品市场的均衡条件。图3-7（d）表示的是产品市场均衡时 y 与 r 的关系，即IS曲线。

当图3-7（a）中利率为 r_1 时，对应的投资为 i_1；当图3-7（b）中投资为 i_1 时，对应的储蓄为 s_1；当图3-7（c）中储蓄为 s_1 时，对应的收入为 y_1。同样，当图3-7（a）中利率为 r_2 时，对应的投资就是 i_2；当图3-7（b）中投资为 i_2 时，对应的储蓄为 s_2；当图3-7（c）中储蓄为 s_2 时，对应的收入为 y_2，等等。简而言之，图3-7中是按照逆时针方向，即图3-7（a）到图3-7（b）到图3-7（c）到图3-7（d）的顺序来确定相应变量的数值的。

现在，从图3-7（a）中 r 为 r_1 的一点和图3-7（c）中 y 为 y_1 的一点分别向图3-7（d）的两个坐标轴作垂线，得到一个交点 D_1；再从图3-7（a）r 为 r_2 的一点和图3-7（c）y 为 y_2 的一点分别向图3-7（d）的两坐标轴作垂线，又得到一个交点 D_2，等等。这里的每一个交点都表示在投资等于储蓄时（两部门经济产品市场均衡时）的收入和利率的一个组合。把上述的 D_1，D_2，…，D_n 各点用一条曲线连接起来，便是IS曲线。IS曲线表示的是与任一给定的利率相对应的国民收入水平，在这样的水平上，投资恰好等于储蓄，即 $i(r)=s(y)$，因此这条曲线被称为IS曲线。

值得指出的是，经济社会的每一时期的收入和利率的实际组合并不总是位于IS曲线上，而是可能存在产品市场的非均衡（见图3-8）。

一般来说，位于IS曲线右侧的收入和利率组合，都是投资小于储蓄的非均衡组合；位于IS曲线左侧的收入和利率的组合，都是投资大于储蓄的非均衡组合；只有位于IS曲线上的收入和利率的组合，才是投资等于储蓄的均衡组合①。

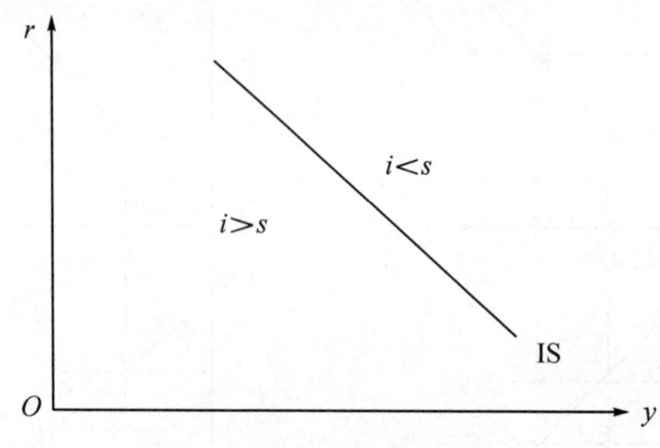

图3-8 产品市场的非均衡

（三）IS曲线的进一步分析

IS曲线概括了产品市场均衡时利率和收入水平之间的关系。我们已经知道IS曲线向右下方倾斜，斜率为负。这意味着，当产品市场达到均衡时，均衡的产出水平与利率是反方向变化的。之所以如此，主要原因在于投资是利率的减函数，当利率上升时，投资水平下降，进而总需求下降（投资是总需求的一个组成部分），从而与总需求相一致的均衡产出水平就下降。

此外，IS曲线还会受到一些因素的影响而发生移动。理解IS曲线发生移动一个好的视角，是从IS曲线的数学表达式着手。

根据该式IS曲线在y轴的截距为$(\alpha + e + g_0 - \beta t + \beta t_0)/1 - \beta$，根据中学数学直线方程方面的知识，我们可以归纳出导致IS曲线发生移动的一些因素，如表3-2所示。

表3-2 导致IS曲线移动的因素

序号	因素及其变化	IS曲线的变化
1	使消费者支出增加的事件（如减税、股市高涨）	向右方移动
2	使企业投资增加的事件（如企业乐观情绪增加）	向右方移动
3	政府购买增加（如增加公共支出）	向右方移动
4	税收减少	向右方移动
5	转移支付增加	向右方移动

表3-2揭示了一个重要的信息，就是政府可以运用财政手段，即财政政策影响经济的IS曲线。从某种意义上说，这是为IS-LM模型的政策含义做了铺垫。

① 范里安. 微观经济学：现代观点［M］. 8版. 上海：上海三联书店，2011.

二、货币市场和 LM 曲线

(一) 对利率的说明

利率是经济领域中一个备受关注的指标，它与人们的日常生活紧密相连，对家庭的多项决策产生影响，包括消费、储蓄、买卖房产、金融市场投资等；同时，利率也对企业的各项经济活动产生重要影响。本部分对利率这一经济变量做一些说明。

1. 利率的含义和种类

利率是指借款的成本或为借贷资金支付的价格，其通常以一个百分数来表示。下面用例子来说明。假定 A 今天将 200 元借给 B，B 承诺在一年后的今天付给 A 205 元，其中的 200 元为本金，5 元是利息，本金加上利息被称为本利和。在这个例子中，利率就是利息占本金的百分比，即 5/200 =2.5%。

根据以上说明，利率既表示借款方支付的利率，也表示贷款方获取的利率。不管称之为借方利率还是贷方利率，数值均相同。对借款方而言，利率构成了借款成本；对贷款方而言，利率构成了贷款收益。

就像现实中对不同的商品均存在一个不同的价格一样，经济社会存在着各种各样的利率，显然，不可能也没有必要将经济社会的利率全部罗列出来。现列举如下六种利率：

(1) 国库券利率，是指一国政府借款利率；

(2) 企业债券利率，是指企业通过向公众发行债券（借据）筹集资金需支付的利率；

(3) 储蓄存款利率，是指储蓄账户存款所获得的利率；

(4) 房屋贷款利率，是指购买房屋的贷款利率；

(5) 贴现率，是指商业银行为满足准备金要求向中央银行借入资金需支付的利率；

(6) 联邦基金利率，是指美国商业银行隔夜拆借市场的贷款利率。

值得指出的是，尽管经济中存在着各种不同的利率，但它们通常趋于同方向变动。为避免复杂性，在宏观经济中，我们通常只谈论一种利率，并将其理解为代表性利率。

2. 名义利率和实际利率

人们在新闻或银行利率报价牌上读到的利率都是名义利率（nominal interest rate），这种利率没有考虑到通货膨胀对借贷成本的影响。与此不同，实际利率（real interest rate）是经过扣除预期价格水平变化（通货膨胀）调整后的利率，以准确反映借贷的实际成本。实际利率在以 20 世纪著名经济学家欧文·费雪命名的费雪方程式中得到严格的定义。费雪方程式指出，名义利率等于实际利率加上预期通货膨胀率。现用 $r_{名}$ 和 $r_{实}$ 分别代表名义利率和实际利率，π^e 代表预期通货膨胀率，则有

$$r_{名} = r_{实} + \pi^e \tag{3-29}$$

公式（3-29）变形后，有

$$r_{实} = r_{名} - \pi^{e} \tag{3-30}$$

公式（3-30）表明，实际利率（近似）等于名义利率减去预期通货膨胀率。

在本书中，如无特别说明，利率通常指的是实际利率，用字母 r 表示实际利率，并简称利率。可以看出，当通货膨胀率很低时，实际利率和名义利率是接近的。进一步地，如果通货膨胀率为常数，则名义利率的变化会等额影响实际利率的变化。

（二）货币市场和利率的决定

宏观经济学对货币市场的讨论主要围绕三个方面来展开，即货币需求、货币供给和货币市场均衡，下面分别予以介绍。

对货币的需求，又称“流动性偏好”。“流动性偏好”是指由于货币具有使用上的灵活性，人们宁可牺牲利息收入而持有不生息的货币来保持财富的心理倾向。这一概念由凯恩斯提出。凯恩斯认为，正是因为货币具有这种使用上的灵活性，随时可以满足以下三类不同的动机：

首先是交易动机，即个人和企业需要钱来执行正常的商业活动。为了使收入和支出随着时间的推移保持同步，个人和企业需要有足够的货币资金来满足其日常需求。个人或企业进行此类交易所需的金额是由传统制度和商业制度以及收入水平决定的，通常可以假设收入水平及习惯和商业制度在短期内是固定的，因此凯恩斯认为交易目的所需的金额主要由收入决定。收入越高，交易就越大，交换的商品和服务的价值就越大，因此支付日常开支的金额就越高①。

其次是预防动机，即持有一部分货币以防止意外消费的动机。例如，个人或公司必须提前持有一定数量的货币，以防发生意外事件，如事故、失业、疾病等。因此，如果交易资金需求源于收入和支出的异步性，那么预防性资金需求则源于对未来收入及支出的不确定性。西方经济学家认为，个人对金钱的预防性需求主要取决于他对不可预见的开支的看法，但对于整个社会来说，这种对金钱的需求也大致与收入成正比，并且是收入的递增函数。

因此，如果用 L_1 表示交易动机和谨慎动机所产生的全部实际货币需求量，用 y 表示实际收入，则这种货币需求量和收入的关系可表示为

$$L_1 = L_1(y) = ky \tag{3-31}$$

最后是投机动机，凯恩斯在其经济理论中对投机动机进行了深入的探讨。他认为，投机动机是人们持有货币的三大动机之一，与交易动机和预防动机并列。投机动机涉及个人或企业基于市场利率变化的预测，持有货币以期从中投机获利的行为。由于货币是最灵活的流动性资产，具有周转灵活性，持有货币可以根据市场行情的变化随时进行金融投机。凯恩斯进一步指出，投机动机的货币需求随利率的变动而变化，与利率呈负相关关系。当利率上升时，持有货币的投机需求减少，因为债券等其他资

① 凯恩斯. 就业、利息和货币通论［M］. 徐毓枬，译. 北京：商务印书馆，1936.

产的相对吸引力增加；相反，当利率下降时，持有货币的投机需求增加。这种需求的变化反映了人们对未来利率变化的预期和对资产结构调整的需求。凯恩斯还强调，投机动机在金融市场中扮演着重要角色。他提出，投机行为在很大程度上是基于对大众心理的猜测，而不仅仅是基于资产的真实价值。在股票市场中，投机行为建立在对其他投资者行为的预测之上，而不是基于对公司基本面的分析。凯恩斯的这一理论被称为“空中楼阁理论”，强调了投资者心理在金融市场中的重要性。总之，对货币的投机需求取决于利率，如果用 L_2 表示货币的投机需求，用 r 表示利率，则这一货币需求量和利率的关系可表示为

$$L_2 = L_2(r) \tag{3-32}$$

上述论述清晰地揭示了，公众依据对未来利率走势的预判而调整其资产配置策略。当市场利率攀升之际，货币持有意愿随之减弱；反之，在低利率环境下，则对现金的需求增强。具体而言，若利率高至极限水平，大众普遍预期难以再降或债券价值难有提升空间，故而倾向于将全部资金投入债市之中；相反地，面对较低水平的利率时，大众担忧股市可能持续走低，不愿冒险购入新发行的证券，而是选择保留现有投资组合并转换为流动性更强的形式——现金。无论财富多寡，大众皆采取保守态度以规避潜在风险。此现象被凯恩斯描述为“流动性偏好陷阱”，也就是说，即便存在大量闲置资金，也无人愿意将其用于购买股票或其他形式的投资产品之上。

对货币的总需求是人们对货币的交易需求、预防需求和投机需求的总和。货币的交易需求和预防需求决定于收入，而货币的投机需求决定于利率。因此，对货币的总需求函数可以描述为

$$L = L_1 + L_2 = L_1(y) + L_2(r) = ky - hr \tag{3-33}$$

公式（3-33）中，L、L_1、L_2都表示对货币的实际需求，即具有不变购买力的实际货币需要量；k 和 h 是常数；k 表示收入增加时，货币需求增加多少比例，这是货币需求对收入的敏感程度；h 表示当利率提高时货币需求的增加比率，这是货币需求对利率的敏感系数。名义货币量和实际货币量是有区别的，名义货币量是不问货币购买力如何，仅计算其票面值的货币量。把名义货币量折算成具有不变购买力的实际货币量，必须用价格指数加以调整。

货币需求曲线如图 3-9 所示，左上方图中的中垂线 L_1 表示满足交易动机和预防动机的货币需求曲线，它与利率无关，因而垂直于横轴。曲线 L_2 表示满足投机动机的货币需求曲线，它向右下方倾斜，表示货币的投机需求量随利率下降而增加，最后为水平状，表示“流动性陷阱”。左下方图中的 L 线则包括 L_1 和 L_2 在内的全部货币需求，其纵轴表示利率，横轴表示货币需求量。这条货币需求曲线表示在一定收入水平上货币需求量和利率的关系。利率上升时，货币需求量则减少；利率下降时，货币需求量则增加。

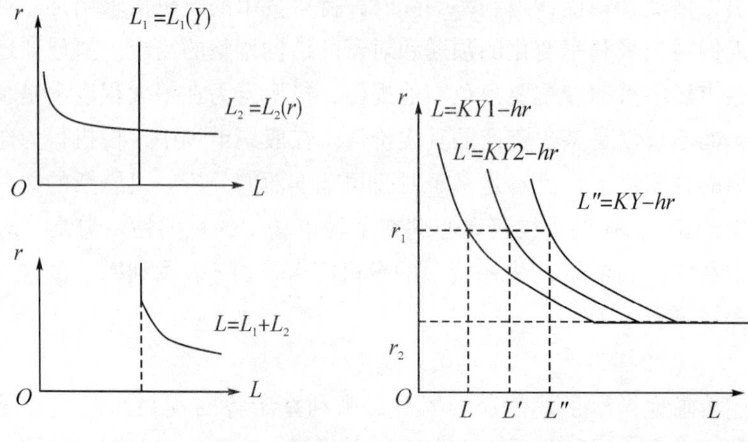

图 3-9 LM 曲线

在图 3-9 中，三条货币需求曲线分别代表收入水平 Y_1、Y_2和 Y_3时的货币需求曲线。从图 3-9 中可以看出，与收入相关的货币需求的正向变化表现为货币需求曲线向右和向左移动的总和，而与利率相关的货币需求的负向变化则表现为每条需求曲线都向右下方倾斜。

货币供应量在狭义和广义上有所区分。狭义货币供应量即 M_1，包括市场上流通的硬币、纸币以及银行的活期存款。由于活期存款可以即时提取并用于交易，它们被计入狭义货币供应量。而广义货币供应量即 M_2，则在 M_1的基础上增加了定期存款。如果进一步包括个人和企业持有的政府债券等流动性较高的资产，即所谓的“货币替代品”，则构成了更广义的货币供应量即 M_3。本书所指的货币供应量特指 M_1，它代表的是名义货币量，也就是仅按面值计算的货币总量，而不涉及其购买力。要将名义货币量转换为具有恒定购买力的实际货币量，需要通过价格指数进行调整。这里，M、m 和 P 分别代表名义货币量、实际货币量和价格指数，则有

$$m=\frac{M}{P} \tag{3-34}$$

西方学者认为，货币供给量是由国家货币当局加以控制和调节的，因而是一个外生变量，其大小与利率无关。因此，货币供给曲线如图 3-10 所示。

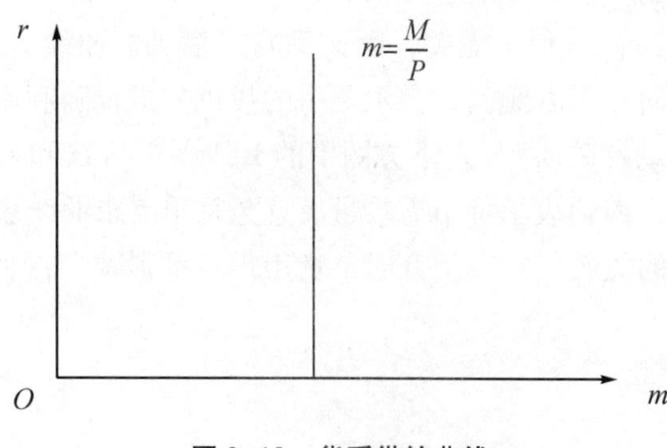

图 3-10 货币供给曲线

有了货币的需求曲线和货币的供给曲线，就可以说明货币市场的均衡了。现将上述两条曲线放在同一个坐标系中，便有了图 3-11。

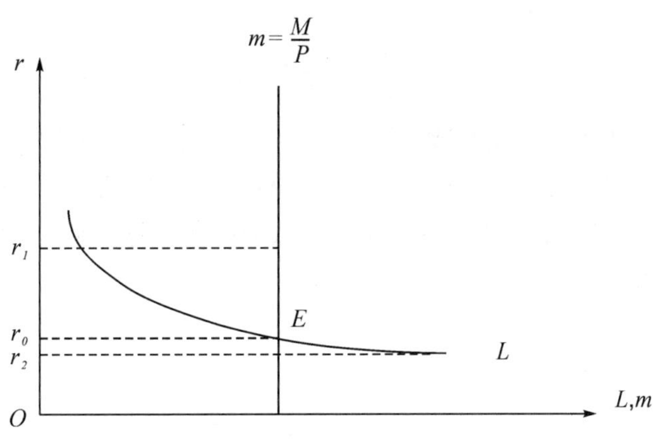

图 3-11 货币市场均衡

在图 3-11 中，货币市场均衡发生在 E 点，在 E 点垂直货币供给曲线与右侧货币需求曲线斜率下限的交点，这意味着，在 E 点，货币需求等于货币供给，不仅决定了货币市场的均衡状态，而且决定了货币市场的均衡利率 r_0。

当市场利率低于均衡水平之时，便意味着货币供给不足以满足需求。此时，人们因手中持有的货币量过少而倾向于出售其持有的有价证券以换取更多现金，从而导致这些资产的价格下跌、收益率上升；随着收益率的提高，对货币的需求逐渐减少直至达到供需平衡点。反之，若当前利率高于均衡状态，则表明市场上流通的资金超出了实际需要量。在这种情况下，个人或机构会发现自己拥有过多闲置资金，进而利用这部分额外资源购入各类有价证券，促使此类投资产品的价值上升、回报率下降。这一过程将持续进行，直至最终实现货币供应与需求之间的匹配。唯有在两者完美契合之际，利率方能停止波动，保持稳定。

通过上述分析可见，无论是供不应求还是供过于求的状态，都会引发一系列连锁反应，直至恢复至一个相对理想的经济环境中，即货币供需双方达成和谐统一。这不仅体现了金融市场自我调节机制的作用，也反映了宏观经济政策制定者需密切关注并适时调整相关措施的重要性。

（三）LM 曲线

利率是由货币市场上的供给和需求的均衡决定的，而货币的供给量是由货币当局所控制，即由代表政府的中央银行所控制，因而假定它是一个外生变量，在货币供给量既定的情况下，货币市场的均衡只能通过调节对货币的需求来实现。

1. LM 曲线的推导

LM 曲线的推导也有两种形式：一种是代数推导，即用数学运算来完成推导；另一种是借助于图形来完成推导。

根据货币需求函数和货币供给表达式，当货币市场达到均衡时，便有 $L = m$，即有

$$ky - hr = \frac{M}{P} \tag{3-35}$$

将公式（3-35）整理为

$$r = \frac{k}{h}y - \frac{1}{h}(\frac{M}{P}) \tag{3-36}$$

公式（3-36）即LM曲线的数学表达式。可以看到，在货币需求函数为线性条件下，此处得到的LM曲线也是线性的。进一步地，式中变量y前面的系数为正值，这意味着这里的LM曲线在利率为纵坐标、收入为横坐标的坐标系下是一条向右上方延伸的直线，如图3-12所示。

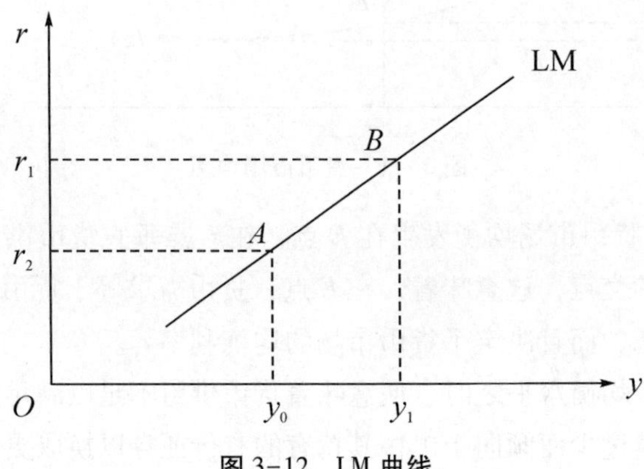

图3-12　LM曲线

作为直线的LM曲线，有两个影响该直线截距项的因素：一个是经济中的货币量M，另一个是经济的价格水平P，这为后面关于LM曲线移动因素的讨论提供了线索。LM曲线的推导见图3-13。

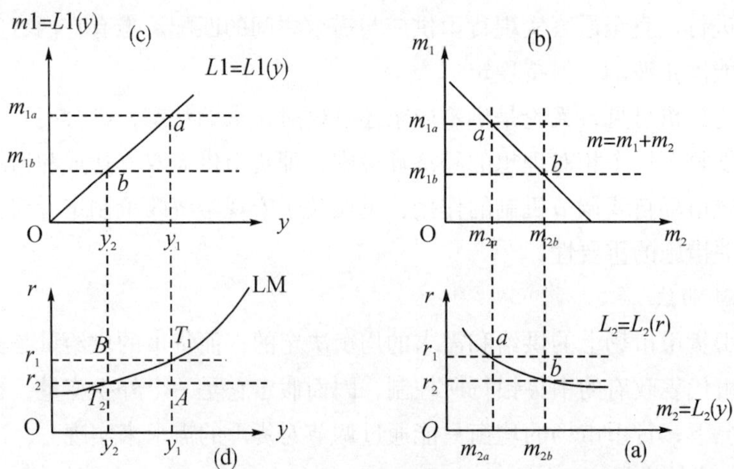

图3-13　LM曲线的推导

图3-13（a）表示货币投机需求$L_2 = L_2(r)$。投机需求和利率呈反方向变化，投机需求随利率的下降而增大。当利率下降到很低水平时，投机需求将趋于无穷，曲线

成为水平线，这就是前面所说的“凯恩斯陷阱”或“流动性偏好”。图 3-13（b）表示货币供给关系 $m=m_1+m_2$，m_1是满足交易动机和谨慎动机的部分，满足投机需求的部分为 m_2，在图形上为一条斜率为-1 的直线。图 3-13（c）表示交易需求曲线。图 3-13（d）是推导出的 LM 曲线。其推导过程简述如下：

当图 3-13（a）中的利率为 r_1时，对应的货币投机需求为 m_2；当图 3-13（b）中的货币投机需求为 m_{2a}时，对应的货币交易需求为 m_{1a}；当图 3-13（c）中的纵坐标为 m_{1a}时，对应的收入为 y_1。同样地，当图 3-13（a）中的利率为 r_2时，对应的货币投机需求为 m_{2b}；当图 3-13（b）中的货币投机需求为 m_{2b}时，对应的货币交易需求为 m_{1b}；当图 3-13（c）中的纵坐标为 m_{1b}时，对应的收入为 y_2。依此类推。简而言之，图 3-13 是按逆时针方向，即图 3-13（a）到图 3-13（b）到图 3-13（c）到图 3-13（d）的顺序来确定相应变量的数值的。

从图 3-13（a）r_1的一点和图 3-13（c）的一点分别向图 3-13（d）的两个坐标轴作垂线，得到一个交点 T_1；再从图 3-13（a）中一点和图 3-13（c）中 y 为 y_2的一点分别向图 3-13（d）的两个坐标轴作垂线，又得到一个交点 T_2。依此类推。每一个点都表示在货币供给等于货币需求时的收入和利率的一个组合。把图 3-13（d）中的 T_1，T_2，…，T_n 各点连接起来所得到的图形，便是 LM 曲线。

在货币市场上 LM 曲线上的每一个点都表示货币供给等于货币需求，即满足货币市场的均衡条件。换句话说，LM 曲线表示的是使货币市场达到均衡时，收入和利率的各种组合。

值得指出的是，经济社会的每一时期的收入和利率的实际组合并不是总位于 LM 曲线上，而是可能存在货币市场的非均衡。回到图 3-13（d），图中位于 LM 曲线右方的 A 点就是一个非均衡点。这时，货币市场处于非均衡状态，在 LM 线上，当收入为 y_1时，对应的利率应为 r_1，可是，现在的实际利率为 r_2，比应有的利率低。实际利率低于应有的利率，就会使实际的投机需求大于应有的投机需求，也就是大于应有的货币供给。因此，A 点是一个货币需求大于货币供给的非均衡点。又例如，当收入为 y_2，而利率为 r_1时，收入和利率的组合即图 3-13（d）中位于 LM 曲线左方的 B 点，也是一个非均衡点。这时，货币市场也处于非均衡状态。在 LM 曲线上，当收入为 y_2 时，对应的利率应为 r_2，可是，现在的实际利率 r_1比应有的利率高。实际利率高于应有的利率，就会使实际的投机需求小于应有的投机需求，也就是小于应有的货币供给。因此，B 点是一个货币需求小于货币供给的非均衡点。

通常情况下，位于 LM 曲线右侧的收入与利率组合皆为货币需求超出供给之非均衡状态；而处于 LM 曲线左侧者，则是货币需求不及供给的失衡情形。唯有恰在 LM 曲线上的点位，方显货币供需相称的平衡格局（见图 3-14）。

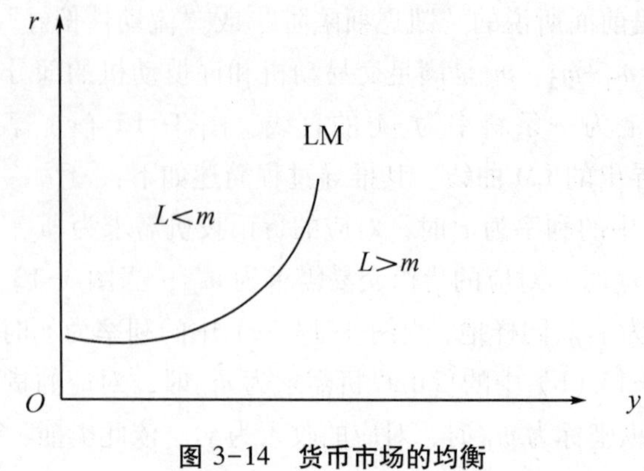

图 3-14　货币市场的均衡

2. LM 曲线的斜率和三个区域

从 LM 曲线的推导图可以看出，LM 曲线的斜率取决于货币的投机需求曲线和交易需求曲线的斜率，实际上也就是取决于 $r=\frac{k}{h}y-\frac{1}{h}(\frac{M}{P})$ 中的 k 值和 h 值。这一公式就是 LM 曲线的代数表达式，而 k/h 是 LM 曲线的斜率。当 k 一定时，h 越大，即货币需求对利率的敏感程度越高，则 $\frac{k}{h}$ 就越小，因而 LM 曲线就越平缓；当 h 一定时，k 越大，即货币需求对收入变动的敏感程度越高，则 $\frac{k}{h}$ 就越大，于是 LM 曲线就越陡峭。

西方经济学家普遍认为，货币的交易需求函数通常较为稳定，因此 LM 曲线的斜率主要取决于货币的投机需求函数。处于投机动机的货币需求是利率的减函数。

在宏观经济学中，货币市场均衡是由货币供给和货币需求共同决定的。货币供给是由中央银行控制的，而货币需求则受到多种因素的影响。其中，交易需求和投机需求是两个主要的组成部分。

交易需求是指个人和企业为了进行正常的交易活动而需要的货币量。这种需求通常与收入水平密切相关，因为随着收入的增加，人们需要进行更多的交易，从而需要更多的货币。此外，交易需求还受到惯例和商业制度的影响，但这些因素在短期内通常可以假定为固定不变。

相比之下，投机需求则是指个人和企业为了获取利润而进行的货币投资。这种需求与利率密切相关，因为当利率上升时，持有货币的机会成本增加，从而降低了人们对货币的需求；相反，当利率下降时，持有货币的机会成本减少，从而增加了人们对货币的需求。

在宏观经济学的货币市场理论中，LM 曲线的斜率主要取决于货币的投机需求函数。当投机需求对利率变化非常敏感时，LM 曲线将呈现较为平坦的状态；反之，当投机需求对利率变化不太敏感时，LM 曲线则显得较为陡峭。这一关系深刻反映了货币政策对经济的影响程度：当 LM 曲线平坦时，货币政策的效果较强；而当 LM 曲线陡峭时，货币政策的效果则相对较弱。

值得注意的是，当利率降至极低水平时，货币的投机需求将变得无限大，这一现象被称为“流动性陷阱”或“凯恩斯陷阱”。在这一极低的利率水平上，货币的投机需求曲线将成为一条水平线，导致 LM 曲线也呈现出水平状态。这意味着，一旦利率降至如此低的水平，政府实施扩张性货币政策，增加货币供给量，将无法进一步降低利率，从而也无法通过降低利率来增加收入、推动经济复苏。因此，在这种情况下，货币政策是无效的。LM 曲线的三个区域见图 3-15。

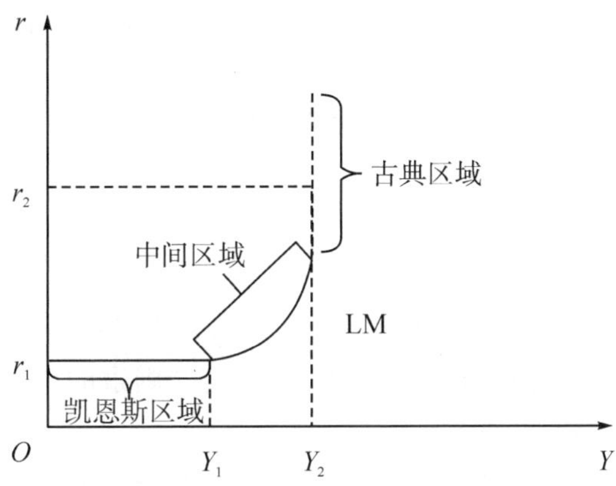

图 3-15　LM 曲线的三个区域

相反，实施扩张性财政政策，通过使 IS 曲线向右移动，可以在利率不发生变化的情况下提高收入水平。因此，在这种特定情况下，财政政策将具有显著的效果。凯恩斯认为，20 世纪 30 年代的世界经济大危机时期，西方国家的经济就处于这种状态。为此，LM 曲线呈水平形状的区域被称为“凯恩斯区域”或“萧条区域”①。

当利率攀升至相当高的水平时，货币的投机需求量将渐次逼近于零。此时，人们除了因交易需求而必须持有一部分货币外，再也不会出于投机目的而持有货币。鉴于货币投机需求已归零，故图 3-15 中所绘货币投机需求曲线乃呈现为与纵轴相平行的垂直线状，不论利率如何攀升至 r_2之上的高度，货币投机需求量皆恒定不变（等于 0）。这意味着，人们手中的货币量仅满足交易需求。

在此情境下，LM 曲线从利率达到 r_2的那一刻起，便化作一段垂直线。西方经济学家认为，若此时实施扩张性财政政策以推动 IS 曲线向右上方移动，其结果将只是提高利率，而不会带来收入的增加。然而，如果采取使 LM 曲线右移的扩张性货币政策，则不仅能够降低利率，还能有效提升收入水平。因此，在这个阶段，财政政策显得无效，而货币政策则展现出强大的效果。这一观点与古典学派以及那些基本上以古典学派经济理论为基础的现代货币主义学者的看法相吻合。

正因如此，LM 曲线呈现垂直状态的这一特定区域被称为“古典区域”。在这个

① 凯恩斯. 就业、利息和货币通论［M］. 徐毓枬，译. 北京：商务印书馆，1936.

区域内，货币政策的调控效果显著，而财政政策则难以发挥预期的作用。

“古典区域”和“凯恩斯区域”之间这段 LM 曲线是中间区域。LM 曲线的斜率在“古典区域”为无穷大，在“凯恩斯区域”为零，在中间区域则为正值。这从图 3-15 中可以清楚地看出，从 LM 曲线的代数表达式 $r=\frac{k}{h}y-\frac{1}{h}(\frac{M}{P})$ 中也能得到说明。LM 曲线的斜率是 $\frac{k}{h}$，h 是货币需求的利率弹性系数，当 $h=0$ 时，$\frac{k}{h}$ 为无穷大，因此 LM 曲线在“古典区域”是一条垂直线；当 h 为无穷大时，其斜率值 $\frac{k}{h}$ 为零，因此 LM 曲线在“凯恩斯区域”是一条水平线；而当 h 介于零和无穷大之间的任何值时，由于 k 一般总是正值，因此 $\frac{k}{h}$ 的值为正。

3. LM 曲线的移动

在宏观经济学的货币市场中，LM 曲线的移动受多种因素影响，包括货币投机需求、货币交易需求以及实际货币供给量的变化。这些因素的变动不仅影响 LM 曲线的位置，还可能改变其形状。

首先是货币投机需求的变动。当货币投机需求发生变化时，LM 曲线会发生方向相反的移动。例如，如果投机需求曲线向右移动（在相同利率水平下投机需求增加），而其他条件保持不变，则会使 LM 曲线向左移动。这是因为在货币供给量不变的情况下，为了满足增加的投机需求，交易量必须减少以保持货币市场的均衡。从宏观角度来看，这通常意味着社会的国民收入水平将下降。

其次是货币交易需求的变动。与投机需求类似，交易需求的变动也会导致 LM 曲线发生相反方向的移动。如果交易需求曲线向右移动（完成同样交易量所需的货币量增加），在其他条件不变的情况下，同样会使 LM 曲线向左移动。这表明，原来一笔货币现在能够完成更少的国民收入交易。

上述两种情况均假设货币的投机需求曲线和交易需求曲线的斜率不变。然而，如果这两个参数（通常表示为 h 和 k）发生变化，则会导致 LM 曲线发生转动而非简单的移动。例如，如果 h 增大（货币需求对利率的敏感度增强），LM 曲线将变得较为平缓；而如果 k 增大（货币需求对收入的敏感度增强），则 LM 曲线将变得较为陡峭。这种转动可以是逆时针或顺时针方向，具体取决于哪个参数发生了变化。

最后是实际货币供给量的变动。当名义货币供给量不变时，价格水平的下降意味着实际货币供给的增加，这将导致 LM 曲线向右移动；相反，如果价格水平上升，LM 曲线则会向左移动。实际上，货币量的变动通常与货币政策紧密相关。扩张性货币政策旨在增加名义货币供给量，而紧缩性货币政策则旨在减少名义货币供给量。此外，利率的变动也会通过影响实际货币供给量来影响 LM 曲线的位置。因此，货币政策的变化是影响 LM 曲线动态的重要因素之一。

三、模型的结构和稳定性分析及应用

（一）模型的结构

IS-LM 模型的结构有两种形式：一种是代数形式；另一种是几何形式。前者主要采取数学方程表示模型，后者主要采取几何形式。

1. 代数形式

根据前面的论述，在一定假设条件下，经济中 IS 曲线方程为

$$y = \frac{\alpha + e + g_0 - \beta t + \beta tr}{1 - \beta} - \frac{\mathrm{d}r}{1 - \beta} \tag{3-37}$$

LM 方程为

$$r = \frac{k}{h}y - \frac{1}{h}(\frac{M}{P}) \tag{3-38}$$

所谓 IS-LM 模型的代数形式，就是把上述两个方程联立，形成如下的方程组：

$$y = \frac{\alpha + e + g_0 - \beta t + \beta tr}{1 - \beta} - \frac{\mathrm{d}r}{1 - \beta} \tag{3-39}$$

$$r = \frac{k}{h}y - \frac{1}{h}(\frac{M}{P}) \tag{3-40}$$

在上述 IS-LM 模型中，由该模型所决定的内生变量是收入水平 y 和利率 r，其余的或是经济参数，或是模型的外生变量。由于上述方程组是关于内生变量的线性方程组，所以当给定经济参数和外生变量的数值时，一般可以求得内生变量 y 和 r 的数值，它们分别是均衡产出的数值和均衡利率的数值。

IS-LM 模型的代数形式虽然可以比较方便和精确地得到均衡产出的数值和均衡利率的数值，它们分别是均衡产出的数值和均衡利率的数值，但这种形式与下面要讲的 IS-LM 模型的几何形式相比，缺乏形象性和直观性。

2. 几何形式

IS-LM 模型的几何形式就是将 IS 曲线和 LM 曲线放到一个坐标系中，如图 3-16 所示。

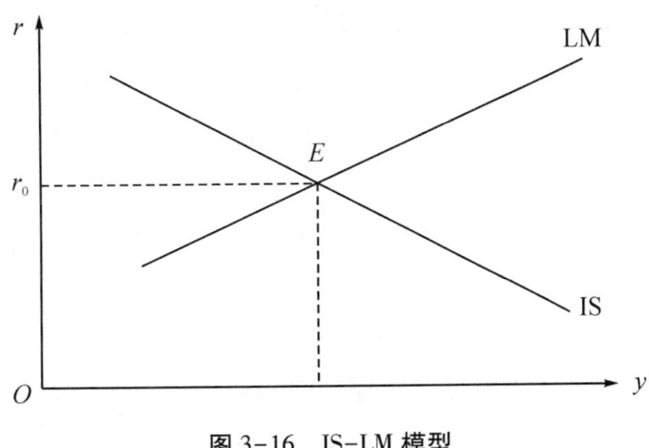

图 3-16　IS-LM 模型

IS 曲线上收入和利率的每一组合表示产品市场的均衡，LM 曲线上收入和利率的每一组合表示货币市场的均衡。当 IS 曲线和 LM 曲线相交时，即图 3-16 中的 E 点所表示的收入 y_0 和利率 r_0 的组合，表示使产品市场和货币市场同时达到均衡的一种状态，这也是 IS-LM 模型的解。

（二）稳定性分析

在图 3-17 中，IS 曲线和 LM 曲线把坐标平面分成了四个区域：Ⅰ、Ⅱ、Ⅲ和Ⅳ（见表 3-3）。可以看出，Ⅰ和Ⅱ位于 IS 曲线的右侧，即投资小于储蓄，意味着消费支出加投资支出之和，即总需求小于总供给。区域Ⅲ和Ⅳ位于 IS 曲线左侧，即投资大于储蓄，意味着消费支出加投资支出之和，即总需求大于总供给。以上是产品市场的情况。下面来分析货币市场的情况。在 LM 曲线右侧，表示货币需求大于货币供给，即区域Ⅱ和区域Ⅲ；在 LM 曲线左侧，区域Ⅰ和区域Ⅳ表示货币需求小于货币供给。

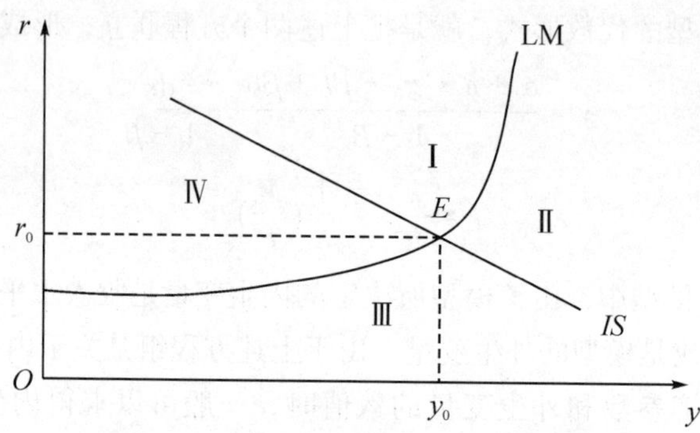

图 3-17　产品市场和货币市场的四个区域

表 3-3　产品市场和货币市场的四个区域

区域	产品市场	货币市场
Ⅰ	$i<s$ 有超额产品供给	$L<m$ 有超额货币供给
Ⅱ	$i<s$ 有超额产品供给	$L>m$ 有超额货币需求
Ⅲ	$i>s$ 有超额产品需求	$L>m$ 有超额货币需求
Ⅳ	$i>s$ 有超额产品需求	$L<m$ 有超额货币供给

在 IS-LM 模型中，不同的非均衡状态会导致经济中的调整过程。具体来说，当商品市场（IS 曲线）和货币市场（LM 曲线）处于非均衡状态时，经济将通过收入和利率的变动来恢复均衡。

对于商品市场（IS 曲线），非均衡通常表现为投资与储蓄之间的差异。如果投资超过储蓄，这将导致总需求增加，从而推动国民收入上升；相反，如果投资低于储蓄，总需求减少，这将导致国民收入下降。这种调整过程反映了凯恩斯经济学中的乘数效应，即初始的投资或消费变化会引起一系列连锁反应，最终导致总收入的多倍变化。

对于货币市场（LM 曲线），非均衡通常表现为货币需求与货币供给之间的差异。如果货币需求超过货币供给，这将导致利率上升，因为借贷成本增加以平衡供需；反之，如果货币供给超过货币需求，利率则会下降，以促进更多的借贷和投资。

这两个市场的相互作用决定了经济的总体均衡状态。只有当 IS 曲线和 LM 曲线同时处于均衡状态时，经济才达到宏观均衡。此时，商品市场和货币市场同时清零，没有内在的趋势使收入和利率发生变化。如果两个市场中的一个或两个都处于非均衡状态，经济将通过收入和利率的自动调整来趋向新的均衡点。这一过程体现了市场经济的自我调节机制，也是宏观经济政策制定的重要考虑因素。

第三节 AD- AS 模型

一、AD 曲线

（一）总需求曲线的含义

总需求曲线相对应的是总需求函数，表明了对总产量的需求和一般价格水平之间的对应关系，即表明在产品市场和货币市场同时达到均衡时所对应的价格水平和产出水平的组合。在以价格为纵坐标、产出水平为横坐标的坐标系中，总需求曲线的几何图形就是总需求曲线或叫 AD 曲线。总需求曲线描述了对应一个特定的价格水平，其所对应的均衡的支出水平是多少。

总需求曲线向右下方倾斜，反映了价格水平与总支出之间的负相关关系。具体来说，当价格水平下降时，实际货币供给增加，利率下降，从而刺激投资和消费，导致总需求增加；相反，当价格水平上升时，实际货币供给减少，利率上升，抑制投资和消费，导致总需求减少。

（二）总需求的相关效应

1. 实际余额效应或财富效应

在经济学理论中，实际余额效应主要通过两个渠道发挥作用：一是通过改变人们的消费行为；二是通过改变企业的投资决策。

首先，从消费者的角度来看，当中央银行增加货币供应量时，人们手中的货币数量增多，如果价格水平保持不变，那么每个人所持有的货币购买力增强，即实际余额增加。这种增加的购买力使得消费者感到自己更加富有，从而倾向于增加当前的消费支出，而不是将所有收入都储蓄起来。这种现象就是所谓的“实际余额效应”或“财富效应”。随着消费的增加，总需求也随之上升，这有助于推动经济增长。

其次，对于企业而言，货币供应量的增加意味着融资成本下降，因为银行和其他金融机构有更多的资金可供借贷。较低的利率降低了企业的借款成本，鼓励它们进行更多的投资活动，如扩大生产规模、更新设备或研发新产品等。此外，由于消费者信心增强，市场需求旺盛，企业对未来收益的预期也更为乐观，从而进一步激发了它们的投资意愿。在这些因素的共同作用下，企业的投资支出增加，同样促进了总需求的扩张。

2. 利率效应

货币的名义需求是价格水平的增函数，两者之间存在着一种正向的联动关系。进一步探究，若货币供给保持恒定，价格水平的上涨将不可避免地引发货币需求的增强。这一变化如同涟漪般在金融市场中扩散，最终导致利率的上升。利率，作为资金的价格，其变动无疑会对投资决策产生深远影响。具体而言，利率的攀升犹如一道门槛，提高了投资的成本，从而抑制了企业的投资意愿和消费者的借贷行为，进而引致投资水平的下滑。

这一系列连锁反应，从价格水平的变动起始，经由货币需求的增加、利率的上升，直至投资水平的下降，共同构成了一幅经济调整的画卷。我们将这种由价格水平变动引发的利率同向变动，进而对投资及总支出水平产生反向影响的现象，精准地概括为“利率效应”。它不仅是宏观经济分析中的一个重要概念，更是理解市场机制如何自我调节、政策变动如何影响经济活动的关键所在。

3. 税收效应

名义收入的增加往往意味着人们进入了更高的纳税档次，这就如同攀登山峰，每一步的升高都伴随着更大的风阻。税制的累进性使得高收入者面临更重的税负，从而削减了他们的可支配收入。这种由价格水平上升引发的税负加重，进而导致可支配收入下降的现象，被经济学家精准地概括为“税收效应”。

（三）AD 曲线的推导

我们可以用 IS-LM 模型来推导 AD 曲线（见图 3-18）。以三部门经济为例：

IS 曲线的方程为

$$y = c(y - t) + i(r) + g \tag{3-41}$$

LM 曲线的方程为

$$M/P = L_1(y) + L_2(r) \tag{3-42}$$

在上面两个方程式中，如果把 y 和 r 当作未知数，而把其他变量特别是价格水平 P 当作参数，则求得的解式中一般包含 P 这个变量。该式子表示不同的 P 与不同的总需求量 y 之间的函数关系，即总需求函数。

总需求曲线反映的是产品市场和货币市场同时均衡时，价格水平和总需求量的关系。此外，总需求曲线也可以从 IS-LM 图形中推导出来。

在 IS-LM 模型中，一般价格水平被假定为一个常数。在价格水平固定不变且货币供给已知的情况下，IS 曲线和 LM 曲线的交点决定了均衡的收入水平。

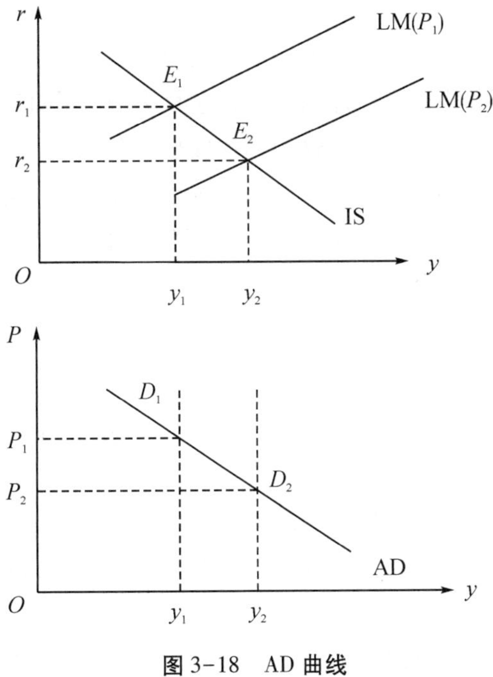

图 3-18　AD 曲线

图 3-18 分为两个部分。上面是 IS-LM 曲线，下面是总需求曲线。当价格 P 的数值为 P_1时，此时 LM 曲线和 IS 曲线相交于 E_1点，E_1所代表的国民收入和利率分别是 y_1和 r_1。将 P_1和 y_1标在下图中便得到总需求曲线上一点 D_1。现在假设价格由 P_1下降到 P_2，由于价格水平变化，LM 曲线向右移动到 LM（P_2）位置，与 IS 曲线的交点为 E_2。E_2所代表的国民收入和利率分别是 y_2和 r_2。对应下图，又找到一点 D_2。按照上述变化，随着 P 的变化，LM 曲线和 IS 曲线有不同的交点，每一个交点都代表着一个特定的 y 和 r。于是有了许多 P 和 y 的组合，构成了下图中的一系列点，把这些点连在一起所得的曲线便是总需求曲线。

从图 3-18 中我们可以清晰地观察到，总需求曲线（AD 曲线）生动地描绘了社会总需求与价格水平之间的反向变动关系。这条曲线向右下方倾斜，直观地展示了一个经济现象：随着价格水平的上升，社会总需求反而减少；而当价格水平下降时，社会总需求则相应增加。

（四）总需求曲线的移动

总需求曲线表明了价格水平与需求总量的关系。许多因素影响价格水平既定时的产品和劳务的需求总量，当这些因素中的一种发生变动的时候，在每一种价格下的产品和劳务的需求量都变动了，就会引起总需求曲线的移动。

在价格水平一定的情况下，任何使企业投资增加的事件也会使总需求曲线向右移动。例如，技术进步、市场扩张、政策支持（如补贴或税收优惠）等；相反，如果企业对未来悲观或由于货币当局减少货币供给引起利率上升，投资会减少，总需求曲线向左移动。

政府购买是总需求的一个重要组成部分，包括政府对商品和服务的采购，如公共设施建设、国防支出等。当政府增加购买时，它直接增加了对市场上商品和服务的需求，从而推动总需求曲线向右移动。这种移动反映了在每一个价格水平上，市场对商品和服务的总需求量都增加了。相反，如果政府购买减少了，会直接减少总需求，推动总需求曲线向左移动。政府购买还通过受政策意图和经济环境制约，以刺激经济增长和减少失业，从而促进总需求曲线的移动。

当价格水平既定时，净出口的增加意味着国外对本国产品的需求增加，这将使总需求曲线向右移动。例如，国外经济繁荣会增加对本国出口的需求。相反，国外经济衰退会减少对本国出口的需求，使总需求曲线向左移动。

当价格水平既定时，货币供给的增加会导致利率下降，从而刺激投资和消费，增加总需求。这是通过影响货币市场的均衡来实现的。货币供给增加使 LM 曲线向右移动，降低了均衡利率，进而提高了投资和总需求，使总需求曲线向右移动；相反，货币供给减少会使总需求曲线向左移动。

这些因素的变化不仅影响总需求曲线的位置，还影响经济的产出和就业水平。因此，政策制定者需要密切关注这些变量，并通过适当的财政和货币政策来调节经济活动，以实现宏观经济目标。扩张性政策对总需求曲线的影响见图 3-19。

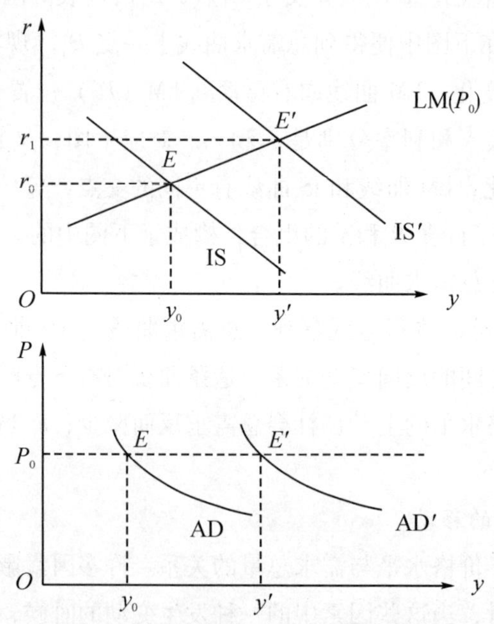

图 3-19　扩张性政策对总需求曲线的影响

总需求曲线不仅允许在价格变动的条件下概括了前面所述的 IS-LM 模型，而且较为直观地说明了财政政策和货币政策都是旨在影响总需求的需求管理政策。

AD 曲线只是给出了价格水平和以收入水平来表达的总需求水平之间的关系，并不能决定使整个社会供求相等的价格水平和总产量，为此还需要引入一个新的分析工具，即 AS 曲线。

二、AS 曲线

（一）AS 曲线的含义

总供给是经济社会的总产出，它描述了经济社会的资源用于生产时可能达到的产量。一般而言，总供给主要是由总量的劳动、生产性资本存量和技术水平决定的。

总供给曲线是指总产量与一般价格水平之间的关系。在以价格水平为纵坐标、总产量为横坐标的坐标系中，总供给函数的几何图形就是总供给曲线或 AS 曲线。

按照价格在不同时期变动的情况，宏观经济学将总产出与价格水平之间的关系分为两种情况，即长期总供给曲线和短期总供给曲线。在宏观经济学中，对于长、短期有两种含义：一是将经济增长的时间看作长期，而将经济波动的时间看作短期；二是在经济波动的条件下区分长期和短期。一般来说，短期总供给曲线的斜率为正，长期总供给曲线则是趋近于垂直的。

（二）AS 曲线的推导

1. 长期总供给曲线

在长期视角下，经济体系展现出其内在的自我调节机制，其中价格与货币工资的伸缩性扮演着至关重要的角色。如本章第二节所述，这一机制确保了经济的就业水平能够自然而然地趋向于充分就业的理想状态。此过程的核心在于劳动市场的动态调整。

具体而言，在不同的价格水平背景下，劳动市场可能会遭遇两种极端情况：一是超额劳动需求，即企业对劳动力的需求超过了市场上可供雇佣的劳动力数量；二是劳动供给过剩，意味着寻找工作的劳动者数量超过了企业的需求。在这两种情况下，货币工资作为关键变量，会自发地进行调节。

当劳动市场存在超额劳动需求时，企业为了吸引并留住员工，往往会提高货币工资水平，以增强职位的吸引力。随着货币工资的上升，实际工资（货币工资能购买的商品和服务数量）也随之增加，这不仅提升了劳动者的购买力，也进一步刺激了整体经济的需求。反之，当劳动供给过剩时，为了保持竞争力和控制成本，企业可能会压低货币工资，导致实际工资下降，直至达到一个新的均衡点，使劳动市场重新回归平衡。

古典学派认为，长期总供给曲线（见图 3-20）是一条位于经济潜在产量或充分就业产量水平的垂直线。

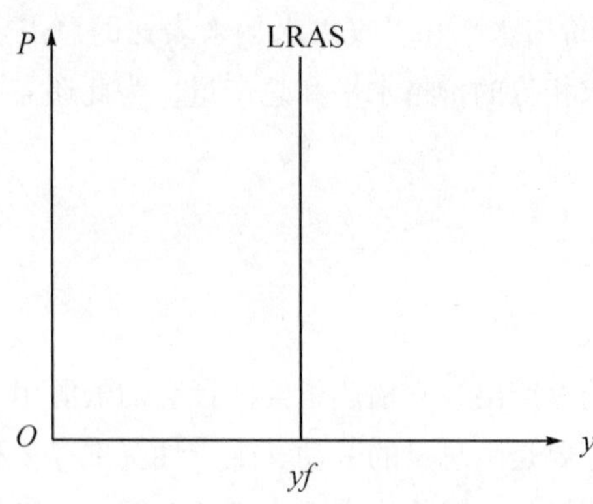

图 3-20 长期总供给曲线

新古典经济学家认为，在长期中，人们会得到关于市场价格变化的充分信息，价格和货币工资都具有充分的伸缩性，经济会处在充分就业状态。在不同的价格水平下，当劳动市场存在超额劳动供给时，货币工资就会下降；反之，当劳动市场存在超额劳动需求时，货币工资就会提高，最后会使实际工资调整到劳动市场达到均衡的水平。换句话说，长期经济的就业水平不随价格水平的变化而变动，而是处于充分就业状态。

古典学家与上述主张是一致的，因此，长期总供给曲线看作与古典总供给曲线相同。由于生产函数相对稳定，在长期中，经济的产量水平也将位于潜在产量水平或充分就业水平，不受价格变动的影响。因此，在长期中，总供给曲线就是一条位于经济潜在产量水平上的垂直线。如图 3-21 所示，如果价格水平上升，大于 P_0，比如说 P_1，那么，在货币工资 W 做同样幅度变动的情况下，实际工资 W/P_1 仍然会处于图中 W/P_0 的位置。劳动就业量仍然是 N_t，通过图 3-21（b）和图 3-21（c）的转换，就成为图 3-21（d）中的 Y_f。如此变动价格可以得到相同的结果，最终会在图 3-21（d）中得到一系列产出相同但价格不同的点，代表不同价格水平下充分就业时的（或者潜在的）产出水平。无数多个这样的点将会形成一条位于充分就业产出水平上的垂直线，这就是长期总供给曲线。

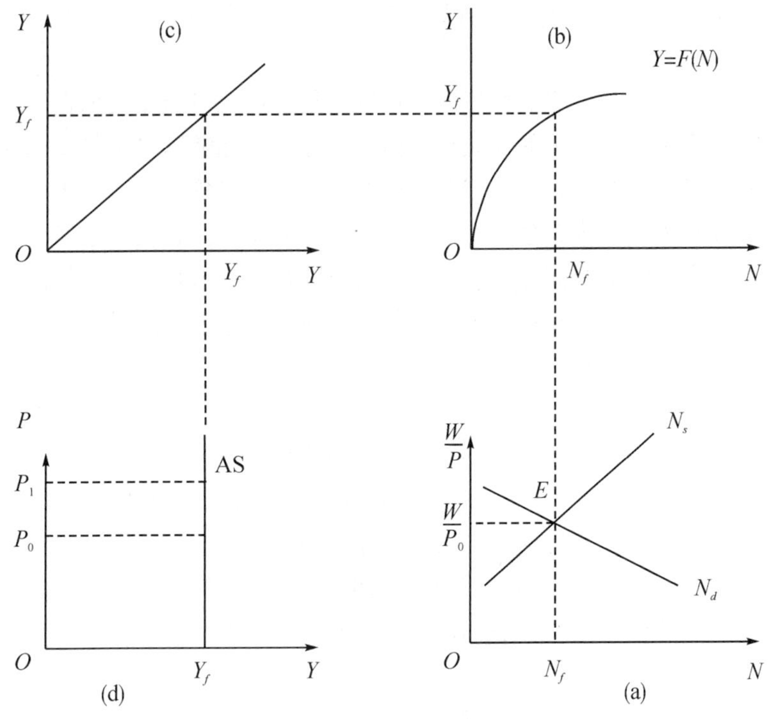

图 3-21　长期总供给曲线的推动

2. 短期总供给曲线

一般来说，宏观经济学的短期总供给曲线有三种形状，即古典总供给曲线、凯恩斯总供给曲线和常规总供给曲线。下面分别说明，同时说明短期总供给曲线的移动。

（1）古典总供给曲线。

古典总供给曲线的形状如图 3-22 所示。

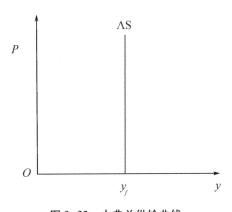

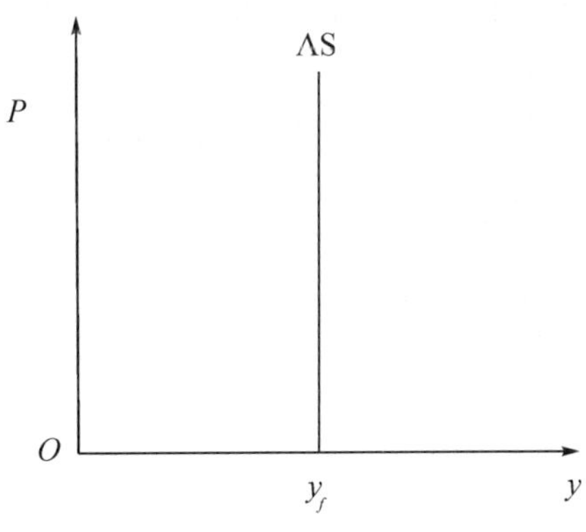

图 3-22　古典总供给曲线

“古典总供给曲线”作为长期总供给曲线的代名词，这一理论基石建立在两个核心假设之上：一是工资与价格水平能够迅速且灵活地调整，确保实际工资始终锚定在充分就业的均衡点上；二是古典学派倾向于从长期视角审视经济现象，认为在这段时间跨度内，货币工资与价格水平拥有足够的时间进行充分调整，以达到市场出清的状态。

第一个假设即工资与价格的快速调整机制，是古典总供给曲线垂直形态的关键所在。它意味着，无论价格水平如何波动，由于实际工资能够即时调整到充分就业所需的水平，因此产量总是维持在充分就业的产量水平，不受价格变动的影响。

第二个假设则强调了古典学派对长期经济状态的关注。在长期框架下，所有市场参与者都被视为有足够的时间和信息来调整自己的行为，包括工资和价格的设定，以应对任何经济扰动。这种调整过程虽然可能需要时间，但最终将导向一个资源配置效率最优、劳动市场出清的理想状态。

（2）凯恩斯总供给曲线。

在短期经济分析中，凯恩斯总供给曲线（见图 3-23）扮演着至关重要的角色，它深刻揭示了价格黏性条件下的宏观经济运行机制。与古典模型中价格和工资能够迅速灵活调整的假设不同，凯恩斯主义认为，在短期内，由于各种实际因素的制约，一些价格（尤其是名义工资）表现出显著的刚性，不能迅速响应市场需求的变化。这种刚性导致了短期总供给曲线并非如古典模型所描述的那样垂直，而是呈现出独特的水平形态。

凯恩斯总供给曲线的水平线特征，在以价格为纵坐标、收入（或产出）为横坐标的坐标系中表现得尤为明显。这条曲线表明，在现有的价格水平下，厂商愿意提供市场所需的任何数量的商品。换言之，由于工资和价格的刚性，生产成本在短期内相对稳定，不会随着产出的增加而显著上升，这使得厂商有动力增加产量以满足市场需求，而不担心成本上升吞噬利润。

凯恩斯总供给曲线背后的基本思想，在于工资和价格刚性导致劳动力市场无法总能维持在充分就业状态。当存在失业时，厂商可以在低于充分就业状态下的工资水平上获取所需的劳动力，从而它们的平均生产成本保持相对稳定，不随产出水平的提高而增加。这一现象反映了凯恩斯对经济萧条期间市场失灵的深刻洞察，即总需求不足可能导致经济偏离充分就业状态，而价格机制无法迅速调节以恢复平衡。

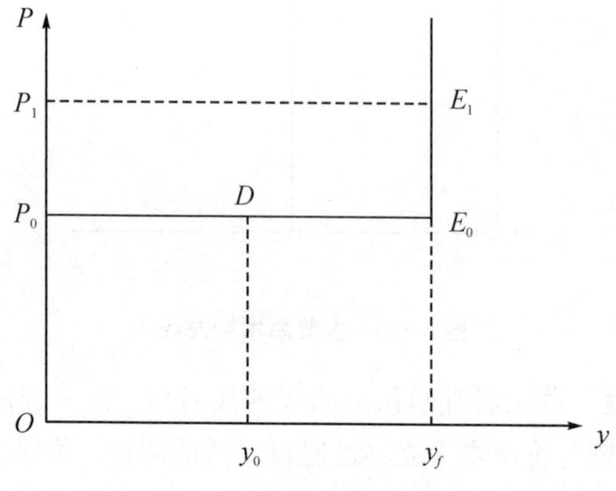

图 3-23　凯恩斯总供给曲线

（3）常规总供给曲线。

一些经济学家认为，古典总供给曲线和凯恩斯总供给曲线代表关于劳动力市场两种极端的做法。在现实中，工资和价格的调整通常处于两者之间。在这种情况下，在以价格为纵坐标、总产量为横坐标的坐标系中，总供给曲线是向右上方延伸的，即常规的总供给曲线。

（4）短期总供给曲线的移动。

下面考察导致短期总供给曲线移动的因素：

当可得到的劳动增加时（如人口增长、移民增加或劳动参与率提高等），短期总供给曲线向右移动。这意味着在相同的价格水平下，企业能够生产更多的商品和服务，因为劳动力资源的增加降低了生产成本或提高了生产效率。相反，当可得到的劳动减少时（如劳动力市场紧缩、退休人数增加等），短期总供给曲线向左移动，表明在相同价格水平下，企业能提供的商品和服务数量减少。

物质资本（如机器、设备、建筑物）或人力资本（通过教育、培训和经验积累的知识与技能）的增加，会提高生产效率和生产能力，从而使得短期总供给曲线向右移动。这表明，在相同的价格水平下，企业可以提高产出。如果资本存量减少（可能是由于投资下降、资本折旧加速或自然灾害等），则会导致短期总供给曲线向左移动，反映出在相同价格水平下供给能力的下降。

自然资源的可获得性增加（如发现了新的矿藏、农业技术的进步提高了土地生产率等），会降低生产成本并可能提高生产效率，从而导致短期总供给曲线向右移动。如果自然资源变得稀缺或难以获取（如资源枯竭、环境政策限制开采等），则会增加生产成本，使短期总供给曲线向左移动。

技术进步是推动长期经济增长的关键因素，但在短期内也能显著影响供给。技术创新和知识进步可以提高生产效率、降低成本，从而使短期总供给曲线向右移动。如果技术发展放缓或出现技术倒退，则可能导致生产效率下降和成本上升，使短期总供给曲线向左移动。

如果预期未来的价格水平将上升，企业和工人可能会在当前达成较高的名义工资协议，以期在未来获得更高的实际收入。这种高工资水平会增加企业的生产成本，导致在既定价格水平下，企业愿意提供的产品和服务数量减少，从而使短期总供给曲线向左移动。相反，如果预期未来的价格水平将下降，企业和工人可能会接受较低的工资增长，这有助于降低企业成本，从而在相同价格水平下增加供给量，使短期总供给曲线向右移动①。

① 曼昆．宏观经济学［M］．张帆，梁晓钟，译．北京：中国人民大学出版社，2005.

三、模型的结构和应用

（一）模型的结构及相关分析

在得到 AD 曲线和 AS 曲线之后，将两者结合在一个坐标系中，即构成宏观经济学中的 AD-AS 模型。这一模型的几何形式如图 3-24 所示，把总需求曲线 AD、短期总供给曲线 AS（常规总供给曲线）和长期总供给曲线 LRAS 画在一幅图中，来显示宏观经济的均衡。

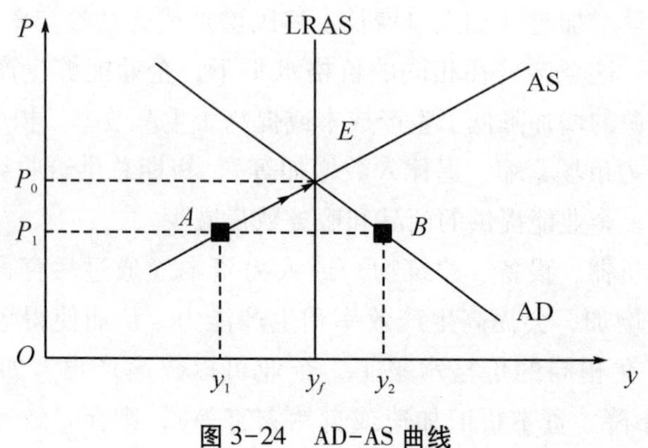

图 3-24　AD-AS 曲线

（二）经济波动的解释

有了 AD-AS 模型，就有了分析宏观经济波动所需的基本分析工具。该模型的一个重要应用是对宏观经济短期波动进行解释。

从 AD-AS 模型的理论视角来看，宏观经济短期波动有两个基本原因，即 AD 曲线移动和 AS 曲线移动。在宏观经济学中，使 AD 曲线发生移动的事件被称为需求冲击，使 AS 曲线发生移动的事件被称为供给冲击。

1. 失业

AD-AS 曲线失业的应用见图 3-25。

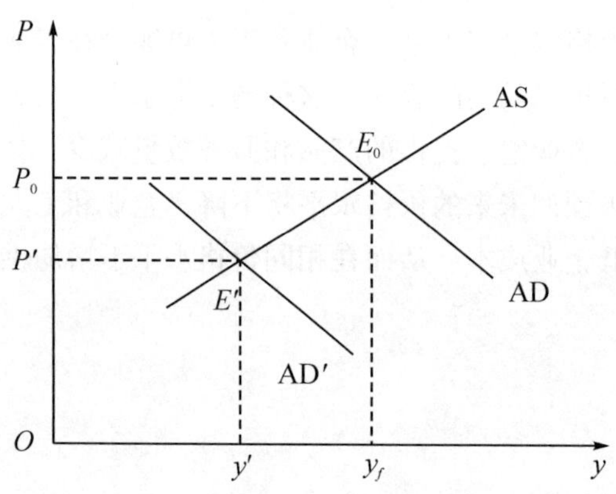

图 3-25　AD-AS 曲线失业的应用

2. 通货膨胀

AD-AS 曲线通货膨胀的应用见图 3-26。

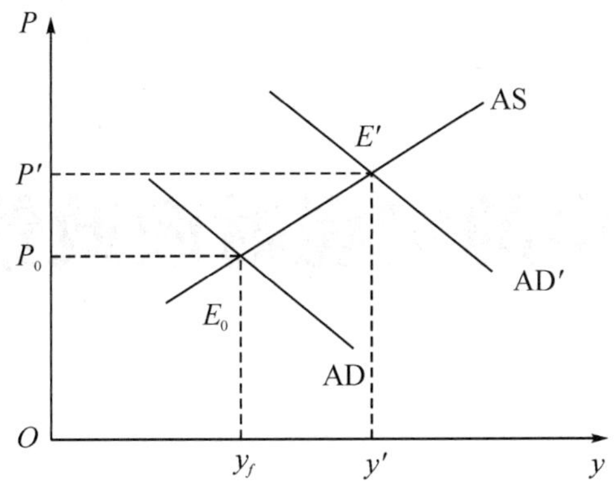

图 3-26　AD-AS 曲线通货膨胀的应用

3. 滞涨

AD-AS 曲线滞涨的应用见图 3-27。

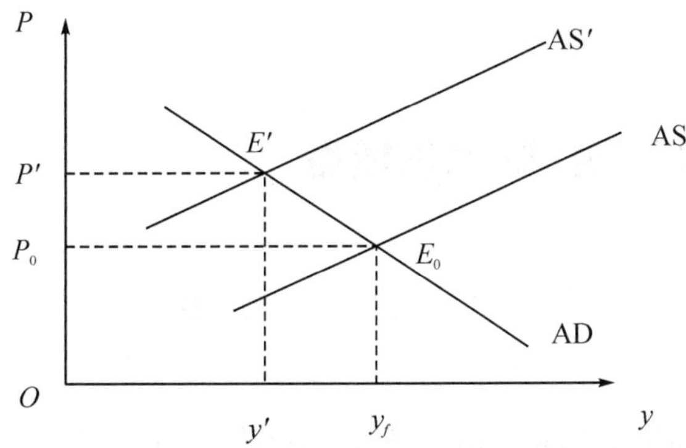

图 3-27　AD-AS 曲线滞涨的应用

第四章
开放经济中的宏观财政政策

第一节　弗莱明-蒙代尔模型

一、预备知识：汇率、净出口和资本净流出

（一）汇率

汇率是两种不同货币之间的兑换比例，它反映了一国货币相对于另一国货币的价值。汇率的变动可以受到多种因素的影响，包括经济政策、通货膨胀率、贸易平衡等。

1. 汇率的标价

汇率的标价方式主要分为两种：直接标价法和间接标价法。以下是对这两种方法的具体介绍：

（1）直接标价法。直接标价法是以一定单位的外国货币作为标准，折算成一定数额的本国货币来表示汇率。在直接标价法下，如果一单位外币折算的本国货币量减少，即汇率下降，表示外国货币贬值或本国货币升值。例如，1 单位的美元兑换 6 单位的人民币就是直接标价法。

（2）间接标价法。间接标价法是以一定单位的本国货币作为标准，折算为一定数额的外国货币来表示汇率。在间接标价法下，如果一单位本国货币折算的外国货币量减少，表示本国货币贬值或外国货币升值。例如，1 单位的人民币兑换 0.176 单位的美元就是间接标价法。

另外，还有美元标价法，其主要用于外汇市场上交易行情表。美元标价法又称纽约标价法，在美元标价法下，各国的货币都以美元为基准来衡量各国货币的价值。

2. 汇率制度

世界上的汇率制度主要有固定汇率制与浮动汇率制两种。固定汇率制是指一国货币同他国货币的汇率基本固定，其波动限于一定的幅度之内。这种汇率制度在二战后的布雷顿森林体系下广泛实行，当时西方各国按照以美元为中心的国际金融体系实施固定汇率制。然而，由于美元危机，布雷顿森林体系崩溃，西方各国相继放弃了固定汇率制而采用浮动汇率制。目前，世界上仍有 80 多个国家采用固定汇率制。浮动汇率制是指一国不规定本国货币与他国货币的官方汇率，听任汇率①由外汇市场的供求关系自发地决定。浮动汇率制又分为自由浮动与管理浮动。自由浮动是指中央银行对外汇市场不采取任何干预措施，汇率完全由外汇市场的供求力量自发地决定。管理浮动则是指实行浮动汇率制的国家，对外汇市场进行各种形式的干预活动，主要是根据外汇市场的供求情况售出或购入外汇，以通过对外汇供求的影响来影响汇率。截至 2023 年年底，有 60 多个国家采用不同程度的浮动汇率制。

3. 实际汇率

名义汇率并没有考虑到两个国家价格水平的情况，而当考虑到两国价格因素时，就涉及实际汇率这一概念。

实际汇率是两国产品的相对价格，它告诉我们能按什么比率用一国产品交换另一个国家的产品。

$$\text{实际汇率} = \frac{\text{名义汇率} \times \text{国内产品价格}}{\text{国外产品价格}} = \text{名义汇率} \times \text{物价水平比率}$$

$$\varepsilon = e \times \frac{P}{Pf}$$

其中，e 代表名义汇率，P 代表美国的价格水平（用美元衡量），Pf 代表日本的价格水平（用日元衡量），ε 代表实际汇率。

（二）净出口

开放经济体通过两种方式与其他经济体进行贸易：在世界产品市场上购买或出售产品和服务；在世界金融市场上购买或出售股票和债券等资本资产。净出口是指一国出口与进口之间的差额。根据这一定义，如果净出口为正数，即出口大于进口，则意味着一国向国外出售的产品和服务多于从其他国家购买的产品和服务，在这种情况下，该国就有贸易顺差。如果净出口为负数，即出口小于进口，则表示一国向国外出售的产品和服务少于从其他国家购买的产品和服务，在这种情况下，该国出现贸易逆差。如果净出口为零，即一个国家的出口等于进口，则可以说该国实现了贸易平衡。

一般认为，汇率和国内收入水平被认为是两个最重要的影响净出口的因素。假定

① 听任汇率是指政府不进行任何干预，完全由外汇市场的供求关系决定汇率的变动。这种汇率浮动方式被称为自由浮动（又称清洁浮动）。

实际汇率较低，在这种情况下，由于国内产品相对便宜，所以，这时外国人想购买该国的许多产品，而国内居民减少购买进口产品，这就导致该国的净出口增加；反之，若实际汇率较高，则会出现相反的情况。总之，按照本章约定的汇率标价法，一国净出口反向地依赖于实际汇率。当一国收入提高时，该国消费者用于购买本国产品和进口产品的支出都会增加。一般认为，出口不直接受一国实际收入的影响。因此，一国净出口反向地取决于一国的实际收入。

基于上述说明，在宏观经济学中，通常将净出口表示为

$$\text{NX} = \alpha - \gamma y - n\varepsilon = \alpha - \gamma y - ne \times \frac{P}{Pf} \tag{4-1}$$

公式（4-1）被称为净出口函数，其中，NX 为净出口，α、γ 和 n 均为正参数。参数 γ 被称为边际进口倾向，即净出口变动与引起这种变动的收入变动的比率。对于净出口函数公式（4-1）而言，为了强调实际汇率对净出口的影响，常将其简写为

$$\text{NX} = nx(\varepsilon) \tag{4-2}$$

公式（4-2）反映的内容可以用图 4-1 表示。

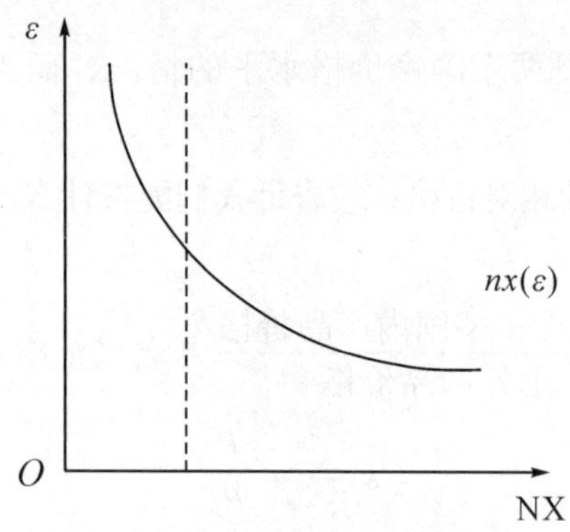

图 4-1　净出口与实际汇率

图 4-1 表示，实际汇率越低，净出口越大；反之，则越小。其中，净出口可以小于零。

西方经济学家认为，本币贬值对国际收支状况的影响时间可分为三个阶段：货币契约阶段、传导阶段和数量调整阶段。换言之，本币贬值对国际收支状况的影响存在时滞。其基本变化过程是，当一国货币贬值时，最初会使贸易收支状况进一步恶化而不是改善，只有经过一段时间后，贸易收支状况的恶化才会得到控制并趋于改善，最终使贸易收支状况得到改善。如图 4-2 所示，本币贬值对贸易平衡改善的时滞效应被称为 J 曲线效应。

在货币契约阶段，进出口货物的价格和数量不会因本币贬值而改变，以货币表示的贸易差额取决于进出口合同中使用的计价货币。如果进口合同以外币计价，出口合同以本币计价，那么本币贬值就会使贸易差额恶化。在传导阶段，由于存在各种原因，进出口商品的价格开始发生变化，但数量仍然没有大的变化，国际收支将继续恶

化。在数量调整阶段，价格和数量同时发生变化，数量的变化远远大于价格的变化，国际收支状况开始改善，最终形成顺差。

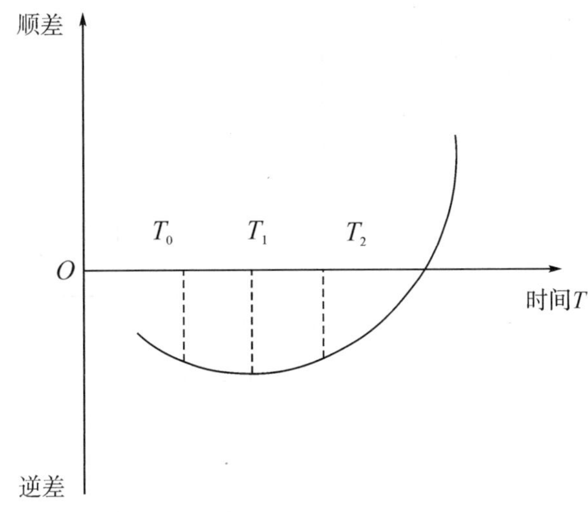

图 4-2　J 曲线效应

（三）资本净流出

资本净流出是指本国居民购买的外国资产与外国人购买的本国资产之间的差额，即

资本净流出=本国居民购买的外国资产-外国人购买的本国资产

一国和世界各国之间的资本流动一般采取两种形式：一种形式表现为一国在另一国开了一家快餐店，这被称为外国直接投资；另一种形式表现为一国公民购买了一国公司的股票，这被称为外国有价证券投资。

按照上述说明，资本净流出既可以是正的也可以是负的。当它为正时，本国居民购买的外国资产多于外国人购买的本国资产。这时可以说资本流出本国；当资本净流出为负时，本国居民购买的外国资产少于外国人购买的本国资产，这时可以说资本流入本国。

一般地，随着一国利率的上升，该国的储蓄流到国外的就会越少，而从其他国家流入的该国的资金就越多。因此，资本净流出是国内利率的减函数，如果用 CF 表示资本净流出，r 为实际利率，则把公式（4-3）称为资本净流出函数。

$$CF = \sigma(rw - r) = CF(r) \tag{4-3}$$

其中，$\sigma > 0$，为常数，反映的是国家资本流动的难易程度。

图 4-3 显示了资本净流出与实际利率之间的关系。

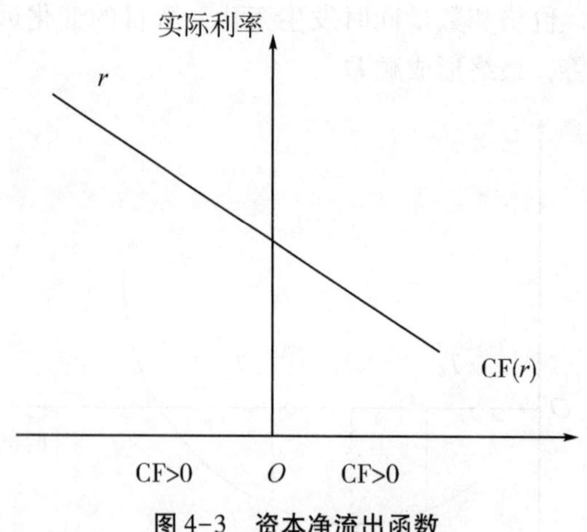

图 4-3　资本净流出函数

（四）BP 曲线

1. 国际收支平衡

我们通常把净出口和资本净流出的差额称为国际收支差额，用 BP 表示。国际收支差额是实际汇率、本国收入与利率的函数，可表示为

$$BP = NX(y,\ \varepsilon) - CF(r) \tag{4-4}$$

当一国的国家收支平衡时，国际收支差额等于 0，即 BP = 0，此时达到外部均衡状态。如果 BP>0，则是国际收支顺差或国际收支盈余；如果 BP<0，则是国际收支出现逆差或国际收支赤字。因国际收支平衡时 BP = 0，即 NX-CF = 0，即 NX = CF。

$$\alpha - \gamma y - ne \times \frac{P}{Pf} = CF = \sigma(rw - r) \tag{4-5}$$

简化可得

$$r = \frac{\gamma}{\sigma}y + rw - \frac{\alpha}{\sigma} + \frac{neP}{\sigma Pf} \tag{4-6}$$

公式（4-6）揭示了国际收支函数在国际经济体系中扮演的关键角色，它精妙地描绘了在达到国际收支平衡这一理想状态下，利率与国民收入之间错综复杂而又相互依存的关系。在此框架下，若假定其他经济变量保持不变，则可以构建一幅以纵轴表示利率水平、横轴表示国民收入规模的二维坐标图。通过此图，我们能够直观展现出一条曲线，该曲线不仅体现了不同利率水平对应下的国民收入分布情况，同时也反映了随着一国利率变动对其国际贸易及资本流动所产生的影响机制——“国际收支均衡曲线”或简称为 BP 曲线，如图 4-4 所示。

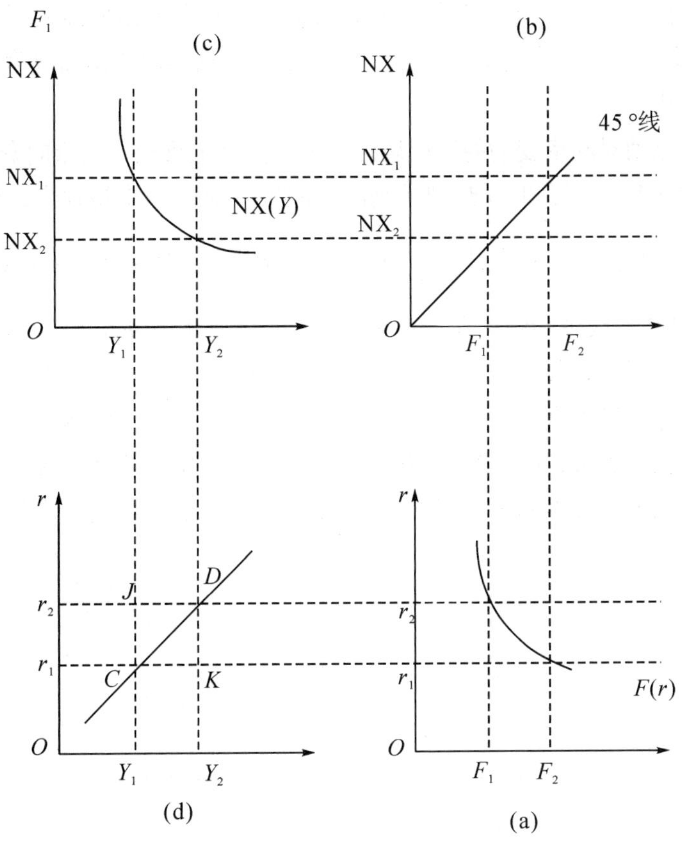

图 4-4　BP 曲线的推导

2. BP 曲线的推导

在图 4-4 中，图 4-4（a）表示资本净流出曲线，图 4-4（b）表示国际收支平衡条件，图 4-4（c）表示净出口函数曲线，图 4-4（d）表示 BP 曲线。从图 4-4 中可以看出，BP 曲线向右上方倾斜，较低的利率对应较低的收入，较高的利率对应较高的收入。其基本原因在于：收入水平上升，则进口增加，导致净出口减少，为了实现国际收支平衡，就必须提高利率，减少资本外流。因此，在 BP 曲线上，收入与利率是同方向变动的。

从 BP 曲线可以看到，BP 曲线上的各点都满足净出口等于资本净流出的国际收支平衡条件，即 BP=0，它代表对外实现了均衡。也就是说，BP 曲线上的点（如 C、D）表示在给定汇率下使国际收支平衡的利率和收入组合，即 NX=CF；位于 BP 曲线左上方各点（如 J）所描述的是净出口大于资本净流出，即 NX>CF，存在国际收支顺差（盈余）的非均衡状态；位于 BP 曲线右下方各点（如 K）所描述的都是净出口小于资本净流出，即 NX<CF，为国际收支逆差（赤字）的非均衡状态。

3. BP 曲线的斜率

从 BP 曲线的推导可知，资本净流出曲线的斜率和净出口曲线的斜率将会影响 BP 曲线的斜率。国际资本流动对利率变动的反应越敏感，小幅度的利率变动所引起的国际资本流动量越大，资本的净流出变动越大，资本流出曲线越平坦，其斜率越小。从 BP 曲线来看，其越平坦意味着斜率越小，当资本净流出曲线为水平线时，BP 曲线也是水平线。

国际资本流动对利率变动的反应敏感程度，实际上反映了国家间资本流动的难易程度。从公式（4-6）可知，r 反映的是国家间资本流动的难易程度，若 σ 越大则资本流动性越强。根据 BP 曲线斜率 $\frac{\gamma}{\sigma}$ 来分析，σ 越大，BP 曲线越平坦；σ 越小，资本流动越困难，BP 曲线越陡峭。在资本完全流动，即资本流动没有任何限制的假设下，BP 曲线就成为一条水平线，如图 4-5 所示。在图 4-5 中，在资本完全流动的假设下，国内利率等于世界利率。当国内利率高于世界利率时，资本会无限制地流入本国，出现国际收支盈余，即 BP>0；相反，当国内利率低于世界利率时，资本会无限制地外流，出现国际收支赤字，即 BP<0。而 BP 曲线上的任何一点均表示国际收支达到均衡的状态。

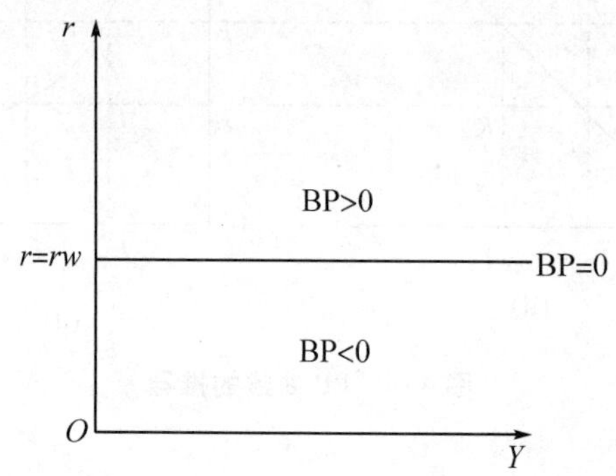

图 4-5　资本完全流动时的 BP 曲线

相反，国际资本流动对利率变动的反应越不敏感，大幅度的利率变动所引起的国际资本流动量越小，资本净流出越少，资本净流出曲线越陡峭，其斜率越大。相应地，BP 曲线越陡峭，斜率也越大。在资本完全不流动时，即当 $\sigma=0$ 时，BP 曲线成为一条垂直线，如图 4-6 所示。

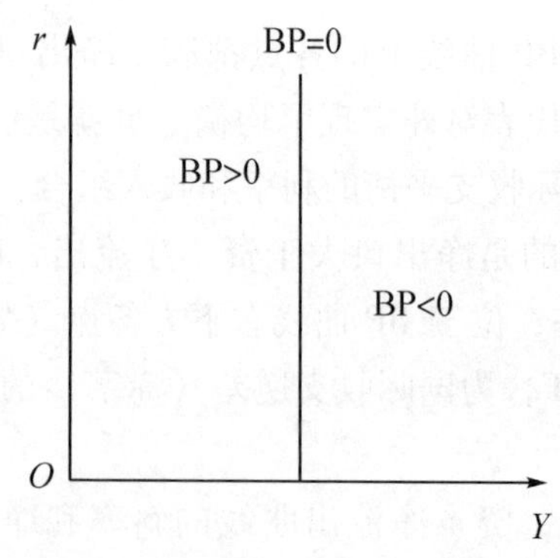

图 4-6　资本完全不流动时的 BP 曲线

如果国际资本流动对利率变动的反应具有一定敏感性，也就是说，一定幅度的利率变动会引起一定量的国际资本流动，这样就有一定幅度的资本净流出。此时，BP 曲线是一条具有正斜率的曲线，如图 4-7 所示。

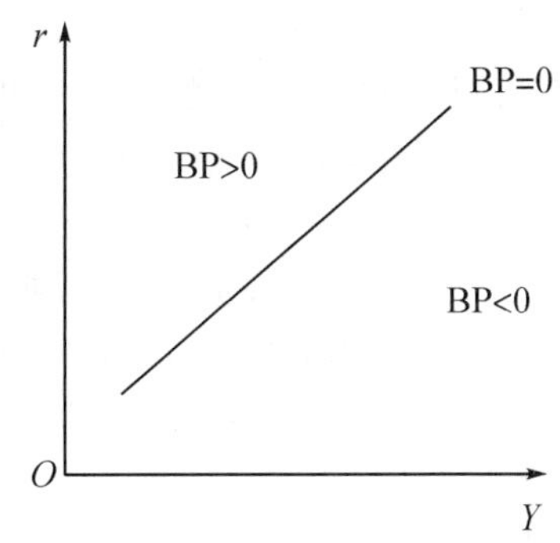

图 4-7　资本不完全流动时的 BP 曲线

4. BP 曲线的移动

BP 曲线是根据净出口函数、资本净流出函数以及净出口与资本净流出相等的原则推导出来的。因此，所有影响净出口、资本净流出变动的因素都会使 BP 曲线移动。这些因素主要包括国际收支状况、汇率变化和价格水平变动等。

例如，价格总水平的波动，其对 BP 曲线的影响机制包括：价格总水平的变动首先影响实际汇率，随后通过实际汇率的波动进而作用于 BP 曲线。假定在总产量恒定的前提下，若一国的货币供给量倍增，则该国的价格总水平亦将同步增长一倍。价格总水平的提升意味着该国货币购买力的减弱，倘若此时其他国家的价格总水平保持不变，即他国货币购买力恒定，那么本国价格总水平的上升将导致实际汇率下降（e 减小），从而引发 BP 曲线向左偏移；相反，若一国的价格总水平降低，实际汇率则会相应上升，进而促使 BP 曲线向右移动。

蒙代尔-弗莱明模型的一个核心假设在于所考察的经济为资本能够完全流动的小型开放经济。这里的“小型”指的是该经济体仅占世界市场的一小部分，因此对全球某些方面尤其是利率的影响微乎其微。而“资本完全流动”则指该国居民可以无障碍地进入世界金融市场。特别是，该国政府并不对国际借贷设限，从而确保了资本的自由流动。这一假设不仅凸显了小型开放经济体在国际金融市场中的角色，也强调了资本流动性对经济稳定与增长的重要性。

由于这样的假设，可以得到所考察的小型开放经济中的利率 r 必然等于世界利率 r_w。

小型开放经济中的居民绝不会以任何高于 r_w 的利率借贷，因为他们总可以以 r_w 的利率从国外得到贷款。同样，这个经济的居民也不必以低于 r_w 的利率放贷，因为他们总可以通过向国外借款而获得 r_w 的收益率。在一个小型开放经济中，国内利率在短时间内可能略有上升，而一旦出现这种情况，外国人就会注意到较高利率并开始向这个国家贷款（如通过购买这个国家的债券）。资本的流入使国内利率回到 r_w。同样，如果任何事件一旦开始使国内利率下降，资本就会流出该国到国外去赚取更高的收益，而这种资本流出将使国内利率回升到 r_w。因此，$r=r_w$ 代表一个假设：国际资本流动之迅速足以使国内利率等于世界利率。

二、开放经济的 IS 曲线

蒙代尔-弗莱明模型对产品市场和服务市场的描述与 IS-LM 模型大致相同，但它增加了净出口这个选项。特别是产品市场，可以表示为

$$y = c(y) + i(r) + g + nx(\epsilon) \qquad (4-7)$$

公式（4-7）表明，总收入 y 是消费 c、投资 i、政府购买 g 和净出口 nx 之和。消费正向地取决于可支配收入 y。投资反向地取决于利率 r。净出口反向地取决于汇率 ϵ。另外，蒙代尔-弗莱明模型假设国内物价水平和国外物价水平都是固定的，因此实际汇率与名义汇率是同比例的。按照上述说明和公式（4-7），可以把 $nx(\epsilon)$ 换成 $nx(e)$。

以上的产品市场均衡条件有两个金融变量（利率和汇率）影响产品和服务的产出，但这种情况可以通过使用完全资本流动的假设加以简化。令 $r=r_w$，我们得到

$$y = c(y) + i(r) + g + nx(e) \qquad (4-8)$$

我们把它称为 IS^* 方程（星号提醒我们该函数把利率保持在不变的世界利率 r_w 水平）。我们把这一方程绘制成收入产出在横轴上、汇率在纵轴上的图形（见图 4-8），这一曲线由图 4-8（c）表示。

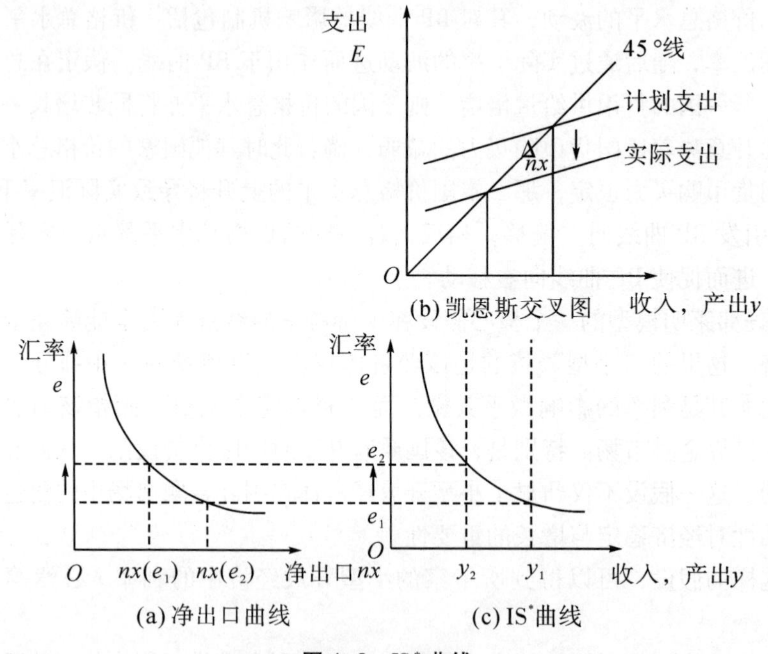

图 4-8　IS^* 曲线

IS^* 曲线向右下方倾斜，这是因为较高的汇率减少了净出口，从而减少了总收入。图 4-8（a）和图 4-8（b）把净出口曲线和简单凯恩斯收入决定图形结合在一起推导出 IS^* 曲线。在图 4-8（a）中，汇率 e_1 上升到 e_2，使净出口 nx（e_1）减少为 nx（e_2）。在图 4-8（b）中，净出口的减少使得计划支出曲线向下移动，从而使收入 y_1 减少为 y_2。IS^* 曲线概括了汇率 e 和收入 y 之间的关系。

根据图 4-8 可知，在其他因素不变时，政府购买增加，IS* 曲线向右方移动；政府购买减少，IS* 曲线向左方移动。

三、开放经济的 LM 曲线

蒙代尔-弗莱明模型用 IS-LM 模型相似的一个方程来代表货币市场：

$$\frac{M}{P}=L(r,\ y) \tag{4-9}$$

公式（4-9）说明，实际货币余额 $\frac{M}{P}$ 等于货币需求 $L(r,\ y)$。实际货币需求反向地取决于利率 r，正向地取决于收入 y。货币供给 M 是中央银行控制的外生变量，而且蒙代尔-弗莱明模型旨在分析短期波动，所以假设物价水平也是外生固定的。

之后加入国内利率等于世界利率的假设，即 $r=r_w$，则有

$$\frac{M}{P}=L(rw,\ y) \tag{4-10}$$

它被称为 LM* 方程。我们可以像图 4-8（b）那样用垂线直观地表示这个方程。LM* 之所以垂直，是因为汇率并没有进入 LM* 方程。给定世界利率，无论汇率如何，LM* 方程决定了总收入。图 4-9 显示了 LM* 曲线是如何来自世界利率和 LM 曲线的，LM 曲线把利率和收入联系起来了。

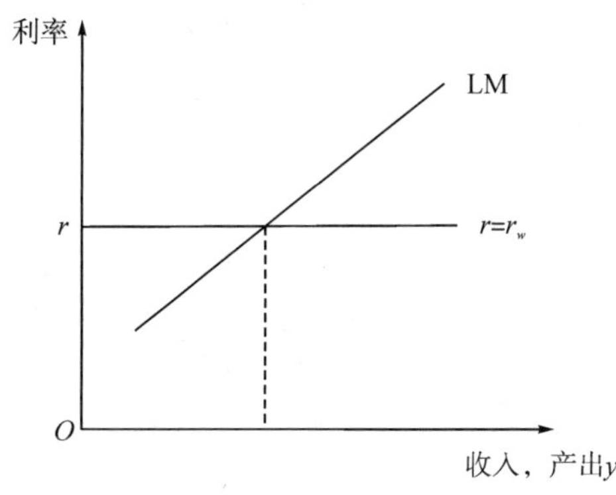

（a）LM 曲线

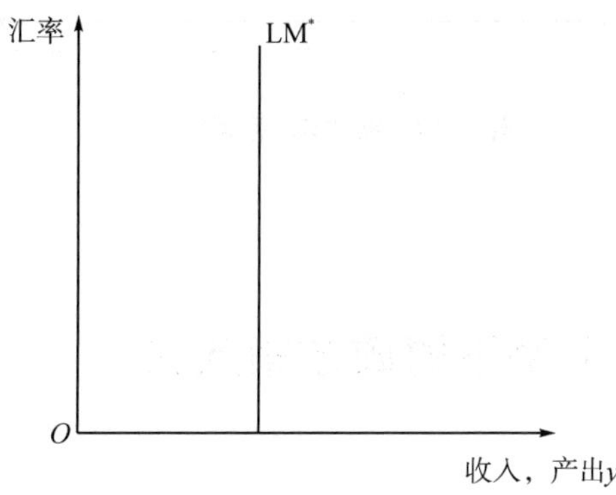

（b）LM* 曲线

图 4-9　LM* 曲线

根据图 4-9 可知，当货币供给量 M 增加时，LM^* 曲线向右移动；当货币供给量 M 减少时，LM^* 曲线向左移动。

四、蒙代尔-弗莱明模型

把前面的 IS^* 曲线和 LM^* 曲线综合在一起就形成了蒙代尔-弗莱明模型，它可以用下面两个方程来表示：

$$y = c(y) + i(r) + g + nx(e) \qquad IS^* \text{曲线}$$

$$\frac{M}{P} = L(rw,\ y) \qquad LM^* \text{曲线}$$

第一个方程描述了产品市场的均衡，第二个方程描述了货币市场的均衡。外生变量是财政变量 g、货币变量 M、物价水平 P 以及世界利率 r_w。内生变量是收入 y 和汇率 e。

图 4-10 显示了蒙代尔-弗莱明模型的图形。经济的均衡处于 IS^* 曲线和 LM^* 曲线的交点，这个交点表示产品市场与货币市场均衡时的汇率和收入水平。根据图 4-10，我们可以用蒙代尔-弗莱明模型说明收入 y 和汇率 e 会对政策变动做出什么反应。

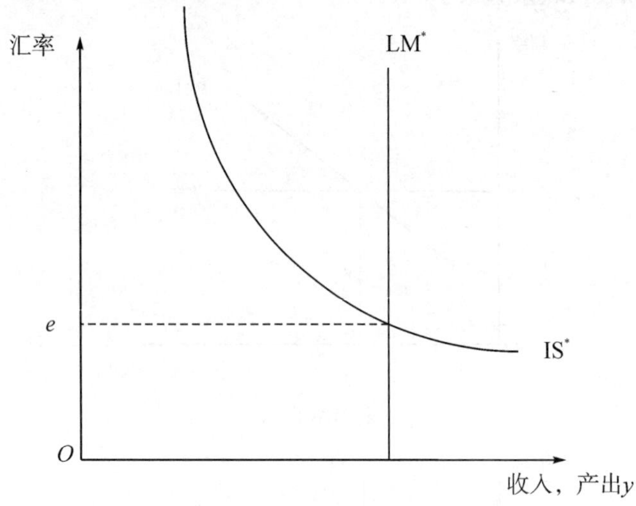

图 4-10 蒙代尔-弗莱明模型

第二节 浮动汇率下财政政策效应

在浮动汇率制下，汇率由市场供求力量决定，允许汇率对经济状况的变动做出反应，自由地变动。在这种情况下，汇率 e 调整以达到产品市场与货币市场的同时均衡。当某种力量改变均衡时，允许汇率运动到新的均衡值。浮动汇率制下的财政政策效应见图 4-11。

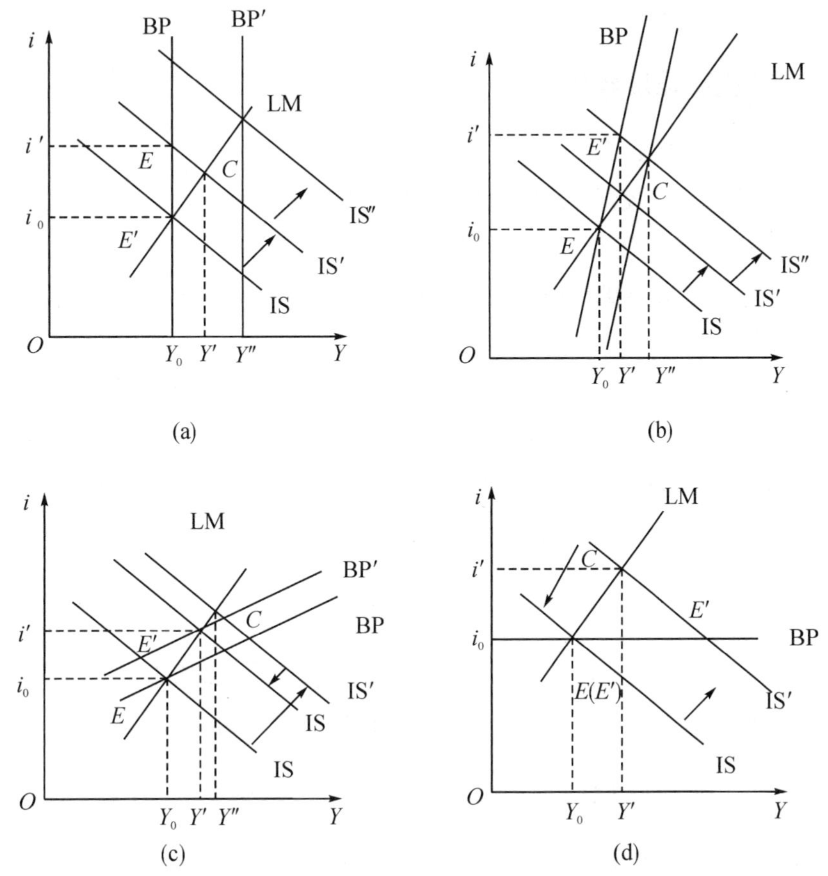

图 4-11　浮动汇率制下的财政政策效应

一、资本不流动

图 4-11（a）分析如下：

（1）资本不流动时 BP 曲线是一条垂直的线。

（2）初始的均衡点为 E。

（3）政府采取扩张性的财政政策，使得 IS 曲线向右移动到 IS′，国民收入增加为 Y'，短期内政策有效。

（4）IS′与 LM 曲线交点为 C，位于 BP 曲线的右方，意味着国际收支出现了逆差。

（5）在浮动汇率制下，国际收支逆差会导致本币贬值。

（6）本币贬值，一方面使得 BP 曲线右移，另一方面净出口增加也会使得 IS′曲线继续向右发生移动，直到三条曲线 IS″，LM 和 BP′交于 E'点，经济恢复到均衡状态。

（7）收入由 Y' 上升到 Y''。

财政政策效果说明：在浮动汇率制和资本不完全流动的情况下，扩张性财政政策对于提高居民收入是有效的。

二、资本流动程度较低

图 4-11（b）分析如下：

（1）资本流动程度较低，BP 曲线比 LM 曲线更陡峭些。

（2）初始的均衡点为 E。

（3）政府采取扩张性的财政政策，使得 IS 曲线向右移动到 IS′，国民收入增加为 Y'，短期内政策有效。

（4）IS′与 LM 曲线交点为 C 位于 BP 曲线的右方，意味着国际收支出现了逆差。

（5）在浮动汇率制下，国际收支逆差会导致本币贬值。

（6）本币贬值，一方面使得 BP 曲线右移，另一方面净出口增加也会使得 IS′曲线继续向右发生移动，直到三条曲线 IS″，LM 和 BP′交于 E' 点，经济恢复到均衡状态。

（7）收入由 Y′上升到 Y″。

财政政策效果说明：在浮动汇率制和资本流动程度较低的情况下，扩张性财政政策无论是短期还是长期，均会提高一国的均衡国民收入和利率水平。

三、资本流动程度较高

图 4-11（c）分析如下：

（1）资本流动程度较低，BP 曲线比 LM 曲线更平坦些。

（2）初始的均衡点为 E。

（3）政府采取扩张性的财政政策，使得 IS 曲线向右移动到 IS′，国民收入增加为 Y'，短期内政策有效。

（4）IS′与 LM 曲线交点为 C 位于 BP 曲线的左方，意味着国际收支出现了顺差。

（5）在浮动汇率制下，国际收支逆差会导致本币升值。

（6）本币贬值，一方面使得 BP 曲线左移，另一方面净出口减少也会使得 IS′曲线继续向左发生移动，直到三条曲线 IS″，LM 和 BP′交于 E' 点，经济重新恢复到均衡状态。

（7）收入由 Y' 减少到 Y''。

财政政策效果说明：在浮动汇率制和资本流动程度较低的情况下，扩张性财政政策无论是短期还是长期，均会提高一国的均衡国民收入和利率水平，但效果不明显。

四、资本完全自由流动

图 4-11（d）分析如下：

（1）资本完全自由流动，BP 曲线是一条水平线。

（2）初始均衡点为 E。

（3）政府采用扩张性财政政策，导致 IS 曲线右移到 IS′与 LM 相交于 C，国民收入增加到 Y'；需求扩张，产量提高，对货币需求也因此增加，并导致利率上升。

（4）国内利率上升造成资本大量流入国内，从而国际收支出现巨额顺差。

（5）在浮动汇率制下，国际收支顺差会导致本币升值。

（6）本币升值使得本国出口受到抑制、进口增加，由此导致的净出口减少将使得 IS′向左回移，直到净进口的增加抵消国际收支顺差为止。

（7）收入从 Y'回到 Y_0，恢复到原来的水平，新的均衡点 E'与 E 重合。

注意：实际上，由于汇率的自由浮动机制会对扩张性财政政策产生一个完全的挤出效应，IS 曲线可能根本就不会向右移动，从而致使财政政策完全达不到降低失业、提高收入水平的目的。

财政政策效果说明：在浮动汇率制和资本完全自由流动的情况下，扩张性财政政策因完全的挤出效应而失效①。

五、蒙代尔-弗莱明模型的财政政策效应

假定政府通过增加政府购买或减税刺激国内支出。由于这种扩张性财政政策增加了计划支出，它使 IS* 曲线向右移动，如图 4-12 所示。结果，汇率上升了，而收入水平保持不变。

政府购买的增加或税收的减少使 IS* 曲线向右移动，从而提高了汇率，但对收入没有影响。

要注意的是，财政政策在小型开放经济中与封闭经济中具有不同的影响。在封闭的 IS-LM 模型中，财政扩张增加了收入；而在浮动汇率的小型开放经济中，财政扩张使收入保持在同一水平。这种不同在机制上是因为 LM* 是垂直的，而我们用来研究封闭经济的 LM 曲线是向上倾斜的。

① 章和杰，陈威吏. 扩张财政政策对内外均衡的影响分析：基于篮子货币汇率制度下的蒙代尔—弗莱明模型［J］. 统计研究，2008（10）：26-33.

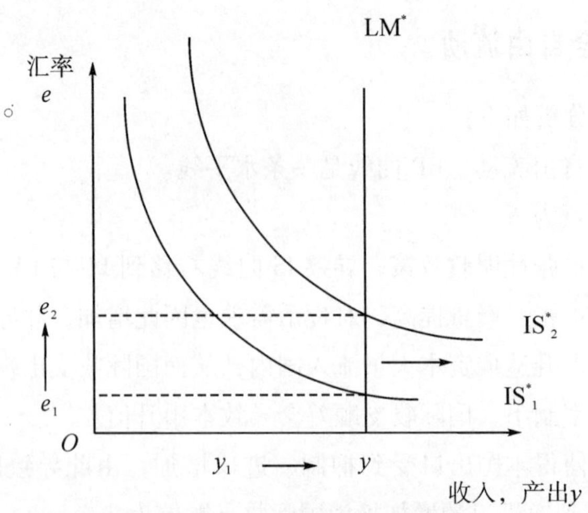

图 4-12　浮动汇率制下的财政扩张

利率和汇率是其中的关键变量。在一个封闭的经济体系中，当国民收入水平提升之际，货币需求随之增长，进而导致利率上扬。然而，在小型开放经济体中，此等现象难以持续：一旦国内利率超越全球基准利率，境外资本便会迅速涌入，以期获取更高收益。此资本流入不仅促使利率回落至世界利率水平，更引发另一连锁反应：为投资于本国市场，外国投资者需购入本币，从而在外汇市场上推高了对本币的需求，并提升了其价值。在一个封闭经济中，当收入增加时，利率上升，因为更高的收入增加了对货币的需求。

考虑描述货币市场的方程为

$$\frac{M}{P} = L(r, \ y) \tag{4-11}$$

在封闭经济和开放经济中，实际货币余额 M/P 被中央银行固定（央行确定 M）并存在黏性价格的假设（从而使价格水平 P 固定）。需求量（由 r 与 y 决定）一定会等于这个固定的供给。在一个封闭的经济体系内，财政扩张将导致均衡利率上升。而利率的升高一方面减少了货币的实际需求量，另一方面却通过刺激经济增长提高了国民收入，进而增加了对货币的需求。这种双向调节机制使得系统能够重新达到平衡状态。相比之下，在小型开放经济体中，由于国际资本流动的作用，国内利率 r 被锁定在世界利率 r_w 水平上不变。这意味着，只有一个特定的国民收入水平能够满足上述条件，即无论财政政策如何调整，该收入水平都将保持稳定。因此，当政府采取增加支出或减税等措施试图促进经济发展时，随之而来的汇率升值及净出口减少将足以完全抵消这些政策对于提高国民收入的效果。这反映了在全球化背景下，即便是最强有力的国内政策也可能受到外部市场力量的有效制约。

第三节　固定汇率下财政政策效应

在固定汇率制下，一国中央银行宣布一个汇率值，并随时准备卖本币以便将汇率保持在所宣布的水平上。固定汇率制下的财政政策效应见图 4-13。

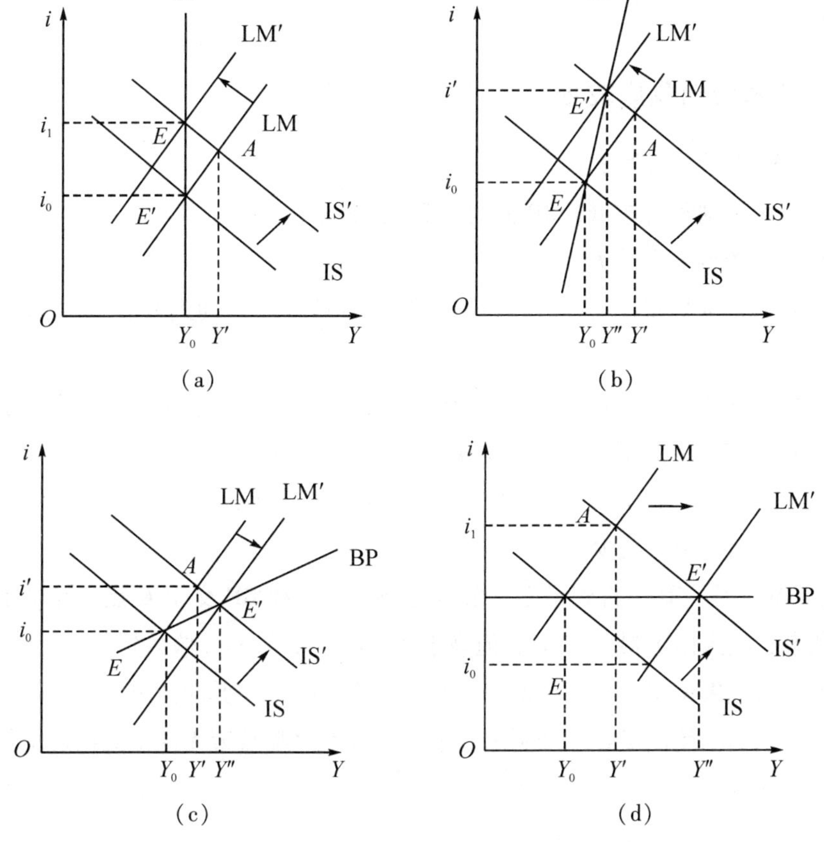

图 4-13　固定汇率制下的财政政策效应

一、资本不流动

图 4-13（a）分析如下：

（1）资本不流动时，BP 曲线是一条垂直的线。

（2）初始的均衡点为 E。

（3）政府采取扩张性的财政政策，使得 IS 曲线向右移动到 IS′，国民收入增加为 Y'，短期内政策有效。

（4）IS′与 LM 曲线交点为 C 位于 BP 曲线的右方，意味着国际收支出现了逆差。

（5）在固定汇率制下，国际收支逆差会面临本币贬值压力。

（6）本国货币当局为维持汇率不变，需在外汇市场进行干预，抛出外汇，回购本币，导致本国货币量减少。

（7）LM 曲线左移，直到最终三条曲线 IS′，LM′和 BP 交于 E'点，经济重新恢复到均衡状态。收入由 Y'减少到 Y_0，回到原来的水平。

财政政策效果说明：在固定汇率制和资本不完全流动的情况下，扩张性财政政策在短期内会提高一国居民的国民收入，而在长期内则对国民收入没有影响，只会使均衡利率提高。

二、资本流动程度较低

图 4-13（b）分析如下：

（1）资本流动程度较低，BP 曲线比 LM 曲线更陡峭些。

（2）初始的均衡点为 E。

（3）政府采取扩张性的财政政策，使得 IS 曲线向右移动到 IS′，国民收入增加为 Y'，短期内政策有效。

（4）IS′与 LM 曲线交点为 C 位于 BP 曲线的右方，意味着国际收支出现了逆差。

（5）在固定汇率制下，国际收支逆差会面临本币贬值压力。

（6）本国货币当局为维持汇率不变，需在外汇市场进行干预，抛出外汇，回购本币，导致本国货币量减少。

（7）LM 曲线左移，直到最终三条曲线 IS′，LM′和 BP 交于 E'点，经济重新恢复到均衡状态；收入由 Y'减少到 Y''，但高于初始收入水平 Y_0，收入增加。

财政政策效果说明：在固定汇率制和资本流动程度较低的情况下，扩张性财政政策会提高一国的均衡国民收入和利率水平。扩张性财政政策无论是短期还是长期，对提高国民收入均有效。

三、资本流动程度较高

图 4-13（c）分析如下：

（1）资本流动程度较低，BP 曲线比 LM 曲线更平坦些。

（2）初始的均衡点为 E。

（3）政府采取扩张性的财政政策，使得 IS 曲线向右移动到 IS′，国民收入增加为 Y'，短期内政策有效。

（4）IS′与 LM 曲线交点为 C 位于 BP 曲线的左方，意味着国际收支出现了顺差。

（5）在固定汇率制下，国际收支逆差会面临本币升值压力。

（6）本国货币当局为维持汇率不变，需在外汇市场进行干预，抛出本币，回购外汇，导致本国货币量增加。

（7）LM 曲线右移，直到最终三条曲线 IS′，LM′和 BP 交于 E'点，经济重新恢复到均衡状态；收入进一步由 Y'增加到 Y''。

财政政策效果说明：在固定汇率制和资本流动程度较低的情况下，扩张性财政政策会提高一国的均衡国民收入和利率水平。扩张性财政政策无论是短期还是长期，对提高国民收入均有效。

四、资本完全自由流动

图 4-13（d）分析如下：

（1）资本完全自由流动，BP 曲线是一条水平线。

（2）初始均衡点为 E。

（3）政府采用扩张性财政政策，导致 IS 曲线右移到 IS′，国民收入增加到 Y'，政策短期有效。

（4）在货币供给不变的情况下，IS′与 LM 曲线的交点 A 所对应的利率高于国际均衡水平 i_0，会吸引大量国际资本流入本国，从而造成巨额国际收支顺差，本币面临升值压力。

（5）为保持固定汇率，中央银行必须在外汇市场上买进外汇，抛出本币，本国货币供应量增加。

（6）LM 曲线发生右移，这一过程将一直持续到经济达到新的均衡点 E'点，使利率恢复到原来的水平，国际收支恢复平衡；收入进一步从 Y'增加到 Y''，且利率从 i'回到原来 i_0水平。

财政政策效果说明：在固定汇率制和资本完全自由流动的情况下，扩张性财政政策会明显提高一国的均衡国民收入，此时的财政政策完全没有挤出效应。

五、蒙代尔-弗莱明模型

考虑财政政策影响固定汇率制下的小型开放经济。假设政府采取扩张性的财政政策，这种情况下 IS^* 曲线向右移动，如图 4-14 所示，对汇率产生了向上的压力，但是根据对固定汇率制的要求，汇率要固定在一定水平上不会发生变动，所以中央银行会采取相应措施，按照固定汇率进行外国与本国通货的交换，套利者对汇率上升做出的反应是把外汇卖给中央银行，这就自动引起货币扩张。货币供给的增加使 LM^* 线向右移动，因此在固定汇率制下财政扩张使得收入增加。

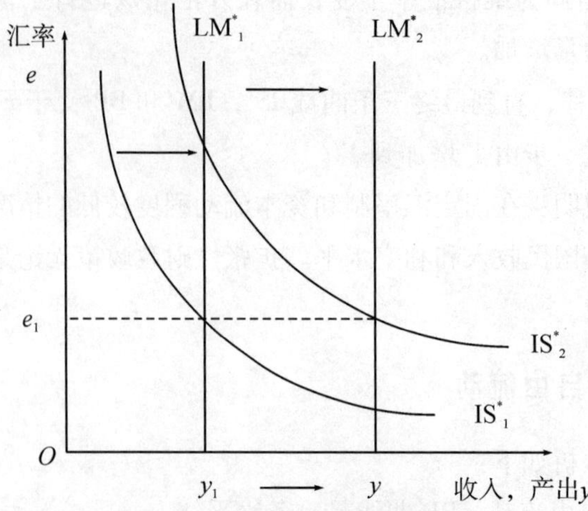

图 4-14　固定汇率制下的财政扩张

第五章
欧美国家的财政政策实践

第一节　二战后美国的财政政策实践

20 世纪 30 年代至 70 年代，为了治理“经济过剩”，凯恩斯主义的国家干预理论和经济政策大行其道。到了 70 年代，“滞胀”问题出现，凯恩斯主义无力应对，遭到了沉重打击，新自由主义卷土重来，重新占据了“官方经济学”宝座；但到了 90 年代初，凯恩斯主义又显露出复兴的迹象。这一时期，自由主义与国家干预主义兴衰交替，“是否要加强国家对经济生活的干预”成为双方分歧的焦点，财政政策的运用力度成为辨别政府奉行哪种主义的试金石，相应的财政政策实践就是其具体表现。

二战之前，为了克服危机、减少失业，罗斯福颁布了一系列政府法令和政策措施，被称为“罗斯福新政”。“罗斯福新政”的持续时间为 1933—1938 年，为了摆脱严重的经济危机，美国政府提出了“3R”措施，即复兴（reform）、救济（relief）和改革（reform），以此为核心，先后通过了整顿财政金融、调节工农业生产、实行社会救济等上百个调节经济的政策法令，揭开了美国政府常态化干预宏观经济和市场运行态势的序幕。

罗斯福总统对凯恩斯主义财政理论与政策的接受和采纳，更多是现实所迫，是为了应对美国出现的经济危机。现实中，美国政府财政政策理念的转变对经济具有重要影响，如 1936 年和 1937 年，联邦政府支出减少，经济就急剧滑坡；1938 年，联邦政府扩大政府支出，经济很快就出现了回升。在“罗斯福新政”中，美国政府首次采取广泛的“直接干预”政策来治理经济危机，“罗斯福新政”与《就业、利息与货币通论》结合，在美国以及其他主要资本主义国家形成了一种新的政策体系，为资本主义国家治理经济问题提供了丰富的理论和实践依据。

二战后，实际情况与经济问题日益复杂，美国政府的财政政策也随之不断发展。

一、凯恩斯主义的补偿性财政政策

随着二战的爆发，由于军火生产和大量出口贸易，美国迎来了短暂的繁荣和充分就业。但随着战争的结束，战争动员对经济一时的刺激作用消失，美国无法继续享受战争红利，同时还面临着物价上涨和通货膨胀等问题，而萧条时期实行的财政赤字政策对于通货膨胀又起到了推波助澜的作用。在这种情况下，凯恩斯主义旨在解决失业与危机问题的财政政策失效，简单的财政赤字政策已经不再适用。

面对这种情形，美国学者汉森提出了所谓的“补偿性”财政政策，即根据经济周期的变化，有意识地扩大或紧缩财政支出，从而达到熨平经济波动、实现经济稳定的目标。

汉森的“补偿性”财政政策其实质是根据宏观经济的一盛一衰，交替使用紧缩或扩大的财政政策。在杜鲁门与艾森豪威尔总统任职期间，这一政策方案成为美国政府对宏观经济运行进行调节的主要政策依据。

（一）杜鲁门的“公平施政”

1945 年，杜鲁门继任美国总统。

日本签署投降书后不久，杜鲁门向国会发表了第一份战后咨文，即杜鲁门的“公平施政”纲领。

1.“21 点战后复兴计划”

在咨文中，杜鲁门提出了“21 点战后复兴计划”，主要涉及士兵复员、失业津贴、提高最低薪资、清理战时工厂、限制物价、制止通货膨胀、设立永久性的公平就业委员会等。提出“21 点战后复兴计划”后，杜鲁门又陆续抛出了一系列计划，包括健康保险、扩大社会保障、政府支持科研和教育、公共住房等方面。杜鲁门提出的这些计划具有进步主义特征，因而计划的推行受到了阻碍，很多都没有被国会通过，但他依然获得了高度赞扬。

2. 政府支出

1946 年 2 月，杜鲁门签署了《就业法》。该法案规定，由参众两院成立一个联合委员会，以便向总统和国会提供有关就业的建议和报告。它并没有提供一个充分就业的固定办法，只是明确规定了联邦政府有责任运用它所拥有的一切手段干预经济，从而最大限度地保证就业及经济的增长与稳定，而杜鲁门提出的很多意见都没有被采纳。

1946 年年初，杜鲁门向国会提出了一个紧急住房计划，该计划主要有 5 个方面的内容：①要求政府限制房价；②10 年内，政府必须建造 1 500 万套住房；③政府拨款 4 亿美元资金，专项用于建筑材料的生产，并在接下来的两年内，为退伍军人建造共计 270 万套住房；④政府必须提高私人投资建房的贷款保证；⑤政府帮助清理贫民窟，为低收入者提供廉价住房，并向他们提供建房贷款。但是，国会只通过了后 3 个方面的内容。

杜鲁门坚决执行罗斯福提出的医疗计划，1947 年 5 月，他将一份关于医疗保健方案的咨文提交给国会，但并没有被通过。直到 20 年后，这项计划才被通过。

3. 工资-物价管制

政府放开对物价、工资等的管制后，物价迅猛上涨。1946 年 7 月，国会通过了将物价管制法延长 1 年的新法案，但该法案没有发挥丝毫作用，物价依然持续上涨。同年 11 月，杜鲁门宣布取消对物价的特种管制①。

（二）艾森豪威尔的“现代共和主义”

1953 年，艾森豪威尔继任总统，任内提出了“现代共和主义”。

艾森豪威尔的“现代共和主义”介于“新政式”的政府干预和传统的自由放任主义，政府干预和自由放任兼而有之，互为补充，一方面承袭了传统共和党政府不干预经济的思想，反对政府的强力干预、缩减政府开支、缩小政府的活动规模；另一方面又继承了罗斯福新政以来民主党政府所实行的一些政策，甚至在原有政策的基础上进一步扩大了政策效应。

实际上，艾森豪威尔最初的思想接近于传统共和党人的思想，他非常注重自由、竞争和企业的作用，赞美节俭、勤劳和企业家，反对强大的政府以及政府对私人企业的干预。他支持企业家自由地谋求私利，与美国企业家的利益相切合。但在现实的影响下，他并不能将美国拉回到“自由状态”，现实的不可逆转性使他只能采取现实主义态度。他既没有大幅度的右转，也无法与罗斯福新政决裂，最终走了一条“中间道路”。

艾森豪威尔声称自己奉行现代共和主义，可以说这是共和党人在了解现实后不得已的一种选择和调整，是对国家干预问题的一种折中态度，体现在他既坚守着健全财政、稳定美元以及小政府的保守主义立场，同时也认可自由主义的原则②。

1. 政府支出

艾森豪威尔政府的经济政策主张缩减政府开支、平衡预算、盈余减税、降低国债和缩小政府在经济活动中的作用。

但在政府支出问题上，由于冷战、军备竞赛、政府承担的科技进步的责任和公共开支等因素，财政预算支出连年上涨。在 1956—1957 年财政年度联邦预算中，艾森豪威尔要求增加 16 亿美元的开支，其中 9 亿美元用于国家安全项目，4.8 亿美元用于医学研究、医疗再保险、公路建筑和公立学校拨款。他大幅度扩大预算的要求也引起了共和党保守派的强烈不满。艾森豪威尔政府在政府开支上的政策是波动的，其在 1955—1956 年财政年度以后连续几年实行凯恩斯主义的赤字政策，扩大政府开支；

---

① 苏妍，胡高昂. 罗斯福 杜鲁门［M］. 沈阳：沈阳出版社，2016.

② 韩铁. 艾森豪威尔的现代共和党主义［M］. 湖北：武汉大学出版社，1984.

而在1959年以后又企图强行平衡预算，结果促成了1960年的经济危机；在1960—1961年财政年度并没有实现收支平衡，政府开支直线上升。

对于动力和自然资源问题，艾森豪威尔政府提出了“合伙”的新政策，在兴办电力事业上，让地方政府承担主要责任，削弱了联邦政府的力量。例如，艾森豪威尔反对联邦政府在赫尔峡谷建造和经营水坝与电站的法案，却授权联邦动力委员会，以该委员会的名义向一家私营企业颁发了建设许可证；他拒绝田纳西河流域管理局修建新火力发电厂的拨款申请，却允许私企承担这一工程；等等。而对于一些耗资巨大、利润回收低且回收期长、风险大的事业，则由联邦政府承担。例如，在1955年国情咨文中，艾森豪威尔提出科罗拉多河贮水工程所需的高额投资由联邦政府承担。

在公共工程方面，1956年联邦援助公路法计划修筑一个42 500英里（1英里=1.61千米，下同）的超级公路网，把所有大城市都联结起来，其经费的90%由联邦政府承担。

在债务问题上，艾森豪威尔政府虽然企图将国债维持在2 750亿美元的法定限额下，但最终并没有实现，于是放弃了这一健全财政的保守主义目标，于1958年、1959年多次要求国会提高国债限额。20世纪50年代信贷市场利率上涨，使国债负担进一步加重。杜鲁门时期国债平均利息为2.48%，到艾森豪威尔任期结束时上升到3.12%。

艾森豪威尔执政期间，政府财政支出、债务和赤字依然呈扩大趋势。

2. 税收政策

在税收政策上，艾森豪威尔政府反对赤字减税，但1953年经济危机的迹象显露时，其又同意1954年减税，强调减税对投资的刺激作用。一方面，艾森豪威尔政府同意个人所得税和公司超额利润税降低税率，在1954年国内税务法中认可加速折旧；另一方面，艾森豪威尔政府又拒绝对个人所得税实行定额免税。1955年，美国国会通过法案，将应于当年实行的消费税和公司税税率下降延期一年生效；1956—1959年则继续推迟生效期，仅于1959年取消了征收3%货运税的规定。

3. 社会福利及其他政策

在社会福利政策方面，艾森豪威尔在1954年使国会通过了一系列立法举措，将数百万过去未享受保险待遇的人群纳入老年和遗嘱保险计划，提高了保险津贴的额度，并扩大了失业保险的覆盖范围。同时，国会还通过了旨在帮助残疾者重新获得工作能力的法案。在艾森豪威尔总统的任期内，联邦政府显著增加了在公共卫生、医学研究、医院建设及相关项目上的投入，并逐步提升了最低工资标准。1957年，《国防教育法》通过，使联邦在教育方面承担了更大的责任，总体上扩大了政府对社会福利领域的干预。但在社会福利问题上，艾森豪威尔政府倾向于弱化联邦政府的责任，强调由州、地方政府甚至私人机构承担更大的比例。艾森豪威尔任职期间，联邦政府在老年和遗嘱保险、失业保险和退伍军人津贴方面的支出与罗斯福新政时期大致相当。

在劳工政策方面，艾森豪威尔政府修改了《塔夫脱-哈特莱法》，主张取消禁止工人进行支援性抵制的条款。但在艾森豪威尔执政期间，他七次援引《塔夫脱-哈特莱法》，还在1959年支持国会通过《劳资管理报告与揭露法》，即《兰德勒姆-格里芬法》，规定国家对工会的财政进行控制，责成工会每年向国家机关呈送财务报告和工会积累资金数量报告，对征收会费的手续、开除出工会的合法性做了规定。

在农业政策方面，艾森豪威尔政府则继续实行农产品价格支持政策，同时又逐步降低平价比率，使固定平价变为灵活平价。1954年，国会通过了《农业法》，规定1955年主要农产品的价格支持维持在保证82.5%~90%的平价，下一年度则降到75%~90%；1956年的《农业法》规定，到1961—1962年，大部分主要农产品价格支持降低到65%的最低水平，实际上扩大了政府对农业领域的干预。

4. 所有制

对于国家资本主义所有制问题，艾森豪威尔政府也实行了折中性的政策。在国营企业问题上，它继续杜鲁门政府在二战后开始的廉价出售国家财产和国营企业的方针，大规模将二战时激增的国有资产廉价卖给私人垄断组织；1956—1957年，它还出售了许多有色冶金工厂和炼钢工厂，复兴金融公司也被关闭[①]。

杜鲁门和艾森豪威尔两位总统执政期间，美国共发生过三次经济衰退，政府针对经济周期的变化灵活采用了松、紧交替的财政政策，在整个经济周期内追求收支平衡，使经济并未出现大的波动，既没有过分繁荣，也没有严重过剩。

这一时期的补偿性财政政策虽然在失业与经济周期性波动问题上取得了明显成效，但代价是经济增长的缓慢。因此，美国凯恩斯主义研究者对“补偿性”财政政策进行反思，又重新将经济增长摆在突出位置。

二、凯恩斯主义的增长性财政政策

为了应对补偿性财政政策所产生的负面作用，美国经济学家海勒与托宾提出了增长性财政政策，其核心内容在于采用预算赤字政策以刺激经济增长。他们认为，要提升经济增长率和达成充分就业的目标，政府需要实施一项长期赤字财政政策，该政策旨在实现3.5%以上的经济增长率和将失业率控制在4%以下。海勒特别强调了减税的重要性，他主张采用减税性的赤字政策来替代补偿性财政政策，通过减轻税收负担来激发投资活力；同时，他也主张利用工资-物价指导线来抑制通货膨胀。

（一）肯尼迪的“新边疆”政策

1961年，肯尼迪继任总统。肯尼迪是美国第一位旗帜鲜明地表明支持凯恩斯主义的总统，反过来又对凯恩斯主义的传播起到了重要的推动作用。肯尼迪支持的财政政策基本倾向于增长性财政政策，在他执政期间，美国政府的财政政策就是为在经济正常时期仍然实行财政赤字政策而正名的努力过程。

---

① 罗永宽. 艾森豪威尔传［M］. 武汉：湖北辞书出版社，1998.

肯尼迪政府实行的是“新边疆”政策，即大规模减税来刺激经济发展，增加企业、居民收入以促进更多消费和投资；增加失业津贴和社会保险金，提高最低工资标准等，这些政策主张主要体现在反衰退计划中。

1961 年 2 月，肯尼迪呈送的经济咨文提出了 7 项法案，即著名的“反衰退计划”：①对失业者增加 13 个星期的临时补助；②重新开发贫困地区；③将失业工人的子女纳入救济金发放范围；④提高社会保险金给付额度，并激励民众提前退休；⑤上调最低工资标准，并扩大其适用范围；⑥为种植谷物的农民提供紧急援助；⑦拨付资金用于新建住宅及清除贫民窟项目。肯尼迪希望能够使经济得以恢复，保护美元，改进国家管理，使防务手段多样化，提出了粮食用于和平计划。可以说，这是 1961 年肯尼迪在经济方面取得的最大成绩①。

1. 政府支出

在国民经济建设方面，肯尼迪投入了大量资金。为了刺激经济，联邦机构提前发放了 10 亿美元作为州建公路补助经费；提高农产品价格补贴且予以提前支付；加速发放应予退还的税款；降低住房贷款利率；扩大信贷和放宽贷款的范围；加速分发军人的人寿保险分红；扩大剩余粮食分配；施行食品券计划，扩大美国就业局的服务范围；鼓励联邦储备委员会购买政府债券，从而维持长期的低利率。

到 1961 年年底，肯尼迪的反衰退计划使美国经济走出了低谷。

2. 税收政策

二战后，美国实行了六轮大规模减税，首当其冲的便是成功刺激宏观增长的肯尼迪-约翰逊政府减税，或者说是以减税为核心的赤字财政政策。

肯尼迪政府于 1962 年 7 月通过了《折旧改革法案》，10 月通过了《收入法案》，提出的“加速折旧法”“延期纳税法”“投资税优惠法”得到了国会的支持，产生了明显成效。政府对新投资提供了 7%的投资税优惠，提高了企业固定资产的加速折旧率，制造业资产的平均折旧年限由 19 年降低到 12 年，对投资设备进行 7%的税收抵免，对公共事业产权进行 3%的税收抵免，对工业部门减税 25 亿美元，公司所得税从 30%~50%降低到 22%~50%。

1963 年 1 月，肯尼迪政府正式向国会提交了一项长期减税法案的提案，并在特别咨文中呼吁进行 133 亿美元的减税措施以及税制改革，建议 1964 年将税率从 20%~91%降为 14%~70%，并重申减税的目的不仅在于应对衰退，更在于治理一直困扰的经济增长缓慢和高失业问题；8 月 12 日，肯尼迪政府向国会建议，在两年内减税 160 亿美元，公司利得税减 20 亿美元，个人所得税减 80 亿美元。同年 11 月，肯尼迪遇刺，但肯尼迪政府的减税法案由约翰逊继任总统后于 1964 年被国会通过，并加以修订。

① 施莱辛格. 一千天：约翰·菲·肯尼迪在白宫［M］. 仲宜，译. 北京：三联书店，1981.

3. 稳定物价

稳定物价是肯尼迪政府的基本目标之一。1962 年 1 月，总统经济顾问委员会宣布了工资-物价指标，对于允许劳资双方自主决定工资与物价的行业部门，应以生产率的增长作为衡量基准。具体而言，工资的增长幅度应受限于生产率的增长情况，而物价的涨跌同样需要以生产率的增长为依据进行调整①。

（二）约翰逊的“伟大社会”

1963 年，约翰逊继任总统。约翰逊是在飞机上宣誓就任的，他保证会继续推行前任总统肯尼迪的“新边疆政策”，希望建立一个“伟大社会”。他将“伟大社会”描绘为以人人富足和自由为基础、结束了贫困和种族歧视的社会。“伟大社会”的口号包括：向贫困开战、保障公民权利、完善法则、实施医疗保险和医疗补贴、加强环境保护和保护消费者利益。

1. 向贫困开战

向贫困开战是“伟大社会”的重要组成部分。

对于贫困问题，约翰逊政府推动国会通过了 1964 年的《经济机会法》，该法会规定成立职业训练队，在资源保护营地与市区训练青年人；执行社区行动计划，组织贫苦青年参加贫困地区的集体性工程；为已就业工人提供职业训练和其他技术训练；执行企业界工作机会计划，政府向私营企业拨款，给予失业者职业培训并帮助其寻找就业机会；设立国内和平队，与州和地方当局配合反贫困。这些措施在一定程度上有助于解决传统性失业、结构性失业及现代化所需的技术人才。

2. 税收政策

在税收问题上，约翰逊政府重新调整了征收所得税的幅度：1964 年 2 月通过了《税收法案》，将原来最低收入阶层（单身 5 000 美元以下）应交所得税的 20%改为 16%（1965 年为 14%），最高收入阶层（单身 20 万美元以上）应交所得税的 90%改为 77%（1965 年为 70%）；个人所得税减少了 3.91 亿美元，公司所得税减少了 24 亿美元；1968 年 6 月，又改行增征个人所得税和公司所得税 10%，并增加社会保障税款。

3. 社会福利

在社会福利方面，约翰逊政府出台了许多政策，包括以下 4 个方面：

（1）通过老年人医疗健康保险法案。1965 年 7 月，国会通过了《医疗保险法案》，其中，对于 65 岁及以上的老年人，均能够享受 90 天的住院服务和 100 天的出院外护理，这期间的费用由国家总收入及社会保险金提供；凡每月交 3 美元保险金的人，医疗费用可按标准减少 50 美元，并代付其他保险费用的 80%；等等。约翰逊任期先后通过的医疗法案共 40 多个。

（2）改变处理剩余农产品的方法，用于社会福利事业，包括实行补助小学食堂

---

① 孙恒，刘珍丽. 艾森豪威尔 肯尼迪［M］. 沈阳：沈阳出版社，2016.

供应廉价午餐计划，出售食物券，廉价供应食物。

（3）通过一系列教育法案。这项措施可以视为“伟大社会”计划的关键。约翰逊任职期间通过了40多个教育立法，包括美国历史上第一个由联邦政府向中小学普遍实行援助的教育法——1965年4月11日的《普通教育法》。该法案规定，由联邦政府拨付13亿美元用以支持有低收入家庭儿童的学校，且援助对象囊括了公立学校和私立学校。在整个20世纪60年代，政府向各类院校拨付了大量补助款，教育经费支出大幅度提高。

（4）改善和发展城镇居民住宅。1965年9月，约翰逊政府成立了住房和城市发展部。1965年8月，约翰逊政府通过了《住房和城市发展法》，提出扩大援建低租金公共住宅24万套，拨款29亿美元用于城市更新。1966年，约翰逊政府通过了《示范城市和都会发展法》，致力于对贫民窟的改造工作，包括升级当地的学校、医院、住宅以及增加就业机会，旨在全面提升贫民窟的综合环境。这一改造计划涵盖了交通设施、排水系统、医院设施及医疗设备等多方面基础设施的建设与改善。

4. 其他政策

在农业方面，约翰逊政府继续维持较高的农业价格，继续缩减耕地面积。1965年，相关法律要求1966—1969年休耕地4 000万英亩（1亩=666.67平方米，下同）。

在对外贸易方面，1967年6月，约翰逊政府达成了关税及贸易总协定，平均削减6万种货物中关税的35%。

在环境和资源保护方面，约翰逊政府采取了一系列加强环境和资源保护的措施，希望借此能够解决工业现代化社会面临的环保领域的新问题。1965年1月，约翰逊政府通过了一系列的环保法案，包括：1965年的《水质法》，设立水污染控制署，要求各州确定在本州范围内的水的标准质量和执行步骤；1964年的《水土保持法》和《国家野生环境保护法》，指定用于建设公园和娱乐场所的土地区域，保护各地处于危险境界的动植物，保护受到威胁的国宝；1965年的《公路美化法》；1965年的《水源规划法》和《固体废物处理法》；1967年的《空气质量法》；1968年的《小汽车排气标准法》等。

实际上，“伟大社会”的提出带有明显的实用主义色彩。约翰逊政府通过的立法措施并未促成“伟大社会”的实现，也不能消除20世纪60年代的社会危机。

增长性财政政策带来了短期内美国经济的繁荣。1964—1966年，美国实际GDP以5.5%的平均速度增长，失业率在1965年下降到4.4%，通货膨胀率每年低于3%。但肯尼迪政府和约翰逊政府只重视财政政策对经济的调整而忽视了货币信贷政策对经济的影响，他们实行的旨在通过赤字刺激经济增长的“硬赤字”政策导致政府财政赤字余额不断增大，最终酿成了“滞胀”的负面结果。

（三）尼克松的“新经济政策”

1969年，尼克松继任总统。美国资产阶级政界人士对国内外政策的态度一般分为保守派、温和派、自由派，尼克松属于保守派，反对政府过度干预，在他出任总统后，实行了重点反通货膨胀的财政政策，一方面削减政府开支，另一方面由联邦储备委员会推行“限制性的货币政策”，对经济进行管制①。

1.“新经济政策”

1969 年 4 月，尼克松政府提出了一系列紧缩政策，包括紧缩银根、压缩通货；削减政府财政开支，压缩政府国际支出；增收赋税；等等。它在 1969 年和 1970 年的经济政策主旨是摒弃靠政府对企业和劳工施加压力来控制通货膨胀的做法，但这种方案是无效的。因此，其财政政策又由重点反通货膨胀改为反经济衰退，具体政策改为增加政府支出、松弛银根。而这些政策并没有扭转美国经济衰退的局面，反通货膨胀也半途而废，最终导致了通货膨胀与经济衰退并存。为了应对这种局面，尼克松政府提出了“新经济政策”。

1971 年 8 月，康纳利提出了“康纳利方案”，被称为“新经济政策”，要求封闭“美元窗口”，美国停止用黄金兑回美元；对进口商品征收 10%的进口附加税；恢复投资税信贷以刺激经济；规定新的所得税减免；取消汽车货物税以鼓励增加销售额。在这套管制经济的措施中，最为重大的是冻结工资和物价 90 天。其后，1971 年 11 月，工资和物价管制的第二阶段开始，这一阶段管制已经相对减少，但仍然是强制性和范围广泛的；1973 年 1 月转入第三阶段，重新规定了暂时和有限的冻结。1974 年，强制性的工资和物价管制完全撤销。

虽然短期实行经济管制在短期内取得了一定成效，短暂地缓解了通货膨胀，但长期来看是错误的，在政策施行后期出现了反弹。“新经济政策”的出笼，标志着 1944 年布雷顿森林会议做出的以 35 美元兑换一盎司黄金的规定结束，“布雷顿森林体系”宣告瓦解，“金元帝国”走向衰落。

2. 其他政策

税收政策方面，尼克松政府减少了个人所得税，但由于通货膨胀提高了纳税人的纳税档次，直接税与个人所得税的实际税率上升，所得税税负转移，中等收入者、企业负担加重。国际资本流动方面，尼克松政府废除了相关的很多控制，建立了世界范围的自由汇率制度②。

（四）福特的微观税收政策

1974 年，福特继任总统。当时经济社会最突出的问题是“滞胀”，面对这一“社会顽疾”，福特政府提出的“药方”是微观的税收政策。这里的“微观”指的是调节税率，与调整财政收支总量的宏观政策相对。具体的微观税收政策可以概括为通过调整税率来调整各生产要素的收入，进而调节国民经济。具体的税率调整策略是提高消费税率，同时降低所得税率，旨在增强社会储蓄与投资活力，有效抑制通货膨胀，并降低失业率。此外，美国联邦储备委员会遵循稳定物价的政策导向，对货币供应量进行适时调整，并宣布将定期对外公布每年的货币供应量增长率。

---

① 尼克. 尼克松回忆录［M］. 马衮生，翟一我，杨德，译. 北京：商务印书馆，1979.

② 杨贵华. 世界风云人物：尼克松［M］. 北京：新华出版社，1995.

总的来说，福特政府将微观税收政策与宏观货币政策相结合，对于抑制通货膨胀起到了一定的积极作用，但财政赤字也开始大幅上升。

（五）卡特的提高就业与反通货膨胀计划

1977 年，卡特继任总统。卡特政府的经济政策介于自由主义和保守主义之间，它在初期致力于刺激经济和实现充分就业，后期又重点抑制通货膨胀，包括削减政府预算、控制贷款、节约能源等。

初期，卡特政府将解决失业问题放在政府经济政策的首位，采取了一系列措施：税收方面，实施临时减税措施，降低公司税率，增加社会保险税，鼓励企业和个人投资；公共事业方面，举办了公共服务事业来增加临时工作岗位；货币政策方面，美联储通过公开市场业务来控制货币供应量增长，短期利率则听任市场自由浮动，提高贴现率至 12%，对银行某些可控负债规定 8%的法定准备金率①。

上述政策没有抑制住通货膨胀，物价指数持续上涨。1980 年，卡特政府又将控制通货膨胀作为经济政策的重点，提出反通货膨胀的四点计划：①实行财政货币限制，包括削减预算赤字和反通货膨胀的货币政策；②制定旨在压低工资和物价且能够被接受的收入政策；③提高劳动生产率；④保护经济免受外部冲击。而这些计划并不现实，遭到了大量批判，使民众丧失了信心，造成了很多负面影响。

卡特政府的很多政策实际上是为特殊利益集团服务的。例如，它提出削减政府福利开支，控制公共开支，但这种控制被用来为统治阶级的特殊利益服务，而不是为增进人民总福利服务；提出能源计划，包括实行节约和增加生产两方面，希望通过控制石油进口和寻找新能源来解决能源危机，而实际上这项计划又是一个帮助大企业的计划，虽然取得了一定成效，但没有提供长期解决办法②。

三、供给学派

（一）里根的“经济复兴计划”

1.“经济复兴计划”

1981 年，里根继任总统，提出了“经济复兴计划”，也被称为“里根经济学”，该计划可以概括为“三减一稳”四方面内容③：

（1）减税。一方面削减个人所得税，分别在 1981 年 10 月、1982 年 7 月、1983 年 7 月，三次削减个人所得税，将个人所得税最高税率由 70%降到 50%；还宣布对个人所得税实行指数化管理，根据通货膨胀率每年自动调整个人所得税中税收减免项目和税收档次。另一方面也对企业所得税实行税收减免，加速固定资产折旧并简化分类，对企业投资给予减税优惠，降低小公司的利润税率。

（2）减少对企业的限制。减少下达给企业的规章制度，发挥企业的积极性。

① 褚大军. 卡特传［M］. 北京：当代世界出版社，2008.

② 肖普. 卡特总统与美国政坛内幕：八十年代的权力和政治［M］. 冬梅，译. 北京：时事出版社，1980.

③ 叶进，李长久. 里根［M］. 浙江：浙江人民出版社，1997.

1981年3月，成立了撤销和放宽规章条例特别小组，该特别小组审核了91种管理企业生产经营的法令条例，对其中的65条给予了撤销或放宽处理。

（3）削减联邦预算支出。大量且持续削减政府开支，使1984年财政年度在实行减税的情况下做到了预算平衡，并削减调拨付款（权利计划），重点是取消提供给并不真正困难的人的福利，同时为了军备竞赛又增加国防支出。

（4）实行稳健的货币政策。为了控制通货膨胀，要求美联储实行与政府计划相一致的货币政策，控制货币供应量，使货币供应量的增长速度不超过国民生产总值适度增长要求的速度。

2. 税制改革

里根政府的“经济复兴计划”使美国逐步摆脱了“滞胀”局面。在里根的第二个任期，他决定把经济政策的重点放在税制改革上。1986年的税制改革也包括四个方面：①降低个人与公司所得税的边际税率，简化税率档次。个人所得税最高税率由50%降到28%，公司所得税最高税率由46%降到34%。②提高个人所得税的起征点。③取消一些税收优惠项目，从而扩大税基。④修改固定资产的折旧规定，延长固定资产的折旧年限。

1986年的税制改革受到了国内大部分人的欢迎，在收入、消费、储蓄、投资等方面带来了一定的正面收益，实现了在低通货膨胀条件下经济持续增长的目标。

（二）布什的“一揽子预算妥协法案”

1989年，布什继任总统。1990年，美国进入了二战后的第9次衰退，政府财政赤字也不断上升。在这种情势下，白宫和国会经过了激烈的讨论后，达成了关于税收和削减政府支出的新预算法案——“一揽子预算妥协法案”，其主要内容包括：

（1）削减财政赤字。计划5年内削减政府财政赤字3 920亿美元。其中，1991年削减400亿美元，1992—1994年平均每年削减520亿美元，1995年削减3 000亿美元。

（2）增加税收。计划5年内增税1 340亿美元。

（3）削减国防与社会福利项目支出。其中，5年内削减国防支出1 700亿美元，削减社会福利支出1 990亿美元。

（4）提高高收入者（年收入在20万美元以上）的个人所得边际税率，由28%提高到31%；提高汽油、酒类、烟草及其他奢侈品的消费税率；提高医疗保险税、住房保险费等。

而实际上，新预算法案并没有达到预想的期望，财政赤字不降反升，布什步里根的后尘试图削减财政赤字，最终也遭遇了失败①。

---

① 肖立晟，杨晓. 供给型财政政策对美元走势的影响［J］. 中国金融，2019（5）：74-75.

四、补偿性财政政策

（一）新凯恩斯主义——“克林顿经济学”

1992 年，克林顿继任总统。克林顿政府支持政府干预经济，以实现充分就业和经济增长为目标，其财政政策的主要内容有：

（1）短期的财政刺激计划。克林顿政府针对 1990—1991 年的经济衰退，提出了反经济衰退计划，要在前两年增加 310 亿美元政府支出，其中，1993 年财政年度支出 163 亿美元；32 亿美元建立信托基金，用于公共工程、社会服务、技术采购、失业救济等方面；100 亿美元用于税收减免，主要针对的是中小企业更新设备的投资。但该计划遭到国会否决，最终通过的部分只有用于延长失业救济的 40 亿美元。

（2）长期的削减财政赤字与增税计划。克林顿政府财政政策的重点是削减财政赤字。1993 年 8 月，国会通过了《综合预算调整法案》（1993），主要内容包括：

①规定支出的削减。该法案要求削减数额达到 1 000 亿美元的规定性支出，包括老年及残疾者的医疗保险、低收入者的家庭补助、联邦退休人员的工资等削减项目。

②主动性支出的削减。该法案要求削减约 300 个非防务项目，其中明确要求终止的项目有 100 多个，削减数额达到了 1 080 亿美元。

③提高高收入者的所得税。对于家庭年课税收入在 14 万至 25 万美元的区间，其边际税率将从 31%上调至 36%；而对于年收入超过 25 万美元的家庭，边际税率将从 31%提升至 39.6%。此外，针对高收入群体，医疗保健税的征收将有所增加，并取消了原有的征税上限。同时，高收入者的社会保障税也将相应增加，应税收入部分由原先的 50%扩大至 85%。另外，公司所得税的税率也将从 34%提高到 36%；等等。

④对中低收入家庭和小企业减税。

（3）公共投资。在公共投资方面，克林顿政府大力增加对教育、培训、儿童、科技和基础设施等领域的投资，在 1993 年提出“信息高速公路计划”；在 1996 年 2 月的国情咨文中，建议国会在 1997 年这一财政年度为教育拨款 510 亿美元。这些“生产性投资”强化了整个社会的供给能力，促进了经济的持续增长①。

克林顿政府的财政政策取得了良好的效果，美国经济走出低谷，实现了低失业、低通货膨胀的持续、温和的经济增长②。

（二）供给学派——小布什

2001 年，乔治・W. 布什（小布什）继任总统。小布什政府采取的是里根式供给型财政政策，在减税的同时增加财政支出，其中主要倾向于国防开支方面。

1. 财政支出计划

（1）扩大国防支出。“9・11”事件发生后，小布什政府先后发动了阿富汗战争和伊拉克战争，军费支出大幅增加。

---

① 秦嗣毅. 战后美国财政政策演变研究［J］. 学习与探索，2003（2）：69-71.

② 辛波，王竹芹，于国安，等. 财政收入政策选择空间研究［M］. 徐州：中国矿业大学出版社，2003.

（2）增加其他财政支出。小布什政府改革医疗保险，增加对教育、高科技、环境等方面的支出，如2002年出台了“不让一个孩子掉队”的教育改革法案。但增支和减税等扩张性财政政策使美国政府积累了巨额赤字，造成了财政赤字的迅速扩张，危及了美国经济的稳定持续发展。

2. 减税计划

2001年，小布什政府推出十年减税计划，将目标减税规模定为1.35万亿美元，并于2001年、2003年分别提出1 000亿美元减税计划、3 500亿美元减税法案。此后又分别于2003年、2008年推出第二次减税方案、一揽子减税计划。

3. 货币政策

2001—2003年，小布什政府实施了宽松的货币政策，联邦基金利率降至1%的低点，促进了房地产市场的繁荣，而美元指数在初期保持坚挺，直至2004年美国GDP增速回落，通货膨胀抬升，美联储开启加息周期，连续多次提高利率，利率的高频大幅上升刺破了房地产泡沫，最终导致次贷危机爆发①。

五、扩张性财政政策

（一）奥巴马的“救市经济学”

1.“五万亿”计划

2009年，奥巴马继任总统。同年，奥巴马政府推出了“五万亿”计划，即《美国复苏和再投资法案》（简称ARRA法案）。该法案的总规模为7 870亿美元，后修正至8 310亿美元，其中35%用于减税，65%用于投资，具体包括为企业和个人减税、社会福利项目投资、基建项目投资等。它是美国历史上最庞大的经济刺激方案，提出的财政支出政策有增加教育拨款、加强公共基础设施投资、加大对低收入群体的医疗保障力度、投资新能源领域、加大救济支出力度等。

2. 税收政策

2009年2月，国会通过了奥巴马政府提出的经济刺激方案，该方案明确将大约2 880亿美元的资金分配用于减税措施。2010年12月，奥巴马政府实施《减税、恢复失业保险和创造就业法案》，减税规模达到了8 580亿美元。2013年，奥巴马政府开始实施《纳税人救助法案》，对于年收入超过40万美元（或家庭收入超过45万美元）的个人，其所得税税率将上调至39.6%；并修订2008年《补充拨款法》，以及1985年《平衡预算和紧急赤字控制法》，使2013年财政年度所需赤字的规模被削减了240亿美元。

3. 医疗改革

2009年7月，美国参议院健康教育劳动养老委员会批准新医疗体制改革方案。同年10月，参议院金融委员会通过了《美国健康前景法》的草案，该草案以六项关

① 张锦铁. 美国总统档案［M］. 北京：九洲图书出版社，2005.

键措施为纲，旨在全面提升国民健康福祉与医疗服务可获得性：①每一名美国居民均需购买医疗保险；②为年收入在4.4万美元以下、包含四个成员的家庭设立医保“交易所”，政府通过财政补贴的方式，引导保险联营企业提供成本更低的医保；③拓宽针对低收入居民的“医疗救助”计划的惠及面；④削减专为老年人群体设计的医保计划成本；⑤对于那些由企业和员工共同分担保费的企业级医疗保险中成本最为高昂的部分，实施征税措施；⑥对现行的相关税收抵扣规则进行细致梳理与调整，以更好地适应社会经济发展。

2010年3月，奥巴马签署了《平价医保法案》，旨在提高美国民众的医疗福利水平，让医保不再是少数人的特权。同年11月通过了《美国可负担医疗健康法案》，该医疗改革法案（众议院版）的主要内容有：①全民医保，将医保覆盖面扩大至目前没有保险的3 600万人；②建立医保交易所，引入政府补贴的保险计划与私有保险公司产品竞争；③对仍无力负担此类保险的贫困人口，政府直接提供保险计划，又称“公共选择”①。

（二）特朗普的“特朗普经济学”

1. 财政支出政策

2017年，特朗普继任总统。特朗普政府的财政政策聚焦于削减赤字、提升效率、优化配置三大核心目标。一方面，它显著加大了在基础设施、国防军队、边境安全等关键领域的投入力度。2019年的预算法案宣布，将在桥梁、铁路、水道、隧道、水处理设施及公路等多个关键基础设施领域投入高达1万亿美元的资金，旨在通过强化硬件建设来驱动经济增长与国家安全。另一方面，该政府致力于精简开支、优化结构、消除浪费，力图通过缩减福利性支出、严控政府运营成本、根除联邦开支中的冗余与低效，来实现财政健康的长远目标。

2017年1月，特朗普政府规定联邦“冻结雇佣”，要求制定并执行一项深远的规划，以逐步缩减联邦政府的雇员规模，提升行政效能。与此同时，它在政策层面对前任政府的医疗体制改革进行了深刻调整，使奥巴马医疗体制改革的影响力被削弱，同时，《减税和就业法案》中明确取消了《平价医疗法案》原先对未参保人群设定的税收惩罚条款，以此作为税收政策调整与经济激励的一部分，进一步促进了市场的灵活性与经济的活力。

2020年新冠疫情发生后，美国政府连续出台了大规模财政刺激计划，财政支出力度明显加大，赤字率显著提升。在特朗普任期内，先后推出了2020年3月总规模2.3万亿美元的《CARES法案》，2020年4月总规模为4 840亿美元的补充刺激计划，以及2020年12月总规模为9 000亿美元的《综合拨款法案》。

2. 税收政策

“减税 + 低利率”是特朗普经济学的核心。2017年12月，特朗普签署了《减税

---

① 吴中宝，王健. 透视奥巴马经济学：美国经济大转向［M］. 北京：中国经济出版社，2014.

和就业法案》。在个人所得税的调整方案中，该法案维持了原有的7个税率区间架构，同时对税率进行了下调，将最高边际税率由39.6%调降至35%，并大幅度提升了标准扣除额度，其增幅达到了一倍之多，总的来说减税规模在1.125万亿美元左右；房屋贷款征税标准下调；大幅减免遗产税，提高遗产税免征额；实行儿童税收优惠。公司所得税方面，降低公司税率，最高由35%降至21%，减税规模在3 200亿美元左右；取消公司替代最低税（AMT）制度；企业被授权在单一财政年度内全额扣除可折旧资产的成本，此举摒弃了过往多年摊销的烦琐做法；对于符合“持有资产期限超过一年”这一标准的公司，其附带权益利润所面临的税率被设定为23.8%，以此强化对长期投资行为的激励与认可。税制改革方案还倡议，从现行的全球征税模式向更为聚焦的属地征税体系转型，旨在促进国际税收环境的公平竞争；与此同时，一系列政策红利被释放，以鼓励境外资本的回流，为本国经济注入新的活力与增长动力①。

自2008年全球金融危机发生以来，美国政府为了应对经济衰退的挑战，实施了一系列有效的财税政策。这些政策包括降低税率、增加政府支出、提供救助资金等，旨在刺激经济增长和恢复就业。通过这些努力，美国经济逐渐复苏，总体成果显著。然而，这些政策也导致了一些问题。一方面，巨额财政赤字成为一个严重的问题。由于政府支出的增加和税收的减少，财政赤字不断攀升，给未来经济持续增长蒙上了阴影。另一方面，债务问题日益突出。为了弥补财政赤字，美国政府不得不借债度日，导致国家债务规模不断扩大，为未来经济持续增长带来了挑战。

第二节　二战后欧洲主要国家的财政政策实践

一、欧盟

（一）准备与试验阶段

二战后，为帮助西欧各国恢复经济，美国制定并实施了《欧洲复兴计划》即《马歇尔计划》，为欧洲提供了约120亿美元的援助。为使这些援助有效地流向欧洲并得到合理使用，1947年成立了“欧洲经合组织”（OEEC），后又发展为“经合组织”（OECD），对欧洲一体化起到了极大的促进作用。

1948年，比利时、法国、卢森堡、荷兰和英国签署了《布鲁塞尔协定》，成立了“西欧联盟”，其后，西德和意大利于1954年加入该联盟。同年，“比荷卢关税同盟”成立，成为欧洲共同体及欧盟成立前的重要试验，它为后来的欧洲一体化提供了经验

① 杨全社，杨英杰，皇甫建华，等. 美国金融危机以来财税政策演变及其实施效果评价［J］. 经济研究参考，2020（1）：76-89.

和可供参照的模式。

1950 年 5 月，法国提出了《法国宣言》(《舒曼宣言》)，呼吁德国同法国建立一个超国家的管理机构，并欢迎其他西欧国家加入。

1951 年 4 月，《欧洲煤钢共同体条约》在巴黎签署（亦称《巴黎条约》)，并于 1952 年 7 月正式生效。

1957 年 3 月，欧洲煤钢共同体六国代表在罗马签署了《欧洲经济共同体条约》与《欧洲原子能共同体条约》（统称《罗马条约》）。该条约于次年 1 月即 1958 年 1 月正式生效，标志着欧洲经济一体化迈入关税同盟的新阶段，同时也宣告了欧洲经济共同体与欧洲原子能共同体的成立。该条约规定了成立关税同盟、商品自由流动、主要经济社会政策的协调等。

1968 年 7 月 1 日，成员国间全部关税得以撤销。

这一时期的主要成果之一是财政预算制度。在最早的欧洲煤钢共同体中，已经有了超国家财政预算制度，六国间取消了煤钢产品税和进出口限制，协调煤钢产品对外关税并制定共同对外政策，有了用税收形式保证的自有财源，并以此支付煤钢部门一些劳动者的失业补贴、失业工人的重新就业培训费用等。而“欧洲原子能共同体”与“欧洲经济共同体”在超国家财政预算的条款设计上，也展现了显著的一致性①。

（二）欧洲共同体与欧盟

1965 年 4 月，欧洲共同体六大成员国签署了《布鲁塞尔条约》，旨在将“欧洲煤钢共同体”“欧洲原子能共同体”及“欧洲经济共同体”这三大机构合并为一个实体，简称“欧共体”。经过两年的筹备与整合，至 1967 年年底，合并工作顺利完成，欧洲共同体宣告正式成立。

1985 年，欧共体委员会发布了《关于完善内部市场的白皮书》，标志着欧洲经济一体化进入共同市场阶段，确定了在 1992 年年底前建成统一的欧洲市场的目标。白皮书中提出了 300 多项立法措施，包括实现政府采购自由化，逐步统一产品的规格和技术标准，协调和统一各国的附加价值税等。

1991 年 12 月在欧洲共同体部长委员会上，通过了《欧洲联盟条约》(《马斯特里赫特条约》，简称《马约》），标志着欧洲经济一体化进入经济同盟阶段。《马约》宣告，在欧洲共同体的基础上建立欧洲联盟即“欧盟”，欧洲共同体、“共同外交和安全政策”和“司法与国内事务方面的合作”三者构成欧洲联盟的主体。

1997 年 10 月签署了《稳定与增长公约》（又称《阿姆斯特丹条约》），对成员国提出了保持财政趋同的要求。

1. 财政协调

《马约》签署之后，欧盟对成员国的财政纪律实施了强化，为各国财政赤字设定了明确的限制标准，并对国债占 GDP 的比例提出了具体要求，这促使成员国开始真

---

① 中国贸易结构优化课题组. 欧洲经济一体化的历史性变革与我国的对策［J］. 管理世界，1991（6）：17-25，220.

正重视并加强财政政策的协调与合作。该条约提出的财政约束要求各成员国应避免“过度的财政赤字”，其判断标准则是财政赤字不应超过年度 GDP 的 3%、累积债务不应超过年度 GDP 的 60%，但同时也允许赤字和债务在一定条件下超过参考值。实际上，这里的财政约束是一种自由灵活性和财政约束的折中方案，而欧元区首批成员国也并没有完全符合该约束条件。

《稳定与增长公约》则要求成员国年度财政赤字不得超过 3%的红线，只有当年度 GDP 遭遇超过 2%的负增长时，可以稍做宽限，一旦逾越，则会面临欧洲央行额外无息储备金的缴存与罚金等惩处。

为了达到经贸联盟的要求，各国采取了广泛的增收节支的财政政策，如法国通过部分私有化电信部门，成功筹集了高达 375 亿法郎的资金，专款专用以支付政府退休人员的退休金，进而达成降低财政赤字的目标。德国则采取了延长退休年龄和缩减病假工资等措施，有效地控制了公共开支，展现了其稳健而务实的财政政策取向。比利时政府通过出售部分国有资产和国库黄金储备，并结合对国民收支体系的会计调整，成功地缩减了赤字并减轻了累积的债务负担。意大利则创新性地引入了一种名为“欧洲税”的新税种，仅在 1996 年，这一新税种的收入就占据了其 GDP 的 0.5%。虽然这些措施短期内有效，但会加大未来财政趋同的压力，是不可持续的短期政策。

1998 年 10 月，经济与财政委员会对稳定和趋同项目的内容及形式做出统一的实施规定，要求成员国必须每年提交稳定和趋同项目，在这种多年度项目中，要确定中期财政目标及相关的调整方式，要解释财政目标所基于的假设前提，提供确定中期目标的方法、项目中公布的措施性质和执行情况、预算中的收入和支出构成、财政程序的机构改革等信息①。

2. 财政收入

欧共体成立后，开始建立统一预算，财政收入逐步用本身财源替代成员国分摊缴纳。

在海牙会议之后，欧共体的财政收支结构经历了重大变革，确立了三大“自有财源”：对农产品课征的进口差价税和糖税；按共同关税率征收的关税；各成员国贡献的少部分增值税收入。与此同时，欧共体财政拨款机制亦得到强化，设立了欧洲社会基金等关键项目，旨在协调并统一成员国间的经济活动，促进区域内部的和谐共生与繁荣发展②。

税收政策的协调是成员国消除贸易和要素流动障碍的一个重要问题。在欧洲委员会 1985 年的白皮书中，对协调增值税政策的措施做了归纳：用在产品原产地征收增值税的制度取代出口国退税和进口国征税的制度；建立共同体内税收清算机制，这一机制以欧洲货币单位为核心，构建了一个中心账户，由智慧与公正并重的欧洲委员会掌管，每月从净出口国的盈余中收取，转而支付给净进口国；逐步缩小各成员国之间

① 李卓. 欧洲货币一体化中的财政约束［J］. 世界经济，2000（2）：19-29.

② 张荐华. 欧洲一体化与欧盟的经济社会政策［M］. 北京：商务印书馆，2001.

的增值税差别。

随着时间的推移，税收政策的协调步伐逐渐加快，尤其在1992年之后，更是取得了显著进展。1992年，部长委员会对增值税的征收做出了明确规定：各成员国的增值税正常税率不得低于15%的基准线；同时，对于可选择或减税的部门，税率不得低于5%的底线，确保了政策的灵活性与公平性。而在过渡期内，允许保留一定的低税率或零税率，体现了政策调整的渐进性与包容性。

1998年11月，欧洲委员会决定自1999年1月1日起，将增值税正常税率的幅度进一步拓宽至15%~25%。这一调整不仅是对既有政策的优化与升级，更是对未来经济发展路径的深远布局。它既保障了成员国之间的税收竞争力，又为应对潜在的经济波动预留了足够的空间，展现了欧共体在税收政策协调上的成熟与稳健。

对商品税的协调则开始于1970年。1992年，欧共体对酒类饮料、烟草类产品等间接税均规定了最低税率，如烟草类产品的最低税率依据其含增值税后的零售价而定，具体征收比例为57%等；对于能源税也规定了最低税率及征收原则；对个人和公司所得税等直接税的征收提出了指导原则和建议①。

1999年，欧元正式启动，货币政策的制定权交由欧洲中央银行，各国政府则仅保留对财政政策的制定权，财政政策和货币政策的矛盾变得更加突出，对各成员国在财政政策上的协调提出了更高要求②。

（三）欧洲债务危机

1. 财政政策

在2009年欧洲债务危机爆发后，欧盟逐步加强并完善了与约束性财政规则相关的配套措施体系。2011年，欧盟推出了被称为“六项改革”的一揽子政策，主要是通过引入欧洲学期机制和重大偏离程序来强化经济治理预防体系，同时实施了宏观经济失衡程序、遵守或解释原则、一般免责条款和异常事件条款等，以增强纠正机制的有效性。此外，欧盟还设立了针对欧元区国家过度赤字的处罚机制。2012年，欧元区成员国共同签署了《财政契约》，进一步明确了平衡预算的规则。2013年，欧盟又针对欧元区国家出台了“两项改革”，加大了对接受财政援助国家的监督力度，并要求处于过度赤字程序的国家制订经济伙伴关系计划，同时明确了持续纠正过度赤字所需的政策和结构改革措施。这一系列举措，旨在确保欧元区的财政稳定与可持续发展。

在欧洲债务危机爆发之前，欧盟主要侧重于执行财政纪律的数值型规则。2005年，欧盟制定了结构性预算平衡规则（structural budget balance）以及中期预算目标（medium-term objective），这一变革引入了更大的灵活性，并更加关注成员国在纠正“过度赤字”方面所做出的财政努力。自2015年起，欧盟进一步提升了财政规则的灵活性，允许成员国在满足特定条件的结构改革进程中，暂时性地偏离中期预算目标；同

① 成新轩. 欧盟财政政策协调分析［J］. 世界经济，2003（5）：41-46.

② 杨逢珉，张永安. 欧洲联盟经济学［M］. 上海：上海人民出版社，2008.

时，对于纠正过度赤字的期限也给予了相应的延长。

新冠疫情发生后，欧盟进一步放宽了财政约束。2020 年 3 月，欧盟首次激活了自 2011 年起设立的“一般免责条款”，此举暂时放宽了对成员国预算赤字和债务上限的限制，从而为各国推行扩张性财政政策创造了有利条件。然而，这一措施也导致了欧元区财政赤字在国内生产总值中所占比例的扩大，并显著提升了政府债务水平。

在 2011 年欧洲债务危机期间，欧盟创立了欧洲稳定机制（ESM），该机制于 2012 年 10 月正式生效。ESM 的主要宗旨是为那些面临严重金融稳定挑战的欧元区成员国提供必要的援助，其提供的救助措施包括：以低利率向成员国提供主权贷款、购买成员国的政府债券，以及直接向具有系统重要性的金融机构注入资本等。同时，接受 ESM 资金援助的成员国必须严格遵守所规定的救助资金使用条件。从功能上看，ESM 类似于一个“中央财政”机构，它通过发行债券来筹集资金，并将这些资金转贷给成员国以实施救助，从而确保资金得到高效利用，并助力金融稳定的恢复。

欧元区亦致力于组建财政联盟，以强化区域经济协作与稳定性。2015 年 6 月，欧盟发布了一份名为《完善欧洲经济与货币联盟》的报告，该报告明确提出了构建财政联盟的设想。其核心目的在于，通过财政联盟机制来实施救助措施，从而减轻单一国家在面临危机时所承受的负担；缓解货币政策在应对经济波动时的压力，促进政策工具的协同效应；激活公共财政作为自动稳定器的功能，提升经济体抵御外部冲击的能力；构建更加紧密的经济合作框架，增强欧元区整体的经济韧性和竞争力。

欧盟财政委员会 2018 年发布的年度报告提出，应大幅简化欧盟当前复杂的财政规则体系，但这一提议迟迟未能得到实施。直至 2019 年 6 月底，欧元区财政部部长会议才达成共识，同意设立规模为 170 亿欧元的“促进竞争力和趋同性预算工具”（BICC），然而其实际影响力相对有限。到了 2020 年 7 月，欧盟 27 个成员国终于达成了一项总额为 7 500 亿欧元的复苏基金计划，该计划旨在帮助成员国在新冠疫情后实现经济复苏。其中，3 900 亿欧元将以无偿援助的形式分配，而剩余的 3 600 亿欧元则通过提供低息贷款来支持。2021 年 4 月，欧盟委员会审议并批准了“下一代欧盟”复苏计划的配套融资方案，计划在接下来的五年内，即至 2026 年年底，通过发行成员国共同债券的方式来筹集所需资金。随后，在 2022 年 12 月 19 日，欧盟委员会宣布未来将统一代表欧盟发行“欧盟债券”，此举标志着欧盟将结束过去针对减轻失业风险援助计划（SURE）与宏观金融援助（MFA）等特定项目单独举债的做法。此改革旨在简化融资结构，提升财政透明度与效率，确保欧盟在面对经济挑战时能够更加灵活、高效地调配资源。

2. 财政货币关系

欧洲货币联盟禁止财政部门直接通过中央银行融资（货币融资禁令）。《欧盟运作条约》第 123 条明确规定，欧洲中央银行及其成员国的中央银行被明确禁止向公共部门提供信贷支持或直接购买公共部门的债务工具。这一规定的主要目的是确保欧洲中央银行及各成员国中央银行在执行货币政策时能够保持其独立性不受干扰。自

1994 年欧洲货币联盟迈入第二阶段以来，欧洲中央银行一直肩负着监督各成员国中央银行严格遵守上述货币融资禁令的重要职责。

在接连遭受国际金融危机、欧洲债务危机以及新冠疫情的冲击下，欧洲中央银行不得不介入以应对成员国所面临的债务风险，并承担起维护金融稳定的关键职责。在此过程中，欧洲中央银行所实施的量化宽松政策，实际上已经超越了原有的货币融资禁令的限制。

2009 年 7 月，欧洲中央银行推出了首个资产购买项目，即“担保债券购买计划”（分为 CBPP1 和 CBPP2），其主要目的是为市场注入必要的流动性。随后，2010 年 5 月，欧洲中央银行又进一步实施了“证券市场计划”（SMP），通过该计划购入了公共部门和私人部门的债务工具。然而，在欧洲债务危机期间，尽管欧洲中央银行于 2012 年 9 月宣布了旨在二级市场无限量购买欧元区成员国主权债券的“直接货币交易计划”（OMT），但该计划最终并未真正执行。到了 2014 年 10 月，欧洲中央银行启动了新的资产购买计划（APP），包括“担保债券购买计划（CBPP3）”和“资产支持证券购买计划（ABSPP）”。2015 年 1 月，欧洲中央银行又推出了“公共部门购买计划”（PSPP）。紧接着，在 2016 年 6 月，欧洲中央银行实施了“企业部门购买计划”（CSPP），此举进一步扩大了债券购买的范围。自新冠疫情发生以来，欧洲中央银行迅速采取了应对措施，实施了“大流行紧急购买计划”（PEPP）。该计划下，欧洲中央银行大量购买了主要成员国的新增债务，特别是在意大利，PEPP 所购买的债务总额甚至超过了该国政府新增债务的整体规模①。

二、英国

（一）凯恩斯主义——福利国家

随着二战接近尾声，人们把目光转向未来，憧憬着二战后应该出现的“新英国”，建立福利国家的呼声愈演愈烈。1942 年 12 月，英国发表了《贝弗里奇报告》，其主要内容是建立一个社会福利体系，让所有英国人都有权享受社会福利制度的保护，建立福利国家。

1945 年，工党在大选中胜出，紧接着，实施了以国家层面的大规模干预为主导的经济政策，其核心目标在于达成充分就业、建立福利国家以及推动混合经济体系的形成。

1. 政府支出

二战后执政的工党政府奉行凯恩斯主义经济政策，在这种思想的指导下，政府财政支出大幅增长，呈现出两大特点：一是政府开支增速超越国民生产总值的增长速度。例如，1950—1980 年，政府支出年均增长率达到 3. 5%，而同期国民生产总值的年均增长率仅为 2. 3%。二是政府支出在国民生产总值中所占比例持续攀升。具体而

① 唐滔，徐瑞慧. 欧元区财政政策与货币政策的关系和启示［J］. 金融发展研究，2023（6）：63-67.

言，1950 年时该比例为 39.5%，到了 1980 年则上升至 54.3%。

福利制度方面，二战后，英国大刀阔斧地进行了社会保障改革：在 1945 年通过《家庭津贴法》，对拥有第二个及更多孩子的家庭提供固定数量的津贴；1946 年通过《国民健康服务法》，对所有公民提供免费全面的医疗保健服务；1946 年，《国民保险法》通过立法程序，采用强制性缴费机制，涵盖失业、疾病、生育、养老金及丧葬补助等多个方面；1948 年，宣布建成了“福利国家”，并不断完善社会保障体系；在 1966 年颁布《社会保障法案》，取消社会救助，以辅助性津贴代替；1970 年，《地方政府社会服务法》颁布实施，旨在设立多样化的社会服务机构；1973 年《社会保险法》引入 SERPS 计划，逐步淘汰了 GRB 养老金计划；1975 年通过《儿童福利法》，采用儿童福利金代替家庭津贴。

2. 税收政策

二战后，政府税收政策历经多次调整，包括增加或减少税收总额、调整税目、改变税率、降低或提高免税额和起征点。为了应对政府支出的显著增长，税收收入也实现了快速增长，并增设了一些新的税种。1973 年，英国成为欧洲经济共同体的一员后，其税收制度迎来了重大调整：首先，对所得税制进行了优化，将基本所得税和附加所得税合并为统一所得税，并采用了阶梯税率制度；其次，引入了增值税，以此取代了之前存在的购买税，包括二战时的消费税和选择职业税；最后，在与欧洲经济共同体国家之间的贸易中，关税税率降低了 20%，实现了关税税率的下调。

3. 国有化政策

1945—1951 年，工党政府实行国有化政策，将一些关键行业如煤炭、钢铁、电力等纳入公有制，以提高生产效率和保障国家能源安全。

（二）新自由主义——自由化改革

1979 年，奉行新自由主义的保守党执政，重点是“重返”自由经济，减少政府干预。

1. 政府支出

保守党政府的支出政策，旨在削减社会福利、压缩公共开支、减少财政赤字、降低公营部门借贷需求及其占国内生产总值的比重。福利制度方面，政府继续对其加以补充和完善，1988 年补充津贴项目取代收入补贴项目；1991 年颁布《残疾人生活津贴和残疾人工作津贴法案》，引入两项新的补贴；1992 年，《社会保障法案》得以颁布并实施，该法案规定，无工作能力福利金正式取代了原有的长期疾病补助以及病残救济金。

2. 税收政策

保守党政府倡导减税政策，并将其作为最主要的政策主张，旨在激发个人与企业活力，以期实现经济复兴、摆脱衰退困境。保守党政府的税制改革措施有：①降低个人所得税，将基础税率从 33%降至 30%，之后持续下调，同时提高了起征点，简化并规范了税率档次；②撒切尔政府还将个人收入税改为消费税；③调整公司所得税税率，由52%降到35%，并提高投资收入附加税的免税额。

这些财政政策的实施提高了个人收入水平，发挥了企业的积极性，刺激了消费和投资，有力地推动了经济增长，反而增加了税收收入，使英国财政出现了盈余。

（三）第三条道路——“中间偏左”

1997年大选中工党胜出，其经济思想也在此前历经革新，提出了两大政策理念——市场社会主义和第三条道路，旨在超越传统左翼与撒切尔主义新右翼，探索“中间偏左”的民主社会主义的新路径，形成了独特的经济政策体系。此“第三条道路”构建了一种新式混合经济模式，既强调市场机制又重视政府角色，并致力于发挥两者的优势和独特功能①。

1. 政府支出

工党政府承诺，不会增加税项和在最初两年遵守前任政府定下的开支水平。1998年年末，工党政府完成对政府开支的全面检讨，其后，财政大臣戈登·布朗宣布未来三年对教育、公共运输和市区重建等项目大幅增加开支，但条件是公共服务必须改革，建立跨部门预算，制定新的服务水平和效率标准。

福利制度方面，1999年通过《福利改革和养老金法案》，引入存托养老金计划；2007年通过《养老金法案》，降低获得全额基本国家养老金所需年限，把基本国家养老金的每年上调幅度与全国薪酬涨幅挂钩；于2008年引入新的就业及援助津贴计划，取代无工作能力福利和收入补助金；2008年通过《养老金法案》，促进个人养老金储蓄的发展，引入新的简单低成本的储蓄计划（NEST）；2009年通过《社会福利改革法案》，为未来取消收入补助金划定了框架②。

2. 税收政策

工党政府虽然许诺不增税，但在财政开支压力下，不得不采取一系列增税措施：①增加高收入者税收，减少高收入者所得税的减免并调整税率；②增加遗产税和礼物税，提高税率并降低免税额度；③提高公司税，从20%提高到28%；④增加环境税收，如气候变化税、航空旅客税等；⑤强化反避税措施，加大了反避税立法与执法力度③。

三、德国

两次世界大战给德国经济带来了沉重的打击，二战结束后，为了恢复国家经济，德国进行了经济体制改革，建立了“社会市场经济”体制④。

（一）二战后初期到20世纪60年代初期

这一时期，政府实行的是有限干预的政策，财政政策旨在维持一个稳定的市场经

---

① 吴必康. 变革与稳定：英国经济政策的四次重大变革［J］. 江海学刊，2014（1）：168-175.

② 郑春荣. 英国社会保障制度［M］. 上海：上海人民出版社，2012.

③ 钱乘旦，许洁明. 英国通史［M］. 上海：上海社会科学院出版社，2019.

④ 刘小怡，夏丹阳. 财政政策与货币政策［M］. 北京：中国经济出版社，1997.

济环境，其基本原则在于保持币值稳定和实现财政收支的平衡。而货币政策方面，则维持着一种相对偏紧的态势。

1. 货币改革与价格改革

二战后，德国经济秩序混乱，货币制度解体，在西方占领当局的扶持下，西战区于 1948 年 6 月推行了货币改革措施，废除了旧的德国马克，并发行了新的德国马克。紧接着，占领当局发布了相关法令，废除了二战后军管当局实施的 100 多项价格与生产管制措施，近 90%的商品价格得以自由化。货币改革重立货币制度，价格改革恢复市场机制，两者并举，推动德国由统制经济向市场经济转型。

2. 政府支出与税收政策

20 世纪 50 年代的政府财政政策的主旨在于激励私人投资、增加社会总供给，以促进经济的持续增长并维护物价的稳定。支出方面，联邦德国政府加大对重要基础部门的投资与扶植力度，夯实了国家发展的基石，促进了经济结构的优化升级。税收政策方面，在二战后初期，政府出台了新的税收法规，削减了收入所得税，并向企业和个人提供了更多的税收减免措施。这些改革有力地推动了德国经济的快速复苏，整体形势呈现出全面向好的态势。进入 20 世纪 60 年代初期，为了积累更多的投资资金，政府积极倡导储蓄，规定将总收入的 15%用于储蓄可以享受免税待遇，并三次下调了所得税率；同时，为了激发企业的投资热情，政府还实施了一系列优惠政策，规定未分配利润可享 50%税收优惠，且资本品每年可获得账面残留价值 25%的扣除。

在这些财政政策与偏紧的货币政策的配合使用下，德国基本实现了物价稳定条件下的经济高速增长，创造了“经济奇迹”。

（二）20 世纪 60 年代中期到 80 年代初期

这一时期，政府采取了全面的干预措施，其中财政政策和货币政策均展现出反周期的特点，主要目标是促进经济增长和维持高就业率。

1966 年 4 月，联邦德国遭遇了二战后以来的首次经济危机，具体表现为工业生产全面下降、物价上涨、失业率上升以及国际收支状况恶化。为了应对这一危机，艾哈德政府推行了紧缩政策。然而，这一政策并未取得预期效果，反而进一步加剧了经济的困境。

基辛格政府上台后，采取了双松政策。1966 年年底，基辛格政府着手实施“有效预算”政策，将财政预算的平衡从原先的年度平衡调整为在一个经济周期内实现平衡。1967 年 6 月，联邦议会通过了《促进经济稳定增长法》，赋予联邦政府必要的职责和义务，发挥政府作用，运用财政政策工具来实现各项经济目标；还要求在预算中建立经济协调储备金，以备经济衰退等情况下使用，储备金也可以作为补助性支出拨付给地方政府；同时，允许联邦政府通过增加债务来弥补财政资金缺口；还要求联邦制订滚动的财政五年计划，对经济形势进行分析，并提供应对的方案措施。

总的来说，这一时期联邦德国政府始终推行了标准的凯恩斯主义政策，即相机抉择的财政货币政策，在一定程度上使危机中的经济得以恢复，但相应地付出了赤字增加、通货膨胀上升的代价。

（三）20 世纪 80 年代初期以后

这一时期恢复了政府有限干预，财政政策注重维持收支平衡，货币政策注重保持物价稳定。

1980 年 4 月，联邦德国爆发了二战后第六次经济危机，工业生产全面下滑，失业人数攀升至新高，通货膨胀加剧。

基督教民主联盟执政后，摒弃了原有的全面干预政策，转而强调私人经济的高效。在这一阶段，德国政府采取了双管齐下的策略：一方面，致力于财政整顿，以鼓励和支持私人部门的健康发展；另一方面，则实施了偏紧的货币政策，其主要目的在于有效控制通货膨胀率。财政政策方面，政府实行了紧缩性财政政策，具体体现在财政支出政策和税收政策的改革与实施上，前者包括缩小支出规模、优化支出结构、大幅度减少社会福利方面的开支，并增加对科研领域的资金投入；后者则涉及税收体制的改革，具体做法包括减少政府税收收入，为企业和个人提供税收上的减免优惠。在紧缩性财政政策与偏紧的货币政策的双重作用下，联邦德国经济显现出一定的成效：财政赤字显著缩减，通货膨胀逐步缓和。此后，政府持续推行以预算平衡、投资激励、货币稳定为核心的政策导向，财政与货币政策均以此为目标展开。尽管面临两德统一和全球经济衰退的双重挑战，但德国经济依旧在稳健步伐中实现了渐进增长①。

① 肖捷. 德国经济体制和经济政策［M］. 北京：中国计划出版社，1992.

第六章
计划经济时代我国的财政政策实践

第一节　新中国成立初期的财政政策

新中国成立初期，全国面临着经济落后、生产凋敝的状况，国民经济处于恢复阶段，而我国财政也同样处于初步建立和完善阶段。这一时期的情况不允许我国立即在全国范围内开展有计划的大规模经济建设，因而我国财政的首要工作是建立并统一各项政策制度、法律法规等，包括统一全国的财经政策、建立统收统支的政策体制、编制国家财政概算、制定新中国的税收法规等，各项工作的顺利完成使我国经济出现了好转的势头。之后，我国财政又对农业税负担、城市税收、工商业等进行了合理调整，我国经济得到了根本性好转，物价逐渐稳定、人民生活得到改善，国家开始有能力进行有计划的大规模经济建设，财政也开始配合国家进行国民经济建设并发挥作用。

一、国民经济恢复时期：旨在恢复经济的财政政策

1949 年新中国成立时，占全国人口 1/3 的老解放区，已着手进行初步的经济建设工作；特别是在东北，已经开始了有计划的经济建设。但是，占全国人口 2/3 的新解放区，还不具备进行经济建设的条件。为此，毛泽东同志提出了“三年准备，十年建设”的步骤。

1950—1952 年是国民经济的恢复期，这三年的主要任务是，修复因长期战争而遭受重创的国民经济，致力于实现财政经济状况的显著改善，从而为在全国范围内开

展大规模、有计划的经济建设奠定坚实基础。这一时期，我国采取了一系列维持社会经济稳定和推动经济发展的财政政策及措施①。

（一）建立财税体系，完善国家财政

在组织体系方面，组建财税人才队伍，构建财政管理机构。1949 年 3 月，中共中央召开党的七届二中全会，决议设立全国财经工作的统一指挥机构——中央财政经济委员会。同年 5 月，中共中央起草《中国人民革命军事委员会关于建立中央财政经济机构大纲（草案）》，建立中央财政经济委员会及下属机构以及大区、省、大中城市财经委员会。新中国成立后，中央财政经济委员会被设立为政务院的一个行政机构，肩负起统一领导全国财政经济工作的重任，该机构亦被称为中央人民政府政务院财政经济委员会（简称“中财委”）。在中财委之下，还设立了财政部、贸易部、重工业部等重要部门。根据部门设置情况可以看出，新中国成立之初，我国极其重视工业经济的发展，期望以工业发展扭转穷困的经济局面。1950 年，在原华北税务总局的基础上，中华人民共和国财政部税务总局（简称税务总局）正式成立。

在地方管理上，全国被划分为华北、东北、华东、华中、西南、西北六大行政区，各区设最高行政机关——军政委员会，并在军政委员会内设财经委员会，下辖财经各部及中国人民银行区行机构，专司所辖大区的经济管理工作。大区下各省（区、市）和大中城市一般也设有财经委员会，由省（区、市）政府直接领导负责经济管理工作。

在财政政策方面，统一全国财政政策，规范财政收支管理。1950 年 2 月 13 日至 25 日，中财委在北京召开了新中国成立后的第一次全国财经会议，探讨克服我国财政经济困难的政策措施。会议决定采取一系列措施，旨在节约支出、整顿收入，并对全国财政经济工作进行统一管理，以实现国家财政收支的平衡、物资供求的平衡以及金融物价的稳定。1950 年 3 月 3 日，政务院正式通过了《中央人民政府政务院关于统一国家财政经济工作的决定》，核心内容包括：集中全国财政收入，确保国家的主要财源集中于中央政府；统一调度全国物资，使国家掌控的重要物资得到合理有效的配置和使用；实施全国现金的统一管理，所有军政机关和公营企业的现金除保留必要的近期使用额度外，其余均需存入国家银行，而资金往来则需通过转账支票，经由中国人民银行进行结算。

统一全国财政收支管理。这一时期，国家的财政收入主要依赖于公粮征收和城市税收。对于公粮，有明确规定，除了正粮中的 5%~15%作为地方附加税留归地方使用外，其余的全部由中央人民政府进行统一调配和使用；征收公粮的标准、税率均由政务院统一制定；未经粮食局支付命令，各级地方政府不得擅自支取公粮；公粮调拨需经中财委拟订统一计划；各级地方政府负责公粮保管及协助运输工作；财政部负责制定涵盖公粮入库、支付流程、保管措施及运输安排的一系列规章制度。在税收方

① 杨志勇. 新中国财政政策 70 年：回顾与展望［J］. 财贸经济，2019，40（9）：21-34.

面，除经特别批准征收的地方税外，关税、盐税、货物税及工商税等各项税收收入均统一由财政部进行调配。此外，财政部要求全国各大城市及各县务必在3月前完成国库的建立工作，并规定此后税款必须按日缴入国库，严禁延期缴纳或私自挪用税款的行为。对于当时的国营企业而言，它们不仅需要按时缴纳税款，还需根据企业的隶属关系，将一部分利润和基本折旧金按时上缴至中央或地方的金库。在支出方面，为恢复国家经济、保障地方政府运作及军队开支，统一支出势在必行。全国范围内的编制需实现统一，供给标准也必须保持一致，严禁出现虚报冒领的现象；各机关在未获得批准的情况下，不得擅自增加人员，对于编外及编余的人员，将由全国编制委员会进行统一的调配。为了集中财力用于军事上消灭残余敌人以及重点恢复经济，对于一切可以节省以及应当暂缓办理的事项，都应当进行节省或暂缓办理；为节省开支，各部门从规定工作人员数量、职责范围和工作任务，实行原料消耗定额制度，提高资金周转率，保护机器和器材，严惩贪腐人员等方面入手，以此提高工作效率；严格执行预决算制度、审计会计制度及财政监察制度。

统一全国物资调度。1950年3月，全国仓库物资清理调配委员会成立，指导查明所有仓库存货；确保仓库物资均由中财委统一管理，合理调配使用；由中央人民政府贸易部统一负责各地国营贸易机构的业务范围和物资的调动，地方不得干预；国营贸易机构每日现金收入须逐日解缴国库，不得私自挪用或拖延；在经营往来过程中，经营单位之间若发生重大经济纠纷，可向人民法院起诉；所有部队机关严禁经营商业。

统一全国现金管理。1950年3月，中国人民银行被确立为国家现金调度的核心机构，其下属的分支机构负责代理国库的相关事务。外汇的牌价制定与外汇调度工作也统一由中国人民银行进行管理。当国营经济部门及各地方机关需要申请外汇时，必须经过中央财经委员会的审核并获得批准。此外，所有军政机关及公营企业的现金，在按照规定留存了近期所需的额度后，剩余的部分都必须存入国家银行，严禁将这些资金用于向私人放贷或存入私人银行、钱庄；其相互款项往来，应采用转账支票方式，经由中国人民银行汇拨；国家银行应尽力吸纳公私存款；所有分散于各个企业、机关以及部队中，但归属于政府的现金，均统一由中国人民银行进行管理和集中调度，以增强国家可用资金实力。

《中央人民政府政务院关于统一国家财政经济工作的决定》一经通过，即拉开了全国财经工作统一化的序幕，并明确指出其核心任务在于实现全国财政收支、物资及现金管理的统一。其中，财政收支管理的统一尤为关键。

此外，政务院还着手对铁路、邮电等领域实施了统一管理。这一举措，通过各大行政区的贯彻执行得以落实。当时，全国被划分为华北、东北、华东、中南、西南、西北六大行政区，每个行政区下辖若干省份。这种集中且统一的管理体制，不仅有效防止了财力与物力的分散和浪费，还确保了资源的有计划集中使用，从而迅速抑制了新中国成立以前遗留的通货膨胀问题，并成功稳定了市场物价水平。

（二）打击投机资本，稳定金融物价

部分投机资本家在国家未稳之际趁机哄抬物价，扰乱市场秩序，致使新中国成立前后历经四次物价波动。人民政府为此集中财政、金融等力量，采取以下措施，以打击投资资本，稳定社会经济：

一是强化金银外币管理，开展打击金融投机斗争。国家多次颁布金银和外币管理办法，严禁金、银、外币自由流动，由中国人民银行负责收兑。多地群众开展打击金融投机活动的斗争。

二是加强物资调度，加大斗争力度。粮食、纱布两大重要物资是投机资本攻击的重点对象，部分工商业经济较为发达的大型城市，如北京、上海、天津等地则是游资突击的重点区域。在此背景下，中财委迅速作出战略部署，在以上海为主战场的十几个大城市，与投机资本展开一场恶战。按照中共中央的统一部署，调度全国各地的粮食、棉纱、煤炭集中运往上海、北京、天津等大城市，为“粮棉之战”做好准备。一方面，国家抛售紧缺物资，使物价迅速平复；另一方面，国家又收紧银根，征收税款，致使投机商资金链断裂，囤积物资贬值，被迫低价抛售。同时，我国还成立了一批全国统一的内外贸专业公司，便于强化物资调度，储备市场斗争力量。

（三）调整工农关系，实现经济好转

1950 年 4 月开始，货币流通速度大幅放缓、商品销售量大幅下降、银行存款大为增加，大、中、小城市普遍发生了商品滞销的情况，从而导致一些工厂被迫停工，商店歇业，失业人口增加。在农业方面，公粮征收在地区上和负担面上非均衡。城市税收也存在畸轻畸重的现象，逃税、漏税情况时有发生。为此，依据党的七届三中全会的部署，政府从 1950 年 6 月起采取一系列行动进行调整，主要包括以下两方面：

一是调整工商业关系，公私统筹兼顾，即以调整公私关系为重点，劳资关系、产销关系的调整齐头并进。在公私关系调整方面，《调整公私关系和整顿税收》报告明确指出，其基本原则为统筹兼顾，在国营经济引领下，五种经济成分分工协作，各得其所。国家根据实际需求，每年组织两次加工订货活动，以此有序地安排私营工厂的生产计划和销售事务。为促进市场流通，国家鼓励滞销物资的出口，并引导私营企业开展联营合作。在此过程中，国家会根据实际情况进行必要的收购，并依据不同条件合理制定加工费用和货物价格。当调整劳资关系时，国家遵循的基本原则是：必须充分保障工人阶级的民主权利，并且这些调整措施必须有利于生产的持续发展。劳资间的问题用协商方式解决，若不能得到解决，则由人民政府仲裁。这一调整原则在一定程度上使劳资双方的矛盾有所缓和。同时，要求投资者改善经营，反对抽调资金，“躺倒不干”；要求工人努力提高劳动生产率，且能为私营企业生产做出一定牺牲；国家则大力救济失业工人，将其组织起来参与到国家公共工程建设中来。在调整产销关系方面，其目标是实现产销的均衡状态，并逐步将资本主义经济引导至国家计划的轨道上。为此，政府相关部门召开粮食加工、食盐、百货等全国性产销会议，助力资本主义工商业在生产销售上适应新中国成立后的市场需求。

二是开展土地改革，减轻农民负担。1950年1月，中共中央发布《关于在各级人民政府内设土改委员会和组织各级农协直接领导土改运动的指示》，着手在新解放区逐步开展土地改革运动的准备工作。同年6月，中央人民政府委员会通过和颁布实施《中华人民共和国土地改革法》，宣布废除地主阶级封建剥削的土地所有制，实行农民的土地所有制。截至1952年9月底，除了新疆、西藏等民族地区之外，土地改革已广泛推行。土地改革彻底摧毁了剥削制度，极大地调动了农民群众参与革命和建设的积极性，充分解放了农业生产力。

（四）编制概算，发行公债

1949年12月，中央人民政府委员会第四次会议审议并通过了《关于1950年度全国财政收支概算草案报告》，这是新中国成立以来的第一个财政预算，以实物形式表示，是一个非常初步的概算。其编制原则是：量入为出与量出为入兼顾，取之有度，用之得当。

1950年12月26日，中央人民政府委员会举行第十次会议并通过了《关于1951年度全国财政收支总概算》。该报告指出，1951年财政概算收入以粮食计为788亿斤（1斤=0.5千克，下同），比1950年多193亿斤；国防费为48.05%，经济建设费为16.98%，文教社会费为7.31%，行政费为16.21%，预备费为6.52%，其他费用4.93%。

（五）实施“三边”政策，保障抗战需要

抗美援朝战争的爆发给国民经济带来了沉重负担。1950年11月，中财委召开第二次全国财政会议，明确战争期间财经工作坚持的方针是：国防第一，稳定物价第二，其他第三。毛泽东同志将这一方针概括为“三边”方针——边打、边稳、边建。其中，国防第一，要求财政上要增加军费以及军费有关的支出，满足抗美援朝战争的需要是当时财政工作的首要目标。稳定物价第二，要求财政收支接近平衡，力争避免金融物价的大幅波动，将维护市场稳定放在财经工作的第二位。其他第三，即财政在优先满足战争和稳定市场需求之后，才能用于其他各种带投资性的经济和文化支出，且不能赤字。经济建设投资与国防事业、财政收入以及市场稳定直接相关，因此成为“三边”之一的“边建”。“三边”方针作为战时财政政策，既有主次之分，又相互联系、相互影响，有力地抓住了主要矛盾，同时带动和兼顾了其他工作的开展，为夺取抗美援朝战争的最终胜利、国民经济的恢复以及土地改革的完成发挥了重要作用。

经过三年的努力，工业实现了年均34.9%的增长率，农业也达到了年均14.1%的增长。这一期间，工农业的主要产品产量均超越了抗日战争前的最高水平。具体而言，工业在工农业总产值中的比重从1949年的30%显著提升至1952年的41.5%，而重工业在工业产值中的占比也从26.4%上升到35.6%。同时，交通网络得到了大力修复与扩展，1952年，铁路的营业里程达到了2.29万千米，公路里程则达到了12.67万千米。随着生产的蓬勃发展，人民的物质文化生活也有了显著提升。与1949年相比，全国职工的平均工资增长了大约70%，而各地农民的收入也普遍上涨了超过30%。

在为期三年的恢复时期，财政对国民经济产生了极为深远的影响。此间，我国的财政管理实现了重大转变，由原先的分散管理逐步转变为集中统一管理。同时，财政重心也完成了从农村向城市的转移，这标志着我国财政开始更加注重城市经济的发展。此外，财政体系还成功地从战时保障模式过渡到全面支持国民经济与社会事业正常发展的模式，实现了从供给型财政向建设型财政的转型。这些转变为我国迈入大规模、有计划的经济建设阶段奠定了坚实的基础。

二、社会主义改造时期：实现“一化三改”的财政政策

1952年年底，在总结过去三年经验的基础上，我国提出了过渡时期的总路线——“一化三改”，其中社会主义工业化是该路线的主体内容。因此，第一个五年计划的基本任务是：集中主要力量发展重工业，建立国家工业化和国防现代化的初步基础；相应地发展交通运输业、轻工业、农业和商业；相应地培养建设人才；有步骤地促进农业、手工业的合作化；继续进行对资本主义工商业的社会主义改造；保证国民经济中社会主义成分的比重稳步增长，同时正确发挥个体农业、手工业和资本主义工商业的作用；保证在发展生产的基础上逐步提高人民的物质和文化生活水平。

1953年起，我国实行分类分成的财政收支划分模式，主要内容包括：①按财政支出事项的隶属关系，将国家财政支出划分为中央财政支出和地方财政支出两类。②国家的财政收入被明确区分为中央财政收入和地方财政收入两大类别。其中，中央财政收入包括中央固定收入、分成收入，以及地方上缴的收入部分；而地方财政收入则涵盖了地方固定收入和其从分成中获得的收入。③分成收入按抵补地方财政收支差额的计算方法，分为固定比例分成收入和调剂比例分成收入。④地方财政收入项目及其数额，依地方所需的财政支出数额而定。

随着国民经济的快速恢复，我国开启了社会主义经济建设道路，采取了一系列财政政策和措施。

（一）利用多种渠道为工业化筹集资金

实现工业化不仅需要先进的技术，还需要大量资金。对此，我国财政担负起了筹集资金的任务。其间，为筹集工业化建设资金，我国财政开展了两方面工作：第一，通过增加生产、发展社会主义经济、厉行节约积累工业化建设资金，在整个“一五”期间共筹集资金1 241.75亿元。此外，我国还利用与苏联的友好关系，获得了56.76亿旧日卢布的贷款。第二，1954—1957年，连续发行了五期“国家经济建设公债”，累计筹资达35.44亿元。在“一五”计划期间，为加速工业化进程，国家汇聚了大量资金，其中国家财政集中收入的占比达到了国民总收入的32.7%。这种高度集中的资金分配机制有力地保障了工业化建设的资金需求。随着工业化进程的稳步推进，工业部门在国民经济中的比重逐渐上升，工业部门对财政收入的贡献率不断提高（见表6-1），成为我国财政收入的重要来源，形成了财政支撑工业建设、工业反哺财政收入的良性循环。

表 6-1　“一五”时期财政收入中工业部门的收入总额及贡献率

年份	财政收入总计/亿元	来自工业部门财政收入			
		总额/亿元	占总收入/%	轻工业占总收入的比重/%	重工业占总收入的比重/%
1953	222.86	88.64	39.8	24.2	15.6
1954	262.37	108.44	41.3	24.2	17.1
1955	272.03	118.48	43.6	25.1	18.5
1956	287.43	134.32	46.7	25.8	20.9
1957	310.19	152.57	49.2	26.8	22.4
合计	1 354.88	602.45	44.5	25.3	19.2

资料来源：项怀诚. 中国财政通史：大事记［M］. 北京：中国财政经济出版社，2006.

（二）开展农业合作化运动，推进农业的社会化进程

为促使农业走上合作化道路，我国财政出台了很多政策，如 1951 年 11 月，中共中央做出了《中国共产党中央委员会关于农业生产互助合作的决议》，1953 年 12 月，又在此基础上提出了《中国共产党中央委员会关于发展农业生产合作社的决议》，有条不紊地做好农业合作化运动的战略部署。1955 年 11 月，在第一届全国人民代表大会常务委员会第二十四次会议上，《农业生产合作社示范章程草案》得以通过。自此，农业合作化运动全面铺开，国家财政通过了一系列政策措施支持农业生产。

第一，农业税减免政策和稳定负担政策，将对农业施行的累进税制改为比例税制。1953 年 6 月，政务院发布《中央人民政府政务院关于一九五三年农业税工作的指示》，明确要求“今后三年内，农业税的征收指标，应稳定在 1952 年实际征收的水平上，不再增加”。这一指示使后三年农业税征收的安排和实际入库数字均未超过 1952 年的水平，极大地减轻了农民的税收负担。政策有效期满后，中共中央毅然决策，粮食征购遵循“一定三年不变”的原则。于是，1956 年与 1957 年，农业税征收指标由财政部审定，依旧锚定于 1952 年实收额度，并未发生改变。由此可见，第一个五年计划期间，农业税负基本稳定（见表 6-2）。

表 6-2　经济恢复时期与“一五”时期农业税征收情况对比

时间	农业产量/亿千克	实征农业税/亿千克			农业税占实际产量的比例/%	
		合计	正税	附加	合计	其中：正税
经济恢复时期	3 806.05	494.54	443.88	50.66	13.00	11.70
“一五”时期	8 017.80	933.21	847.45	85.76	11.60	10.60

资料来源：国家统计局. 中国统计年鉴［M］. 北京：中国统计出版社，1993.

第二，对农村地区实行工商税税收减免和轻税政策；对农村信用合作社免征工商业税；对农村供销合作社采取低税率政策，其营业税税率为 2.5%，低于国营和私营

商业3%~3.5%的税率。1954年，政府修订颁布临时商业税稽征办法，其中规定：农民在一般县城及专辖市以下的乡村、集镇销售自产产品时，无论销售额是否超过起征点，均无须缴纳临时商业税。若农民在专辖市及以上城市销售自产产品且销售额未达到起征点，同样免征此税；即使销售额达到起征点，但若能提供由区、乡人民政府出具的自产自销证明，也可免税。此外，农民出售国家统购的农产品，或农民、猎户、牧民向国营公司及合作社出售自产物品，不论数量多少，均无须提供自产自销证明即可免税。1956年12月，财政部正式批准并颁发了试行的《财政部关于农村工商税收的暂行规定》。作为我国历史上第一个全国统一的关于农村工商税的规定，其对农业生产经营各环节征税要点做了较为明确的规定，呈现出合作社及社员从宽从轻、合作社与附设手工业单位区别征收、征税力度存在城乡差异等征税特征。

第三，增加对农业的投资。1955年，中共中央发布了毛泽东同志起草的《征询对农业十七条的意见》，该文件在广泛征询了各地的意见和建议后，明确提出了加快农业发展的迫切要求。1956年1月，中共中央政治局会议讨论通过了《一九五六年到一九六七年全国农业发展纲要（草案）》，并根据不同地区的实际情况制定了具体的农业发展指标。针对这些指标，中央提出了包括兴修水利在内的十项增产措施，并决定在农田水利建设、新式农具的推广、优良品种的扩大种植以及病虫害的防治等方面加大财政支持的力度。“一五”期间，我国财政对农业的投资总额达到了99.58亿元，这些资金主要投入农村基本建设、支援农村社队以及各种农业事业中。

第四，通过国家银行对农业发放了低息的农业贷款达76亿元。这些政策措施促进了农业生产和合作化运动的发展。

（三）手工业的社会主义改造

国家引导个体手工业走合作化的道路，把手工业者逐渐组织到各种形式的手工业合作社，实行集中式批量化生产。

在对手工业的社会主义改造中，我国财政给予其政策上的优惠和支持：第一，税收方面的优惠。1951年10月，政府颁布了《合作社交纳工商业税暂行办法》，其中明确规定，对于由原本应缴税但生活贫苦的个体小生产者组成的手工业合作社，特别给予三年的免税优惠。到了1953年10月，财政部税务局再次发布通知，明确指出，所有已经获得免税待遇的手工业合作社，以及新加入的成员中非纳税户所占比例不超过25%的合作社，均可继续享受免税政策。而在1955年，财政部又发布了《手工业合作组织交纳工商业税暂行办法》，对部分特定的手工业生产合作社的税收减免做出了具体规定。第二，资金方面的支持。统计数据显示，在手工业合作化的推进过程中，我国政府累计向该领域拨付了高达1.3亿元的各项资金，这一举措充分体现了政府对民生工程项目的高度重视与支持。

（四）资本主义工商业的社会主义改造

针对资本主义经济，国家采取了逐步进行改造的策略，主要包括持续强化和扩大社会主义经济对资本主义经济的引领作用，合理利用资本主义经济中对国计民生有益的方面，同时限制其不利影响，并逐步推进其向社会主义的转变。

在资本主义工商业的改造过程中，国家财政主要通过税收手段进行干预。具体而言，税收政策的制定体现了对不同行业和产品的差异化对待：工业领域的税负相对商业领域较轻，重工业的税负又轻于轻工业，而日用品的税负则低于奢侈品。对于有益于民生的商业活动，国家给予了较轻的税收负担；反之，则施以相对较重的税负。此外，在工商企业的税收政策上，国家采取了“区别对待，繁简不同”的策略。例如，对私营企业实施了全额累进所得税政策，并对其农产品调拨及批发业务征收了营业税；而对于国营企业和合作社的同类活动，则免予营业税征收，并在税收手续与方法上给予便利，试图平衡不同所有制形式下的税负差异，促进公平竞争环境的形成与发展。此政策不仅有助于社会主义经济的保护及增长，还成为促进资本主义工商业向社会主义转型的关键手段。国家通过合理调控与引导，实现了经济发展与结构优化双重目标，体现了国家宏观调控的智慧与远见。

在资本主义工商业的改造中，国家鼓励公私合营，逐步引导资本主义工商业转变为公私合营企业，经历了个别企业公私合营阶段和全行业公私合营阶段。

第一，个别企业公私合营阶段实行“四马分肥”原则。在公私合营阶段，企业的生产资料已由资本家所有改变为社会主义国家和资本家所共有。国家掌握着企业的领导权，而原有的企业领导者逐渐丧失了对生产资料的控制。此外，国家还分别规定了企业奖励基金和公积金的用途。奖励基金应以举办职工集体福利设施和奖励先进职工为主，公积金主要用于发展生产。基于“四马分肥”原则，在满足所得税、奖励金、公积金的分配后，将股东所得的股息限制在企业利润的20%左右。这一分配原则，扩大了国家财政作用的范围，使其深入合营企业内部进行管理。由此可见，公私合营企业已经在很大程度上具有社会主义的性质。

第二，实行私股定息办法。1955 年 11 月，全国工商联第一届执行委员会召开了第二次会议，会上发布了《关于私营工商业改造问题的报告》。该报告全面而深入地阐述了在全行业实行公私合营的背景下，将采取定股定息的措施，并且继续坚定地执行赎买政策的具体细节。会议结束后，通过了《全国工商联执委会会议告全国工商界书》，号召全体工商业者在党的领导下，积极响应社会主义改造的伟大号召。此举旨在促进经济体制转型，加速实现国家现代化进程。1956 年 1 月，全国范围内出现了全行业公私合营的高潮。据统计，在 1956 年全国的工业总产值中，国营工业占 67.5%，公私合营工业占 32%。1956 年 1 月，党中央发出了《中共中央关于对公私合营企业私股推行定息办法的指示》，提出：国家进一步推进社会主义改造的一项重大举措便是对公私合营企业的私股实行定息，这是向资产阶级特别是向大资本家继续进行赎买的重要方式。据统计，到 1956 年年底，全国公私合营企业的私股共计 34 亿元。这项政策的实施，进一步推动企业的生产资料由公私共有向全部由国家统一支配转变。1956 年 8 月，国务院转发了财政部制定的《财政部关于对私营工商业在改造过程中交纳工商业税的暂行规定》。该规定指出，对于公私合营企业的征税，将逐渐参照国营企业的征税原则进行，并会依据实际情况来制定具体的征税规定。举例来说，对于合作商店、合作小组以及个体小商小贩等，将采取简化征税程序、从宽处理以及给予适当照顾的原则，以促进公平合理税收体系建立，支持各类市场主体健康发展。

（五）其他

国家致力于维持财政年度的收支平衡，坚决反对财政赤字现象，努力达成社会总供给与总需求之间的协调一致。在理论层面，三大平衡理论（坚持财政收支平衡、信贷收支平衡、物资供求平衡）的提出，为我国经济发展提供了科学指导与理论支撑。

此外，国家还实行了财税体制改革。1954 年推行的分类分成预算管理体制，虽然在核心上仍强调集中管理，但它标志着传统“收支两条线”统收统支模式的初步革新，成为财政管理体制改革历程中的一个重要里程碑。这一变革不仅彰显了改革的坚定决心，也为后续发展奠定了坚实的基础。

在“一五”计划期间，我国政府充分利用财政职能，对国民经济的财力分配进行了有效的调控。整体而言，党和国家的方针政策稳定且深得民心，极大地激发了广大劳动人民的积极性和创造力。在这一背景下，国家财政总收入达到了 1 354. 88 亿元，而财政总支出则为 1 345. 68 亿元，收支相抵后略有结余。因此，这一时期的经济发展被人们誉为“黄金时代”。

第二节　20 世纪六七十年代的财政政策

一、国民经济调整时期：“左”倾思想影响下的财政政策

由于“三大改造”的顺利完成以及“一五”计划目标提前实现，我国社会主义经济建设的前景较为乐观。1958 年 5 月，党的八大二次会议通过了社会主义建设的总路线，该路线迫切希望改变我国落后的经济状况，却忽视了客观的经济规律，从而掀起了后来的“大跃进”和人民公社化运动。受“大跃进”运动的影响，我国的财政体系遭遇了较为严重的挫折，财政调控陷入了混乱状态，多种体制改革（涵盖预算管理体制、税收管理体制、企业财务管理体制以及基建和行政事业单位财务管理体制）被同时推进。

由于国家在制定指导方针时存在一定的偏差，财政支出迅速增加。1958—1961 年，国家财政连续出现赤字，累计赤字额高达 180. 3 亿元。与此同时，银行信贷政策也偏离了正轨，不再以效益为考量标准，而是继续执行“保障供应”的策略，这无疑进一步加剧了国民经济结构的失衡状况。在此背景下，物价飞涨，我国首次出现了通货膨胀现象，给人民生活带来了极大的冲击和影响。

为了摆脱日益严重的困境，中共中央提出了“调整、巩固、充实、提高”的八字方针，党和国家也及时运用财政政策做出了相应的调整。

（一）改革财政体制，完善财政管理

一是强化预算内、外资金的管理。1961 年 1 月 15 日，中共中央批准了《财政部党组关于改进财政体制、加强财政管理的报告》，同年 4 月又出台了《中共中央关于调整管理体制的若干暂行规定》，强调财政管理的集中统一，将财权集中于中央、大区以及省（自治区、直辖市）三级，完善了财政管理。大区作为财政层级的一环，肩负着对各省（自治区、直辖市）财政指标的分配与调剂职责，同时还承担着领导与监督其财政工作的任务，并拥有直接使用国家总预备费拨款的权限。各省（自治区、直辖市）则继续实施“收支下放、地区调剂、总额分成、年度调整”的财政管理方针，但需注意，部分重点企业和事业单位的财政收入已被明确纳入中央固定收入范畴。国家财政预算体系自中央至地方保持统一，坚持“全国一盘棋”的原则，适当考虑民族自治地区经济、文化发展的特点和需要。各级财政预算遵循收支平衡、略有结余的方针。预算外资金采取“纳、减、管”的办法，纳入综合平衡计划，按规定用途使用，切实做到计划安排，执行检查，按时报告。

二是严控企业财务管理，实行财政监察。在企业财务管理层面，1961 年 1 月，中共中央正式批准并转发了财政部提交的《财政部党组关于调低企业利润留成比例，加强企业利润留成资金管理的报告》。该报告明确指出，企业利润留成比例将大幅下降，具体从原先的 13.2%调减至 6.9%，降幅高达 48%。同时，该报告还进一步强调，企业所保留的利润资金，在依照国家规定用于支付奖金和职工福利等必要开支后，应更多地投入技术革新与技术革命等关键领域。在财政监察方面，1962 年 4 月，中共中央、国务院颁布了《中共中央 国务院关于严格控制财政管理的决定》，要求各级财政部门担负起经济监督的职责，加强对违反财经纪律等问题的检查和处理工作。1963 年 4 月，财政部发布了《关于中央国营企业财政驻厂员工作暂行规定的通知》，进一步加强了对中央国营企业的财务监管，巩固和发展了政府监督职能，从而为之后的财政调整提供了有力保障。

三是改进税收管理体制，加强税收管理工作。关于工商统一税的调整与审批权限，具体规定如下：税目的增减及税率的调整需报请中央审批。若工商统一税的纳税环节变动或税额调整涉及同一大区内两个或更多省（自治区、直辖市），则需报请中央局批准；若涉及两个不同大区，则需报请中央批准。地区性税收的开征，以及地方各税税目、税率的调整，或是在中央规定的所得税税率框架内确定具体执行税率，均需获得中央局的批准。此外，对于工商统一税中涉及新试制产品、采用代用品为原料的产品，或因灾情等特殊情形需给予税收减免优惠的，可由省（自治区、直辖市）进行审批。同时，地方各税的征税范围界定、减税免税政策的制定、对小商小贩加征所得税的相关规定，以及起征点的具体设定，也均由省（自治区、直辖市）负责审批。

四是严格划分国家财政收支和人民公社财务收支。国家对国家财政与人民公社财务实行分类管理原则。具体而言，对于城乡人民公社中属于国家财政收支的部分，采取“收入分项核算、分别上缴国库；支出则由上级下拨，实行包干使用，若有结余则归公社所有”的管理方式，确保收支两条线清晰分开。同时，城乡人民公社下属的企业、事业单位需遵循国家税法规定，依法缴纳税款。对于下放给公社管理的国营企业，其实现的利润在按规定提取企业留成资金后，必须全额上缴国家财政。此外，国家用于支援农村人民公社的投资、农村救济款以及优抚费用等，均实行专款专用的原则，确保资金精准投放，有效使用。

（二）压缩基本建设投资，调整经济结构

为了应对前期过多地扩大地方对基本建设投资的管理权限而导致的基建规模扩大、浪费严重等现象，财政部大力压缩了预算内基本建设拨款，具体措施有：①按照先生产、后基建的原则，压缩基本建设投资，停建、缓建了一批工程，基建拨款占财政预算支出的百分比由“一五”期间的37.6%降低到1962年的18.2%。②按照农、轻、重的顺序安排和分配有关资金，关停落后企业，优化经济结构，特别是针对工业内部的投资结构进行调整，并通过增加专项拨款来充分挖掘老企业的生产能力，以加速生产的恢复与发展进程。经过调整，重工业的发展速度大幅降低，农业投资所占比重逐步上升（农业投资占总投资的比重由11.3%上升至17.7%），农、轻、重比例趋于合理。③财政部提高了在农林水利方面的支出，1961年和1962年累计共支出106.48亿元，占两年国家预算总支出的15.8%，超出“一五”时期近10个百分点。在提高“支农”比例资金的同时，国家还减少了对农民粮食征购的数量。④国家压缩了政府大量的非生产性开支，精减了职工，用以减少国家财政的支出，整顿了全国的工商企业，增加了财政收入。

（三）扶持农业发展，减轻农民负担

在资金方面，加强对农业的支援，巩固集体经济的发展成果。财政部要求，在国家财政面临困境之际，须尽力确保“支农”资金的优先满足。据统计，1961—1962年，国家财政在农林水利方面的支出高达106.48亿元，此数额占这两年国家预算支出总额的15.8%；在基本建设投资领域，投向农业及支援农业的工业领域的投资占比，自1960年的16.6%提升至1962年的24.7%。此外，财政部还委托银行发放长期农业贷款，拨付农村救济费帮助农民度过自然灾害。1963年3月，农业部、财政部和中国人民银行总行联合制定了有关发放长期农业贷款的暂行办法，以帮助生产队添置生产资料。

在税收政策方面，实行有利于农业的财政倾斜政策，切实减轻农民税收负担。1961年6月23日，中共中央批转财政部报送的《财政部党组关于调整农业税负担的报告》。根据报告的相关要求，当年农业税的年度征收任务被调整为细粮1 110万吨，此举切实减轻了农民的税收负担，有效激发了农民的生产积极性，进而促进了农业生产的迅速恢复与蓬勃发展。同时，国家进一步减少了粮食统购的数量。按贸易粮计算，1960 年为 4 280 万吨，1961 年减少为 3 395 万吨，减少 20. 7%；1962 年进一步减少为 3 195 万吨，比 1960 年减少 25. 4%。征购数量的减少，增加了农民的粮食留量，保证了农民的基本生活需求。

（四）增收节支，回笼资金，消灭赤字，稳定市场

一是冻结单位存款。1960 年 12 月 20 日，中共中央、国务院发布了《中共中央 国务院关于冻结、清理机关团体在银行的存款和企业专项存款的指示》。各机关、团体、事业单位的银行存款和国营企业的专项存款（不包括流动资金）一律暂时予以冻结。为了保证生产、流通和国家行政管理的正常进行，对于冻结资金，以财政、银行部门为主，各有关部门参加，组成清理存款办公室，逐项进行审查清理。

二是清仓核资，充分发挥物资潜力。为了全面挖掘并发挥潜在能力，确保生产建设活动的顺利进行以及人民生活需求的充分满足，1962 年 2 月 22 日，中共中央和国务院发布了《中共中央 国务院关于彻底清仓核资，充分发挥物资潜力的指示》，规定指出，所有全民所有制单位均需广泛动员群众，开展一次全面、深入、统一且合理的清仓核资及物资处理工作。此项工作要求将清查处理与固定资产核实、流动资金核定紧密结合，并借此机会深刻总结物资管理经验，建立健全相关管理制度，以期进一步提升物资管理工作的效能。截至 1963 年 9 月底，据不完全统计，我国共清出超过合理储备的物资总值达 173 亿元，其中有 90%的超储物资已由国家统一调剂，用于生产建设和人民生活方面的需要。在清仓的基础上，又核定了企业的流动资金。相较于 1960 年，1962 年全国工业企业所占有的流动资金总额缩减了超过 60 亿元。与此同时，在清理拖欠货款的工作方面也取得了显著的成效。

三是大力整顿企业，增加财政收入。1962 年 10 月，中共中央、国务院发布了《中共中央 国务院关于坚决扭转工商企业亏损、增加盈利的通知》，要求全国工商企业在 1962 年预计亏损 93 亿元的基础上，1963 年减少亏损 30 亿~40 亿元。对于因管理不善而导致亏损的企业，要求其在短期内通过改进经营管理措施，努力实现扭亏为盈的目标，并争取向国家上缴利润。对于那些产品质量较差、成本较高，且在短期内难以改变亏损状况的企业，则应根据具体情况，坚决实行关、停、并、转。同时，各企业努力改善经营管理，开展增产节约运动，挖掘企业内部潜力，降低生产成本，节约流通费用，加强经济核算和财务管理，健全规章制度，使生产经营得到极大改善。

四是节约非生产开支，压缩社会集团购买。1962 年 3 月 14 日，中共中央、国务院发出《中共中央 国务院关于厉行节约的紧急规定》，提出了厉行节约的 12 条措施，要求：全国范围内的机关、团体、部队、企业和事业单位均被禁止购置家具和非生产性设备。对于已有但出现破损的家具和设备，应进行修补继续使用；若确实需要添置，则必须通过清理仓库，利用现有资源进行调剂解决。对于日常必需的办公用品的购买，各单位需提前制订计划，并报经主管部门审批，之后凭购货证前往市场购买。此外，国家明确规定，全国各级（包括中央、省、区、市、县）的招待部门所库存的日用品，如糖、茶以及丝绵毛织品等，仅供专门招待外宾使用。对于超出此用途的

部分，则必须统一交由商业部门投放市场进行供应。在压缩社会集团购买力方面，1960 年 8 月 5 日，中共中央发布了《中共中央关于大力紧缩社会集团购买力的指示》，全国所有机关、团体、部队、企业和事业单位被要求在 5 个月内，将公用经费中的商品性支出部分计划缩减约 20%，预计全国范围内总计将压缩 5 亿元。对于节约下来的经费，其中归属于地方的部分，将由各省（自治区、直辖市）根据实际情况自主安排使用；而归属于中央部门的部分，则按照五五比例进行分配，即 50%上缴财政部，50%留归各部门支配。需注意的是，这些被压缩出来的经费在 1961 年之前不得动用，必须统一存放于中国人民银行。

五是精减企业职工，减少城市人口，减轻国家工资支出压力。自 1961 年起，政府着力推行精减职工和缩减城镇人口的政策，主要聚焦于 1958 年后入职的、来自农村的新职工，鼓励他们返回农村从事农业生产。截至 1963 年 7 月底，这一精减任务已大体完成。在此期间，全国范围内共减少了 1 887 万名职工；同时，从 1961 年 1 月至 1963 年 6 月，全国城镇人口减少了 2 600 万人；全国全民所有制单位的职工工资总额也从 1960 年的 263 亿元下降至 1962 年的 214 亿元。这项措施降低了企业的生产成本，提高了劳动生产率，还减轻了国家财政支出压力，缓解了城市供应的困难①。

二、1976—1980 年“五五”计划

1976 年开始，我国经济工作进入第五个五年计划，其主要要求是：

（1）建立起比较稳固的农业基础。基本上实现农业机械化，全国粮、棉平均亩产上《纲要》②，农、林、牧、副、渔全面发展；粮食达到 6 500 亿~7 000 亿斤，棉花达到 5 700 万~6 200 万担。

（2）建立起比较丰富多彩、适应国内市场和外贸需要的轻工业。主要轻工业品产量有较大增长；一般日用工业品大部分省（区）基本自给；棉纱产量达到 1 450 万件，纸产量达到 450 万吨，糖产量达到 350 万吨。

（3）建立起比较发达的重工业。绝大多数产品在质量、数量、品种等方面基本适应国内需要；有比较强大的国防工业，适应装备部队、武装民兵和援外的需要；国家有较多的战略物资储备；钢产量达到 3 800 万吨，煤炭产量在 5. 8 亿~6 亿吨，石油产量达到 1. 5 亿吨，发电量达到 3 100 亿度。

（4）建立起基本适应经济发展和战备需要的交通运输网和邮电通信网；铁路、公路、水运相互衔接，运输比较畅通；远洋运输、民航、邮政、电信事业都有相应发展。

（5）有一个活跃城乡物资交流的商业网。城镇、工矿、林区的副食品供应有较显著的改善，农村有较多的工业品供应。

（6）对外经济交流进一步扩大。

---

① 刘蓉，等. 新中国财政税收制度变迁［M］. 成都：西南财经大学出版社，2020.

② 《纲要》即指《1976—1985 年发展国民经济十年规划纲要》。

（7）有比较先进、发达的科学技术和文教卫生事业；能独立自主地解决经济和国防建设中的重大科学技术问题；文化、教育、电影、电视、出版、新闻、广播、文物、体育、卫生、医药、气象、地震、测绘、计量、海洋研究等事业，都有较大发展。

（8）人口做到有计划地增长。工农业总产值平均每年增长 7.5%~8.1%，农业总产值平均每年增长 4.1%~5.3%，工业总产值平均每年增长 8.8%~9.2%[①]。

第三节　计划经济时代的财政政策的理论归纳和总结

一、计划经济时代财政政策的总结

新中国成立后至 1979 年以前，我国基本上实行高度集中的计划经济，被称为传统体制时期，财政政策也相应地由战时财政逐步转向建设财政，即在高度集权的计划经济体制下创建计划经济财政。总体而言，在传统经济体制以及社会主义经济建立与初步发展的阶段，财政调控在推动国民经济发展中扮演了至关重要的角色，其重要性仅次于计划调控，成为国民经济运行的主要调控手段之一。在这一时期，尽管我国尚未明确提出具体的财政政策及其目标，但从财政分配工作的实际操作和所坚守的基本原则来看，实际上已经实施了一种以确保财力供应为核心目标、采用统收统支为基本模式的财政政策。

1949—1952 年的财政政策实际上是一种市场型财政政策，其主要目的是恢复国民经济。

新中国成立初期，通货膨胀问题极为严峻。在此之前，通货膨胀问题长期存在，特别是后期的恶性通货膨胀，对社会经济造成了巨大破坏。为了稳固新生政权，迅速稳定物价成为当务之急。通货膨胀的直接诱因是货币超发，而超发的根源在于财政赤字。要从根本上解决这一问题，就必须消除财政赤字，但财政收支两端的压力均难以削减。军事支出、行政支出以及接管军教人员的费用，使得财政供养人口压力巨大。为了筹集足够的财政收入，统一财经成为关键，其中统一财政尤为重要。然而，即便如此，财政收支缺口依然存在。1950 年，国家财政收入为 62.17 亿元，而财政支出则高达 68.05 亿元。鉴于对通货膨胀的深恶痛绝，除了通过发行债券和向苏联贷款来弥补赤字外，银行透支额度也比原计划减少了 13.1%。在批评旧时税负过重的背景下，增税作为弥补赤字的手段面临社会压力。然而，在没有更好选择的情况下，增税也被列为财政政策的一项选择。经过努力，1952 年国家预算实现了平衡，这在军事支出压力持续不减的情况下尤为不易。此外，市场炒作也导致了物价上涨。在稳定重

① 刘日新. 新中国前三十年的经济：1950—1980 年的国民经济计划［M］. 北京：中国经济出版社，2016.

点商品供应和平抑市场方面，财政支出发挥了重要作用。1951年和1952年，居民消费价格指数（CPI）分别上涨了12.5%和2.7%，表明通货膨胀问题已得到有效解决。

这一时期的市场型财政政策，实际上是在一个市场体系并不完善、经济以农业为主导的国度中推行的。中国作为一个农业国，此时的市场发育程度较低，即便是工业化程度相对较高的沿海地区，其发展水平也颇为有限。加之战争威胁持续存在，国内问题亟待解决，抗美援朝战争又带来了沉重的军事支出负担，使得财政支出的削减几乎成为不可能。在这样的背景下，财政能够维持正常运转已属不易。在1951年财政实现平衡的基础上，1952年的财政收支再次达到了平衡状态，当年财政收入达到173.94亿元，财政支出则为172.07亿元。在这样的财政状况下，其他政策目标如就业目标的兼顾就显得尤为困难。尽管如此，恢复国民经济的目标还是得到了很好的实现。1953年，国内生产总值实现了15.6%的增长，而1954年也继续保持了正增长，增长率为4.3%。

1953—1978年为计划型财政政策。

1953年，中国踏上了实施首个五年计划的征程。鉴于计划编制经验的缺乏，“一五”计划在实践中逐步成型，但其核心——与计划经济体制紧密相连的重点工程建设始终在稳步推进。在此期间，苏联援建的156项重点工程构成了工业经济体系的中坚力量，辅以超过900个限额的大中型配套项目，共同构筑了新中国工业经济体系的雏形。因此，财政政策的重心自然而然地落在了为重点建设项目筹集资金上。截至1956年年底，中国基本完成了对农业、手工业以及资本主义工商业的社会主义改造任务。在此期间，除了税收政策外，国家还借助价格政策、折旧政策以及低工资政策，最大限度地集中财力用于积累。宏观财政政策与微观财政政策实现了深度融合，国家财政与国营企业财务也达到了高度统一，财政政策的宏观目标通过直接介入微观经济活动的手段得以落实。

在计划经济体制下，财政政策的直接调节是建立在企业（特别是公有制企业）缺乏自主经营与自负盈亏能力的基础之上的。企业的财务管理被纳入财政管理的范畴之内，其成本费用核算制度并非由企业自主决定。企业更像是经济布局中的一枚棋子，其行动路径并非由自身选择，而是成为财政政策直接调节的对象。这种做法的优势在于，财政政策能够深入企业层面，实现全面的调控；其弊端在于，可能会削弱企业的积极性。在短期内，精神激励或许能够发挥一定的作用，但长远来看，它无法替代物质激励的效用。这导致了企业生产效率的严重下降，进而对国民经济效率造成了深远的影响。在计划经济体制下，一切经济活动均通过计划进行调控，但这种计划性却在某种程度上束缚了效率的提升，最终对计划经济体制的正常运行产生了不利影响。

在计划经济体制下，确保宏观经济的稳定，核心在于维持财政收支的平衡。“既无内债又无外债”曾一度被视为社会主义制度的一大优势。财政政策遵循“量入为出”的原则至关重要，因为财政收入已经力求最大化，若支出超出收入，将导致国民收入的超分配，不仅会使财政失衡，还会破坏国民经济的综合平衡。国民经济的综合平衡不仅要求总体上的均衡，还需实现“四平”，即财政平衡、信贷平衡、物资平衡和外汇平衡（最初仅提及“三平”，未包括外汇平衡）。综合平衡既涉及资金与物资的平衡，也要求对内与对外的平衡，涵盖资金平衡与物资平衡两个方面。实现综合平衡，意味着国民经济需按照计划并有比例地发展。在财政政策的执行过程中，也逐渐形成了一些经验比例数据，如“二三四比例”，即积累占国民收入的 20%，财政收入占国民收入的 30%，而基本建设支出则占财政支出的 40%。

尽管已经认识到国民经济需要按比例协调发展的规律，但在实际操作层面，建设规模仍有可能超出国家的财力承受范围。1953 年、1955 年以及 1956 年，国家财政均出现了赤字。而“大跃进”运动更是加剧了财政收支的失衡，导致 1958—1960 年连续三年财政赤字。此后，政府才提出了“调整、巩固、充实、提高”的方针以应对这一困境。在计划经济体制下，“计划框财政，财政框计划”，财政在一定程度上能够对计划起到约束作用。然而，在“文化大革命”时期，计划成了基础，财政则被视为保证，这种倒置的关系最终导致了国民经济的严重受损。

在计划经济体制下，计划编制的科学性占据了举足轻重的地位。然而，以产量为导向的计划经济本质上属于实物经济范畴，其控制的核心在于数量，而缺乏市场价格信号的引导，这往往导致计划与实际脱节，预算难以符合现实情况。在计划经济体制下，财政政策的实施是基于城乡分割的框架进行的。国民经济要实现按比例协调发展，从根本上说，就是要达成社会生产与社会需求之间的平衡。但由于激励机制与信息传递的问题，计划经济的效率提升面临重重困难。因此，财政政策的实施不得不采取直接调控（计划安排）的方式。这种财政政策无须市场作为中介，甚至市场在很大程度上只是形式上的存在，是扭曲的市场。在这样的市场中，票证与价格并行使用，而市场价格也是扭曲的，短缺经济问题尤为突出。市场参与者并未按照市场的要求进行运作，甚至对“利润”这一核心财务指标也缺乏足够的重视。经济核算在这种情况下，仅具有一定的参考价值。

在计划经济体制下，财政政策的最终目标聚焦于维持财政平衡，这一政策深受朴素的财政收支观念影响，即直接目标是避免赤字，确保财政的平稳运行。实际上，在这种体制下，财政政策并未被赋予过多的功能，许多政策目标是通过计划和生产资料的公有制来实现的。传统政治经济学认为，资本主义的经济周期和经济危机源于生产资料的私有制与社会化大生产之间的矛盾。为了消除这一根本矛盾，需要将生产资料的私有制转变为公有制（实践中主要表现为国有制）。公有制能够实现有计划按比例地发展，从而避免资本主义条件下的经济不稳定问题。政府通过生产资料公有制和计划手段来控制物价，解决就业和国际收支平衡问题，进而促进经济增长。然而，政府控制物价导致许多商品的价格多年保持不变，但这种价格稳定背后隐藏着“短缺”问题，不变的价格实际上是扭曲的价格，掩盖了真实的市场状况。同时，政府通过户籍制度将人口分为城镇和农村两类，分别对应不同的就业渠道和单位，但这种看似充分的就业背后却隐藏着“隐性失业”问题，单位内部“冗员”现象严重，就业量超出了最佳需求水平。此外，政府还严格控制进出口贸易活动，实施严格的外汇管理制度以维持外汇收支平衡，但这也导致了经济的对外开放程度较低。在传统经济体制下，虽然经济能够取得一定的增长，但增长的后劲不足。传统体制所蕴含的经济波动性最终会导致经济增长乏力，甚至出现倒退。因此，从宏观经济的角度来看，稳定的目标难以实现。鉴于此，改革传统计划经济体制，构建更有利于经济稳定的体制和政策机制，成了政府的重要任务①。

二、计划经济时代财政政策的特点

（一）“区别对待”

新中国成立初期，为了推动资本主义工商业向社会主义的转型，国家采取了“区别对待”的政策，针对不同所有制经济和行业实施差异化待遇，具体体现在两个方面：①在税负方面，私营经济相较于国营经济和集体经济承担了更重的税收负担。同时，在征收手续和征收方法上，公私企业也受到了不同的对待，国营经济在税收方面获得了最大限度的便利，以此方式来限制资本主义工商业的发展。②在行业和产品税率方面，国家也实行了高低不同的税率政策，工业税率低于商业，重工业税率低于轻工业，日用必需品税率低于奢侈品。由于私营企业主要集中在商业和轻工业领域，因此这种税率政策同样起到了抑制资本主义工商业发展的作用。社会主义改造完成后，资本主义工商业在我国逐渐消失，一个以公有制为主体的经济社会逐渐形成。此时，针对公私经济的“区别对待”政策已失去其原有的意义，但“区别对待”的原则仍然被应用于不同行业之间。在实施“赶超”战略的背景下，国家通过一系列措施，如低工资制度、工农产品价格剪刀差以及财政的统收统支等，全力支持工业特别是重工业的发展。这些措施实质上是以牺牲农业和农民的利益为代价，将农业部门创造的财富转移到工业部门。同时，“高积累、低消费”的政策也极大地限制了商业和轻工业的发展。这种“区别对待”的做法，最终导致国民经济中的各种比例关系出现了较为严重的失衡。

（二）“生产建设性财政”

“生产建设性财政”是计划经济时期财政支出政策的一个生动写照，它意味着国家财政资金主要流向了生产建设领域，而对于非生产部门的投入则显得捉襟见肘。这一“高积累、低消费”的现象，与当时特殊的经济增长模式紧密相连。在高度集中的计划经济体制下，国家掌控了几乎所有的社会资源，因此政府自然而然地成了社会投资的主导力量。国家财政资金根据最终用途，可以划分为积累和消费两大块。在财政资金总量确定的情况下，积累率的高低直接关乎经济的增长速度。出于对高速增长的极度渴望，当时的决策者将积累率推至了极高的水平，而全民消费水平则被压缩到

① 刘溶沧. 中国财政政策货币政策理论与实践［M］. 北京：中国金融出版社，2000；刘晓泉，钟金芳. 中国共产党财政政策的探索历程及基本经验［J］. 江西财经大学学报，2022（3）：3-12.

了仅能满足基本生存需求的程度。回顾整个计划经济时期，生产建设性支出在政府总支出中占据了举足轻重的地位。

（三）“苛守年度预算平衡”

在计划经济时代，国家几乎掌控了全部的社会资源，因此财政的平衡在很大程度上反映了整个社会经济总量的平衡状态；财政失衡则往往预示着社会总供给与总需求之间的失衡。由于计划经济本质上是一种“短缺经济”，当财政收支不平衡时，真正对宏观经济稳定构成威胁的是财政赤字而非财政盈余，这一点在计划经济的实践中得到了反复验证。因此，在计划经济的大部分时间里，政府都严格坚守年度预算收支平衡的原则。1950—1978 年出现了多次财政赤字，这些赤字大多并非政府的主观选择，而是财政虚收导致的。因为在传统体制下，政府的预算安排总是力求平衡。即便在经济调整的年份，当财政收入大幅下降时，政府也会通过削减基本建设项目甚至进一步压缩消费等手段来降低财政支出，以维持预算平衡。由此可见，那个时期的预算具有鲜明的“以收定支”特点。

（四）政府收入机制的“不完善”

在高度集中的计划经济体制下形成了一种独特的财政收入机制，其独特性在于，政府的主要收入来源并非税收，而是依赖于国有企业的利润上缴。国家通过实施低工资制政策，并人为压低农副产品的收购价格，巧妙地实现了双重目标：一方面，降低了国有企业的生产成本；另一方面，使得农业部门所创造的利润得以转移到工业部门来实现。随后，通过财政的统收统支制度，国有企业的利润被集中收缴至国家手中。在这一特殊的政府收入形成过程中，价格、工资以及企业留利均成为政府组织收入的重要手段，它们的高低直接决定了财政收入的多寡①。

三、计划经济的弊端和改革开放的必然性

从新中国成立至改革开放前夕，我国采用的是计划经济体制，其特点是全社会成员共同占有生产资料，并在国家的统一规划下，按照社会的实际需求进行生产与消费活动。在这一背景下，财政作为国家筹集与运用资金的核心手段，对于实现国民经济和社会发展计划起着至关重要的作用，因此其管理体制必然需要适应并服务于计划经济这种特定的资源配置模式。在计划经济时期，我国推行的是以重工业优先的赶超战略，需要进行大规模的工业化建设。要实现这一战略目标，就需要集中大量的人力、物力和财力，高度集中、统收统支的财政体制为解决这些问题做出了巨大贡献。

然而，随着我国国民经济的进一步发展，在经济关系日益复杂的情况下，以高度集中为特征的财政体制的先天缺陷也逐步暴露出来。首先，在高度集中、统收统支的财政体制下，各地区、各部门以及各单位的收入和支出均由国家财政控制，国家取代了微观主体的决策功能。这种财政体制在经济规模很小时不会阻碍经济的发展，反而

① 冯海波. 关于中国财政政策演变的规律性认识［J］. 当代经济研究，2003（4）：24-27.

对经济有促进作用。随着经济规模不断扩大，经济活动日益复杂多变，此时政府就难以掌握全部信息，很容易导致计划失误或失效。其次，高度集中的财政体制直接导致了政府职能的扩张，财政包办了各项社会事业，严重限制了各地方、各部门以及各企事业单位的积极性、创造性。最后，为了为重工业的发展筹集资金，实施的工农业产品价格“剪刀差”政策和城市居民低工资制度，不仅未能有效提升人民的生活水平，反而削弱了劳动者的生产积极性。面对传统计划经济体制和财政体制的种种弊端，其改革势在必行①。

① 马海涛. 财政理论与实践［M］. 北京：高等教育出版社，2018.

第七章

改革开放以来我国的财政政策实践

第一节　转轨时期的财政政策实践（1978—1991 年）

进入经济转轨时期，我国以“放权让利”为主要导向，改革领域主要设置为调整并改善中央地方之间、政府企业之间的关系。党的十一届三中全会提出，我国经济管理体制的一个严重缺点是权力过于集中，应该由领导大胆下放，让地方和工农业企业在国家统一计划的指导下有更多的经营管理自主权。我国的财政体制改革作为该时期各项社会改革的先头部队，放弃了高度集中的经济模式，逐渐向财政包干制度过渡，为接下来一系列的社会改革打下良好基础并提供了思想上的指引。

经济转轨时期，我国经历了三个较为明显的经济周期，分别是 1978—1981 年、1982—1986 年、1987—1991 年。在这三个经济周期中，我国对现代意义上的财政政策进行了初步探索。

一、八字方针指引和指令性财政政策经济调控（1978—1981 年）

1978 年之前，我国进行了一系列社会主义建设的尝试，但由于缺乏科学的理论指导和思想方针，改革道路并不顺利，并由此积累了一系列复杂社会问题，极大地影响了社会经济的发展。党的十一届三中全会决定将国家工作重心转移至经济建设，由此开始了国内经济的迅猛增长。1978 年，改革开放给出了中国国内生产总值增长 11.67%的优秀成绩。在缺乏市场经济体制配合的情况下，中国当时的经济发展主要由国家投资推动，这给国家财政和通货膨胀带来了很大的压力。1979 年，财政收支由盈转亏，当年财政赤字率为2.52%。1980年，国内的消费者特价指数以7.5%的速度增长，造就了极大的通货膨胀压力。为应对伴随着宏观经济体制变革而产生的经济波动，平稳社会经济，持续稳定发展，1979年的党和政府会议决定，在进一步中国经济发展中，以八字方针即调整、改革、整顿、提高为思想引领。

第一，财政管理体制逐步过渡至“包干制”，建立适应市场经济的政府财力分配模式。三个直辖市除外（京津沪），1980年，我国各地区开始陆续过渡到“分灶吃饭”的财政收支包干划分管理体制。从此之后，中央和地方各级政府开始进行对事权、财权的结合方法的探索，这一制度变革有力地调动了中央与地方政府管理各自事务的积极性，政府运行效率大幅上升，进一步减少了财政收支差额，宏观经济的调控逐渐科学化，调控力度加大。

第二，控制社会消费，调节投资增长。由于社会需求的大量增长，我国面临严重的通货膨胀，为此党和政府决定从消费和投资两方面着手，控制社会需求的膨胀，具体包括整顿财政纪律，停发超额奖金津贴，压缩国有企业、行政机关和事业单位的不合理支出，减轻财政压力等。与此同时，1979年，财政部明确要求，要严格执行国家的预算指标，以预算指导各个项目建设的拨款；要强化对投资项目的审核批准，对进行中的项目进行再评估，对一批非生产性投资项目应缓建、停建。

第三，利用政府补贴和限价等政策工具合理有序地调整供需平衡，逐步消除过渡时期产生的通货膨胀。同时，1979年，为保证市场粮油等生活必需品的供应并逐步缩小工农产品的“剪刀差”，国家财政对农业生产资料和农产品收购增加其价格补贴额度，并以平价方式销售收购的农产品，以保证基本粮食市场的供给水平，保障人民日常生活。

第四，依靠财政政策优惠扶持优秀外贸企业成长，实现外汇创收，平衡国际收支。政府加强对外贸企业进行审查评估，一方面，业绩不佳、依赖财政补贴才能维持生产的企业，对其出口产品的生产进行调整，严格管控高补贴产品的出口，降低财政无效支出；另一方面，有能力创汇的外贸企业，则加强税收优惠政策对其生产和扩张的激励。

改革开放初期，由于体制惯性，国家和政府依旧主要依靠行政性的命令来调节宏观经济，并以此解决社会改革所伴随着的经济波动。这一时期通过紧缩性的财政政策，压缩经济过热，虽然宏观经济基本面发展态势得到了有效的调控，但是由于宏观经济的调控体系缺乏来自市场经济体制的配合，社会发展依旧受到了一定的影响。

二、大幅度的宏观财政政策和经济体制调整（1982—1986年）

这个时期，我国经济进行了大范围的调整和改革，经济波动较强。为满足建立新财政体制的需要，我国的财政政策逐步放松，财政赤字率、GDP增速、CPI逐年提升。由于“利改税”和“拨改贷”改革缺乏价格配套措施，在提高企业积极性的同时，严重影响了财政收入；与此同时，财政支出调整较慢，导致社会需求膨胀，财政赤字压力激增，经济出现明显的过热现象。

1985 年，为加强对经济的逆周期调节，政府开始实行紧缩的财政政策，并于 1986 年财政收支由亏转盈，通货膨胀的速度也得到有效抑制，但却也让经济增速陷入停滞。

由于基本财政调节机制尚未建立完全，这一时期的经济调节措施仍主要依靠行政命令性手段，缺乏与市场经济的有效配合，政策目标依旧集中于短期经济调控；政策措施反复且不稳定，没有对于长期经济发展的调节预期，政策目标和政策缺乏长期视野，财政工具的滞后性明显，且对于经济调控的效果不尽如人意。

三、经济过热与市场调节机制的介入（1987—1991 年）

进入 1987 年，党中央确立了“以经济建设为中心，坚持四项基本原则、坚持改革开放”的基本发展路线并以长远的目光规划了“三步走”的发展蓝图，财政作为国家治理的基础和重要支柱的作用得到了进一步发挥。这一时期，中国的承包制度开始全面推行，但由于市场机制的建立尚处于起步阶段，市场机制无法跟上承包制改革的脚步，出现了一系列行政腐败问题和通货膨胀问题。为了防止经济发展脱离现实，国家开始出台一系列经济整顿政策，包括降低资本性质的财政支出，对社会非生产性固定资产投资进行压缩，逐步平衡供需关系；严控消费基金规模，耐用品实行专卖制度，增加对粮油等农副产品补贴，防止需求型通货膨胀；缩减财政开支，停止对缺乏效率的国有企业进行补贴和投资，控制行政管理支出，同时开始着手多重税制改革，调节资源配置。经过一系列紧缩性的财政措施的组合发力，当时的经济增速开始回归合理范围，通货膨胀得到了有效控制，但由于受到财政承包制的影响，财政赤字则需要在进一步的改革中进行解决。

第二节 市场经济条件下的财政政策实践（1992—2008 年）

1992 年 10 月，党的十四大明确提出，我国经济体制改革的目标是建立社会主义市场经济体制。同建立社会主义市场经济相适应，我国财政开始转向构建具有公共财政特征的财政运行模式，并逐步形成了现代意义上的基于财政货币政策工具的宏观调控模式。由此，全新的经济建设和改革进入高速路，中国经济开始快速向好的方向发展。

一、适度从紧的财政政策（1992—1997 年）

20 世纪 90 年代初期，随着我国改革开放程度的不断提高，经济体制改革不断推进，市场机制开始逐步增强对资源的配置作用；同时，国有企业的经营权、自主决策权不断增强，标志着国有企业开始融入市场经济体制，我国经济进入了新的快速增长阶段。由于放权让利的改革激发了居民、企业等微观经济主体的生产积极性，投资需求过度扩张，生产资料价格迅速上涨，经济出现了异常的膨胀态势，人民生活受到一定程度的影响。其具体体现在：一是基本建设投资项目上的过猛，摊子铺得过大，造成银行信贷不断增加，货币投放过量。例如，仅 1992 年这一年，我国新办开发区总数达到 1 951 个，是前四年总和的 15 倍之多。基本建设的过度投资导致了“房地产热”和过分的开发区建设。此外，工资改革使得整个社会的购买力增强，社会购买力增加的速度远超过经济增长的速度，社会供给远不能满足社会的需求方面。二是与工业生产配套的基础设施和基础产业投资不足，特别是交通运输方面，无法满足原材料的运输需求；另外，钢材、水泥、木材等建筑材料供需矛盾也非常突出。三是国内供需矛盾较大，国内供给不能满足自身的需求，从而导致我国进口大量增加，国际收支出现逆差。

1993 年，我国政府明确提出了要加强并改善宏观调控。为了调控经济，我国政府于 1993 年 6 月 24 日出台了《中共中央 国务院关于当前经济情况和加强宏观调控的意见》，确定了采用从紧的货币政策和财政政策，以此来遏制高度的通货膨胀并保持国民经济适度合理增长。此次适度从紧的财政政策所采取的具体措施如下：

第一，加强税收的征管，清理税收优惠政策。首先，除了对国有经济单位的税收征管加强，还加强了对非国有经济单位的税收管理，其中也包括随着市场化改革而出现的外资企业。在加强税收征管的同时，还取消了各地方政府越权设立的各项税收优惠政策，如制定政策，取消地方政府越权减免税，减少能源交通重点建设基金、预算调节基金等，规定不得减免固定资产方向调节税，严格控制国家级开发区税收优惠的准入资格，并对未经中央政府批准的各类经济开发区，取消其税收优惠资格。地方政府不得自行决定对企业承包流转税。除了上述措施外，还改进了有关进出口退税的征管办法，取消了一系列对关税和进口工商税的减免。其次，整顿税收征管薄弱环节，大力清理拖欠的税款并开展了全国性的财税大检查。最后，限期完成了国库券的发行任务。

第二，严格控制财政赤字。为了实施紧缩的财政政策，控制赤字规模是一项非常重要的手段。1994 年 3 月通过的《中华人民共和国预算法》规定，中央政府经常性预算不列赤字，地方各级预算不列赤字。1994 年开始，中央陆续发行一系列国债来弥补财政赤字，停止向中国人民银行透支或借款。1996 年 3 月全国人大会议决定，“九五”期间政府应逐步减少财政赤字，平衡基本财政收支。随着一系列政策的出台，政府开支得到有效控制。财政支出增幅从 1993 年和 1994 年的 24. 12%和 24. 8%下降至 1995 年、1996 年、1997 年的 17. 78%、6. 23%和 16. 33%[①]。

---

① 根据国家统计局官网数据整理。

第三，压缩社会集团购买力，清理压缩基本建设项目。1993 年下半年开始，我国政府进一步对会议经费进行管控，地方和部门会议经费要在年初预算的基础上压缩 20%；严格控制实效不大的出国考察；禁止企业滥发补贴、实物和代币购物券。1994 年，我国政府明确要求合理控制和引导消费需求的增长，继续实施禁止各种滥发奖金、津贴的办法，并适当控制了工资的增长速度。1995 年，除了继续实施上述有关办法外，财政部还进一步要求建立社会集团的指标管理、专项审批、统计管理和监督检查体系，优化对社会集团购买力的管理。在清理和压缩基本建设项目方面，我国政府主要采取的办法是严格控制投资规模，清理在建项目，停建和缓建了一批不符合产业政策、市场前景不好的项目，新上的大中型基本建设项目则需要经过中央政府批准才可以开工建设。

通过各个层面的管理机制改革和适度从紧的财政政策之间的相互配合，20 世纪 90 年代的经济过热得到了良好的控制，中国经济逐渐进入了“高增长，低通货膨胀”的良好经济发展态势，财政职能范围逐步缩减和精确化，财政赤字也因为经济体制的健全而稳步下降。这一时期，财政政策改变了以往注重行政指令的模式，更加着眼于经济、制度、法律等手段及其之间的相互配合，方式更加灵活，也更加适应市场机制，并且出台的一系列政策目的明确，延续性、稳定性更强。

值得一提的是，经济转轨时期所采取的各种财政包干制度在打破高度集中、统收统支的财政局面，扩大地方相应财权，提高资金的使用效率方面做出了巨大的贡献。然而，由于中央政府财政权力的过度下放，其财政收入占总财政收入比例的下降削弱了中央财政的宏观调控能力，还造成各地方政府减免税无序竞争以及重复建设和区域封锁、地方保护等问题（我们常常提及的“诸侯经济”）。财政包干制度存在的弊端与建设社会主义市场经济要求是相违背的。

首先，建设社会主义市场经济要求建立起资源、要素自由流动的统一的全国性大市场，财政包干制度导致的“诸侯经济”现象的产生显然不符合要求。其次，市场经济要求国家减少对市场的直接干预，提倡利用间接手段调控经济运行。财政政策作为政府调控经济的重要方面具有不可替代的作用，而中央政府财政收入占总的财政收入的比重代表着其调控经济能力的大小，因此中央政府的财政收入占全部财政收入的比重不能持续下降，必须维持在一定的水平上。最后，市场经济要求建立起公平的微观主体竞争市场环境，财政包干制度下的各地方政府减免税无序竞争给微观主体塑造了不公平的竞争环境，显然违背了建立市场经济的要求。针对财政包干制的这些弊端，1993 年 12 月，国务院发布了《国务院关于实行分税制财政管理体制的决定》，决定从 1994 年 1 月 1 日起在全国实行分税制财政体制改革，其主要内容为中央与地方的事权财权划分，并提出要依靠中央政府和地方政府的事权来划分中央财政和地方财政的支出范围；立足基本国情并借鉴国际经验合理划分中央政府和地方政府的收入范围；建立起了中央财政对地方财政的税收返还制度。此外，为配合分税制的改革，我国同步进行了税收征管体制、国有企业利润分配制度、预算编制办法等其他的配套改革，还建立并规范了国债市场[1]。

二、积极的财政政策（1998—2004 年）

随着亚洲金融危机严重冲击了我国当时的经济发展，为此，我国开始转向实施积极的财政政策[2]。当时，我国长期经济建设探索和变革所带来的诸如经济结构矛盾等深层次问题，受金融危机和国内市场约束的双重因素影响而逐渐凸显出来，具体表现在以下三个方面：

第一，对外贸易受到严重影响。1997 年从泰国开始的亚洲金融危机爆发，并迅速波及至东南亚的各个国家。作为我国进出口贸易和投资的主要对象，东南亚各个国家的经济在此次金融危机中受到了严重的冲击。随着泡沫经济的破灭，各国的生产停滞，经济开始倒退，这直接导致了我国出口形势的恶化。此外，大量的国际资本回流到欧美等地区，造成了亚洲地区的资本短缺、投资萎缩，我国同样受到牵连。

第二，消费需求增长减缓，投资需求增长乏力。由于居民收入增长缓慢，再加上住房、养老、医疗体制等改革逐步推开，居民支出的预期增加，相应地减少了部分消费，社会上的多种商品处于供过于求的状态，这使得物价水平持续走低并出现了一定程度的通货紧缩。另外，受到消费需求增长减缓的影响，各类投资需求增长也开始回落。1997 年的全社会固定资产投资较上年回落了 6 个百分点。

第三，经济结构问题突出。亚洲金融危机的发生使我国长期存在的经济结构不合理问题更为突出，主要体现为高技术产品的不足和低技术产品的过剩、“二元经济”问题突出以及区域经济发展中的东部地区与中、西部地区发展不协调，其差距逐步拉大。

在上述背景下，我国于 1998 年决定实施积极的财政政策，主要措施如下：

一是增发长期建设国债，集中力量投入基础设施建设。1998 年 8 月 29 日，第九届全国人民代表大会常务委员会第四次会议审议通过中央财政预算调整方案，中央财政赤字调整为 960 亿元，同时决定增发 1 000 亿元长期建设国债和与之相结合的 1 000 亿元的银行贷款额度，这些资金将全部用于基础设施建设。1998—2004 年，我国共计发行了长期建设国债 9 100 亿元，至 2004 年年末，共安排国债项目资金 8 643 亿元，并拉动各方面配套资金超过 2 万亿元，这些资金主要流向了农林水利和生态建设、交通通信以及教育、文化、卫生等基础设施建设领域，极大地推动了基础设施建设。

二是调整税收政策。为了促进经济发展，我国决定开始于 1999 年减半并在 2000 年开始逐步停止征收固定资产投资方向调节税；1999 年起，对符合国家产业政策的技术改造项目国产设备投资按 40%的份额抵免企业所得税；居民储蓄存款所得税恢复征收；适度调整金融保险业和证券交易的印花税税率；扩大出口退税范围，提高出口退

① 彭健. 分税制财政体制改革 20 年：回顾与思考［J］. 财经问题研究，2014（5）：71-78.

② 孙磊. 中国财政政策动态效应的实证分析：1998~2004［J］. 财贸研究，2006（1）：59-64.

税率；为了提高土地经济对于经济发展的推动作用，房地产领域有关的营业税、契税、土地增值税也得到一定的减免。

三是调整收入分配政策，完善非税收入政策。为了扩大消费需求，1999—2002年，我国机关事业单位职工工资标准连续三次得到了提高，并实施年终一次性奖金制度，国有企业下岗职工等低收入人员的基本生活水平得到了保障。企业离退休人员的待遇提高，社会保障体系的建立提上日程并加速推进。为了减轻社会和企业的负担，1998—2002年取消的1 965项缴费项目，累计为企业和社会减轻经济负担达1 332亿元。此外，国家还开展了农村税费改革，改革试点地区的农村，农民的负担减少一般在30%以上。

四是支持经济结构调整，加大对中、西部地区的转移支付力度。我国政府及时安排拨付补助资金，支持国有企业关闭破产工作，2002年安排的补助资金达129.58亿元。同时，国家财政还积极支持石油、有色金属、汽车等行业的重组和改革。为了缩小东部地区和中、西部地区的经济发展差距，国家财政还加大了对中、西部地区的转移支付力度。

三、稳健的财政政策（2005—2008年）

由于我国政府一系列及时准确的经济调控政策，金融危机的外在冲击得到了有效缓解，同时于21世纪初顺利加入世界贸易组织（WTO）。在一系列优势条件的共同作用下，我国经济的发展态势显得不可阻挡，但改革求索之路尚未终止，具体表现为我国开始认识到并着手解决经济发展内部的结构性问题，同时由于前期经济调控手段的曲折探索，我国财政赤字率一路走高，未来财政政策的可操作空间受到挤压。因此，我国政府在2005年提出“控制赤字、调整结构、推进改革、增收节支”的稳健型财政政策，具体包括：

第一，控制赤字。稳健的财政政策要求适当减少中央财政的赤字，但又不能减少过多，原因在于此时的财政政策目标既要防止通货膨胀的出现，又要杜绝通货紧缩的出现。因此，在2004年财政赤字3 192亿元的基础上，2005年安排的财政赤字减少192亿元，在随后的2006—2008年，中央财政赤字比上年继续减少，各年分别比上年减少了251亿元、749亿元和200亿元。在减少赤字规模的同时，长期建设国债也同样进行了调减，由2004年的1 100亿元减少到了2008年的300亿元。

第二，调整结构。面对经济结构不合理的问题，中央财政在财政支出总额不扩大的基础上对经济结构进行了相关调整。首先是加大了对“三农”的投入力度。2005—2007年，中央累计对“三农”的资金投入达到了10 810亿元。其次是加大了对教育、医疗卫生、社会保障等民生方面的投入力度。再次是扩大转移支付的规模，优化了转移支付的结构。2004—2007年，中央的转移支付规模由6 357亿元扩大到了14 017亿元，并且向中、西部地区倾斜以促进基本公共服务均等化。最后是加大资源节约和环境保护的支持力度，同时对科技进步和自主创新给予了大力的支持，对自主创新的企业给予了税收方面的优惠。如加大对企业自主新投入的税前抵扣力度、允许对用于研发的仪器设备进行加速折旧等。

第三，推进改革。为了给市场主体和经济发展创造一个良好的、公平的制度环境，我国财政进行了相关改革：首先，推进了生产性增值税向消费性增值税的转变，统一了内外资企业所得税，深化了农村税费改革，实施了出口退税机制、分担机制改革等。其次，顺利实施了个人所得税工薪所得费用扣除标准的调整方案，推进改革公务员工资制度，适当提高了最低工资标准。最后，建立了与我国经济发展水平相适应的社会保障体系，深化了义务教育保障机制改革。

第四，稳定物价。在实施稳健的财政政策过程中，我国出现了物价水平上涨较快的现象，为了平抑物价，我国一方面增加了对农民的各项农业生产活动的补贴金额，调动了农民农业生产的积极性；另一方面加大了对交通运输、煤炭开采、电力生产和石油开采等行业的投资力度，解决了工业生产中部分原材料供应不足的问题。

这一时期的稳健财政政策，彰显了中国经济体制改革和一系列财政政策实践所取得的阶段性成果，它标志着中国由计划经济向市场经济的快速、稳定转向；同时，国家财政作用领域更加明确，公共领域和私人领域边界更加清晰，市场活力得到有效激发，调控手段变得有效且合理，经济发展水平持续居于高位的同时，物价保持稳定，改革开放取得了初步成果并持续稳定推进。

第三节　宏观经济调整优化的财政政策实践（2009—2019 年）

2009 年，经济发展内部结构性因素和外部周期性因素叠加，在双重因素共同的压力作用下，我国经济发展面临着前所未有的困难局面。此时，随着次贷危机在美国爆发，作为世界货币，美元的不稳定导致了国际金融形势骤变，全球金融市场受到严重冲击，包括中国在内的全世界绝大多数国家的经济形势严峻。为了对冲经济危机影响，保障经济发展环境，我国同步实施了逆周期积极财政政策，与第一次积极财政政策措施进行对比，第二次积极财政政策所使用的财政政策工具更加丰富、力度更大，作用精度也更高，主要包括大规模的减税降费、扩大政府支出的同时调节财政支出结构。2009 年以来，以财政政策目标分类，可以将积极财政政策模式大致划分为两大阶段。

一、以应对全球金融危机冲击为重心、以扩大内需为根本途径（2009—2011 年）

2009 年，我国发展面临的国际国内形势错综复杂，宏观经济冲击明显且频繁。

在这种情况下，我国政府及时做出决策，宏观政策目标由“双防”调整为“一保一控”，并在之后进一步调整。为了保增长和扩大内需同时进行，配套的积极财政政策接连发挥作用。2009 年召开的中央经济工作会议明确提出，要将扩大内需作为保障增长的根本途径，以扩大内需为着力点，保障经济的可持续平稳发展。这一时期积极财政政策工具的主要特征为增加公共支出和实行大规模的结构性减税，在供需两端共同发力。其中，公共支出流向主要集中于政府投资、农民和中低收入人群的补贴以及民生保障及科技创新的支持等领域；而结构性的减税则包括对增值税、个人所得税、消费税等税种进行的一系列改革。

2009 年，我国施行的积极财政政策的着力点是：

其一，加大政府公共投资力度，加强重点建设。2009 年，中央增加公共投资 4 875 亿元，2010 年增加公共投资 5 885 亿元，带动引导社会投资 40 000 亿元。这些公共投资主要用于农业和农村基础设施建设，以及教育、社会保障和就业、医疗卫生等方面（财政部，2009）。

其二，推进税费改革，实行结构性减税。这主要包括全面实施了消费型增值税，改革成品油税费，取消航道养护费、公路养路费、公路运输管理费等六项收费，并逐步有序地取消政府还贷二级公路收费；取消和停征 100 项行政事业性收费；进一步提高了服装、纺织、电子信息等主要出口产品的出口退税率。

其三，加大对农业、农村的支持力度。2009 年，我国财政安排粮食直补、农资综合补贴、良种补贴、农机具购置补贴四项补贴，共计 1 230. 8 亿元，比上年同期增长 19%，大幅度地提高了粮食的最低收购价格。此外，自 2009 年 2 月 1 日起，在全国推广了家电下乡并扩大了家电下乡补贴产品品种。

其四，推动了节能减排。2009 年，中央财政预算安排节能减排资金 495 亿元，比上年同期增长 17%；采取以奖代补的办法支持了十大节能工程，中、西部城镇污水处理管网建设等；开展了节能与新能源汽车推广试点，全面推进建筑节能，制定了促进光伏发电规模化发展的财政扶持政策（国务院办公厅，2009）。

二、以供给侧结构性改革推动经济高质量发展（2012—2019 年）

党的十八大以来，我国对经济社会的发展作出了一系列新的重大部署。面对经济新发展阶段所出现的一系列新问题和新挑战，我国积极财政政策亟须进一步探索出一条适应新阶段的发展路径，逐步对财政政策的目标、机制、效益进行优化、改进，以此来解决新的问题。我国经济发展新阶段的重要特征是要在稳增长的同时，持续推进经济质量的提升，推进高质量发展建设。在这一时期，积极财政政策体现出诸多新的特点①。

① 何德旭，于树一. 论支持供给侧结构性改革的积极财政政策［J］. 地方财政研究，2017（11）：63-71，81.

从积极财政政策着力点上看，其目标发生了重要转变，从以往的提振内需为主要方向转向注重发挥财政政策在调整经济结构上的能力，建立起需求与供给的合理结构，在收支两端共同发力。

2012—2014年，财政政策积极响应全面深化改革的新发展主题，强调财政政策对经济结构的调整作用。2012年的中央经济工作会议强调，财政政策要发挥出、发挥好“充分发挥逆周期调节和推动结构调整的作用”。2013年的中央经济工作会议进一步提出，财政政策的目标、财政政策的制定、财政政策的实施“要同全面深化改革紧密结合”。在这一阶段，积极财政政策的措施主要包括：财政支出结构调整；以税制改革完善结构性减税政策，增加营改增试点范围；依靠财税优惠的方式，精确作用于经济结构调整；等等。

2015—2019年，积极财政政策从收支两端全面发力，赋能供给侧结构性改革。为了解决国民经济出现的新情况，中央以经济发展步入新常态的判断为时代背景，提出要大力稳步推进供给侧结构性改革。这一时期的积极财政政策内容主要可以概括为：其一，减税降费力度增大，减税降费的范围扩大、精确度增强，鼓励中小微企业发展，鼓励创业，同时更着重中小型科技企业的培养。其二，优化财政支出模式，强化债务风险管理。财政支出在这一时期实现了合理增长，同时，财政支出更加重视民生领域，并且地方政府的债务管理体制也更加完善，债务风险更加可控。

第四节　新冠疫情后的财政政策实践（2020年至今）

2020年，受新冠疫情冲击，我国经济再一次受到严重影响。为了缓解宏观经济波动，维持经济的稳定发展，我国政府出台一系列组合性政策。在这一时期，积极财政政策再一次出现，以适应现实问题带来的新变化。2020年，我国新增减税降费超2.5万亿元，同时赤字率也从2019年的2.8%上升至2020年的3.6%，还发行了1万亿元的抗疫特别国债，专门用于缓解因疫情出现的一系列经济问题；紧紧围绕着“六稳”目标和“六保”任务，通过出台一系列组合经济政策，在扩大需求的同时，较好地保证了企业运行、产业链安全、就业等问题的相对稳定，较好地发挥了积极财政政策平抑经济周期的作用。同时，在这一时期，我国财政政策工具进一步丰富，工具作用针对性更强，并且调整经济结构的能力更加有效，既较好地处理了现阶段疫情冲击，也为进一步的经济发展铺垫了好的基础，为经济平稳高质量增长做出了重要贡献①。

---

① 李明，张璿璿，赵剑治. 疫情后我国积极财政政策的走向和财税体制改革任务［J］. 管理世界，2020，36（4）：26-34.

一、适应疫情防控需要的积极财政政策

积极财政政策的目的是逆周期调节宏观经济，保障经济稳定发展。2020 年以来，我国经济发展不确定性因素大幅增加，其中既有新冠疫情引发的全球公共卫生安全危机，也有国际安全危机和政治冲突。在这一时期，我国制定一系列积极财政政策以配合新发展阶段的经济转型，并解决出现的一系列经济宏观冲击。新一轮积极财政政策更加注重财政政策实施的精确度，特别注重财政支出调整经济结构的正向作用。为了适应疫情冲击所带来的一系列不确定性问题，2020 年财政赤字率设定在 3.6%以上不封顶，与此同时，进行大规模的减税降费，缓解企业运行压力。这一系列政策极大地缓解了疫情冲击，使得我国成为当年唯一保持增长的世界主要经济体。但与此同时，在一系列积极财政政策的作用下，财政压力激增，随着疫情防控进入常态化阶段，财政压力将得到有效缓解，但这一时期积累的政府债务问题依旧严峻。

疫情的出现，引发了社会发展的一系列新的思考。对于疫情防控，人们开始重新审视公共卫生服务建设，医疗科研创新成为人们重点关注的科技前沿；同时，人们也逐渐认识到积极财政政策的有效性问题，如何更好地发挥财政政策的作用成为评价财政政策效果的重要指标。同时，在疫情防控期间，数字经济得到了迅猛发展，其适应传统经济发展的速度加快。如何处理新的生产要素发展、准确认识人们消费理念和生活方式的变化，是下一阶段财政政策制定的关键问题。

二、财政投资切实落实，市场活力竞相迸发

这一时期积极财政政策依旧维持着支出的合理扩张，特别是财政投资。与此同时，财政投资更加重视如何有效发挥投资作用，产生实际效益。依靠市场对于资源配置的能力，有效激发市场经济活力，让财政投资真正做到投资有所得、投资有所益。

（一）落实财政投资

财政政策主体为政府，在市场经济体制下，财政投资要发挥作用，就要依靠市场。这就涉及政府与市场的关系认识，深刻认识政府与市场的关系，如何发挥市场的决定性作用，如何更好地发挥政府作用，这是能否真正落实政府投资、提高政府投资效益的关键问题。

我国实行社会主义市场经济体制，这意味着我国经济发展还需要考虑如何发挥国有经济的作用以及其非公有制经济的相互关系的问题，财政政策的目标、制定、实施等一系列问题也牵涉着经济体制改革的问题。这些复杂的结构性问题内在蕴含于推进全面深化改革的过程中，进一步的理解和实践是解决这些问题的关键和着力点。

以专项债问题为例，我国地方专项债券发行规模一直处于较高水平。2022 年政府工作报告确定，2022 年地方专项债券计划发行 3.65 万亿元，规模与 2021 年持平，但同时，地方政府在筹集资金之后，是否有能力将筹集到的资金再花出去，是否有能

力让花出去的资金达到最大收益，这涉及如何评价一个公共投资项目效益的问题。总的来说，项目在提出之前应该有科学的具体的可行性评价，而在项目完成后也该有明确的效益评价机制以衡量资金投入的利用水平。公共投资项目是财政政策发挥作用的关键路径，如果缺乏合理有效的项目规划，公共资金可能会空转，难以落向实处，自然会影响积极财政政策的效果。地方政府应更加谨慎高效地制定公共投资项目，充分发挥财政投资对经济发展的推动作用。

（二）释放市场活力

积极财政政策要发挥充分的作用，调节经济发展，一方面，可以依靠公共投资项目；另一方面，一个更重要的机制路径则是通过积极财政政策来激发市场主体经济活力，用市场经济主体延续财政政策效益。

积极财政政策要发挥财政投资“四两拨千斤”的作用，就必须从政府投资与市场投资的相互关系入手。政府和市场作为经济发展的两大主体，其相互关系一直是经济学研究的重点，要更好发挥积极财政政策的作用，就要深刻认识这一问题，并结合中国的具体制度，从实际出发来回答这个问题。市场资本流动最关键的就是利润，利润引导着社会资本在市场进行投资，要调节市场投资就要调节利润，这是市场经济体制最基本的原则。

此外，体制因素和政策因素也在很大程度上影响着市场的活力。改革开放以来，中国成功解决了投资安全预期问题，资本安全问题得到了解决，非公有制经济的资本不会被国有化，国内外资本可以自由流动中国市场。此后，国内外资本大量涌入中国市场，为中国市场带来了前所未有的生机与活力。市场活力的迸发配合着中国市场的巨大规模，造就了中国经济的腾飞。如今，中国体制和政策制定进一步发展，市场基础更加牢固，市场交易更加自由，造就了更好的资本发展条件。但是，依旧存在着一些有待改善的问题，其中包括部分领域投资政策的不确定性以及产业发展规划和制度的不确定性。不确定性影响了投资者的理性预期，从而导致资本市场流动速度减慢；同时，一旦不确定性的预期传染效应形成，会进一步影响市场活力的激发。

在新发展阶段进一步释放市场活力，需要更加注意对于市场主体的预期调控，特别注意营商环境的优化。我们要逐一解决投资遇到的问题，让市场主体吃下定心丸，愿意去承受本来该承担的市场风险，并因此获得合理的投资回报率，真正改善市场预期。

此外，释放市场活力还需要进一步在需求层面扩大居民消费。在新发展阶段，一方面，居民消费结构发生变化，人们对于传统初级产品的需求已经得到了很好的满足，供给侧结构性改革要注重市场引导，将供给向高端消费品进行转向，更好地满足消费需求的变化；另一方面，居民消费最终依靠可支配收入，要提振居民消费，最终着力点是提高居民可支配收入，其中改善就业是根本，医疗、教育、住房等生活保障是关键，这些都是财政政策可以有所为，且应有所为的领域。

第五节　财政政策和货币政策的相互协调

理论先于实践，要想正确选择合理的财政政策，就要准确认识财政政策的作用路径和运行规律；同时，积极财政政策也需要不断适应宏观经济形势的变化而不断更新。

20 世纪 70 年代，西方经济停滞和通货膨胀（“滞胀”）同时出现之后，在经济政策目标的选择上，通货膨胀和就业似乎变得相互矛盾了；同时，财政政策效果的不尽如人意让货币政策成为很多国家调节经济发展的首选项。由于西方国家在实施财政政策的过程中受到冗长立法过程的影响，财政政策时滞问题更加突出，财政政策的有效性受到越来越多的政府和学者质疑。进入 21 世纪，财政政策的作用却又重新回到了人们的视线之中，财政政策的制定和执行有了更加科学的理论指导，如何处理政府和市场的关系，成为政府和学者们争论的焦点。我国实行公有制主体地位下的市场经济体制，如何坚持市场有效领域、更好发挥政府作用？成为中国经济发展的关键问题。

财政政策与货币政策调控宏观经济路径和方式不同，但要想合理调控宏观经济，重要的是如何协调财政政策和货币政策，而不是重其一轻其一。更好地与货币政策协调，是财政政策发挥有效作用的关键。

第八章
中长期我国财政政策与宏观调控

第一节　财政政策与高质量经济增长

中央经济工作会议强调，“要坚持把高质量发展作为全面建设社会主义现代化国家的首要任务”，“坚持发展是党执政兴国的第一要务，发展必须是高质量发展”。长期以来，财政系统、财政治理体系在党的带领下不断进行探索和革新，逐步建立了一套完整有效的财政政策体系，但随着经济发展阶段的变化以及新问题新要求的出现，财政政策需要有新的任务、新的发展。新阶段，财政政策要从总量和结构两个层面上不断优化，与经济发展相适应，量要有合理增长，结构要有有效转变，全面助推中国经济高质量发展①。

一、积极财政政策助力经济发展行稳致远

财政政策作为重要的经济逆周期调节工具，其在维持经济发展稳定的层面上起着不可替代的作用。进入新发展阶段，中国经济要由高速发展转向高质量发展，一步一个脚印，切实保障发展质量，行稳方可致远。与新时代经济发展所提出的财政政策任务相适应，我国继续推进财政政策的改革与发展。

其一，财政政策支出保持合理扩张，资金流向重点民生保障领域。在疫情冲击下，人们重新认识了卫生健康保障的重要性，大量财政资金被用于抗击疫情保障人民

① 马蔡琛，管艳茹. 财政政策助推“双循环”新发展格局［J］. 地方财政研究，2020（11）：10-16.

生命安全，中国抗击疫情所取得的优异成绩也证明了中国财政政策的有效性，体现了中国制度集中力量办大事的鲜明特征。随着疫情进入常态化管控阶段，人们开始反思民生保障建设。优秀的民生保障是经济高质量发展的重要特征，新阶段财政政策适应这一新要求，财政资金逐步转向教育、社会保障、卫生健康等民生保障领域。人民是经济发展的基础，好的民生保障体制是高质量经济发展的基础。

其二，减税降费政策同国债地方债结合，促进经济发展活力，保障国家重大发展战略落实。新一轮科技产业革命已经到来，能否占据科技高点，是否拥有高端产业链产业集群，是新形势下能否维持经济发展优势条件、推动经济高质量发展的关键环节。我国财税政策持续发力，减税降费规模和力度持续加大，同时更加重视中小微企业特别是科技型中小微企业的财税政策优惠，积极发挥市场活力，推进科技产业升级。此外，国债和地方债发行力度屡创新高，政府投资建设能力不断增强，政府投资集中基础建设、能源、公共卫生、生态环保等领域，补齐经济发展短板，为经济进一步的发展做好铺垫。

二、财政政策质量持续提高

秉持着以创新、协调、绿色、开放、共享为内涵的新发展理念，新时代经济发展阶段背景下，中国财政政策实践也展露出新的时代特征。创新是引领发展的第一动力，坚持科技创新引领经济发展，财政政策助推科技快速发展。财政政策提高研究开发费用税前加计扣除比例，以此鼓励科技型中小企业加大研发投入力度。作为科技创新的前哨站，财政在科学技术研发和教育领域持续加大支出扶助力度。2022 年，中国高技术制造业投资同比增长 22. 2%，高技术工业增长率达到 7. 4%，超过工业整体增长率 3. 8%，高等技术产业领域发展态势强劲有力。同年，我国研究和试验经费（R&D）投入达到 3 万亿元，国家科技水平提升明显。协调是经济健康可持续发展的内在要求，共享是中国特色社会主义的本质要求。我国坚持区域协调发展战略，坚持全国一盘棋，全国人民共享经济发展成果；着力缩小城乡发展差距以及东、中、西部区域发展差距，有效调节中央政府对地方政府的转移支付与地区间的转移支付，合理分配财政财权和事权；加强社会保障体系建设健全。2022 年，中央在教育、就业、卫生健康等领域合计支出增长 31. 3%，中央财政安排乡村振兴补助专项资金 1 650 亿元，财政资金直达县乡镇，乡村振兴事业得到了有力支持。

第二节 财政政策与宏观经济波动

中国经济进入新发展阶段，以结构调整促进经济发展是经济实现进一步发展的重要主题。与此同时，新形势下的经济波动问题也逐步显现，各类突发事件的产生严重影响 GDP 增速，很多企业也面临阶段性的停工停产，国际贸易保护主义抬头，国际安全形势严峻。为应对经济波动，财政部门支出大幅增加，同时采取减收政策，以金融手段为受疫情冲击的企业复工复产提供支持。财政部门可适当扩大财政赤字，优化收支结构，加大对中小微企业的扶持力度，合理扩大总需求，并深化财政体制改革，从而加速经济恢复。

财政是国家治理的基石和重要支柱。从计划经济时期的大财政模式到改革开放以来的一系列财政模式曲折探索，我国积累了丰富的经验并初步建立了一套符合中国实际的财政运转模式。近年来，我国进一步全面深化财政体制改革，制定积极财政政策，以体制改革的方式拉动经济增长，助推产业结构调整，确保中国经济发展行稳致远。2020 年的新冠疫情给全世界包括中国在内的各个国家经济都带来了严重的冲击，受到疫情管控的压力，我国很多行业的众多企业面临停工停产，社会经济运转速度减缓。因此，国家启动应急措施后进一步制定了相应的积极财政政策，以应对经济波动带来的冲击，弥补经济发展中的短板，缓解财政收支压力。事实也证明了，积极财政政策这一中国开出的针对疫情经济冲击的“特效药”是有效的。我国在疫情冲击下，既保护了人民的生命财产，也维持了经济的基本稳定，并且在疫情管控进入常态化后，我国经济的恢复速度也是令人惊叹的①。

一、新形势下经济波动对财政的影响

中国在过去几十年内取得了巨大的经济成就，并且较好地应对了 1997 年亚洲金融危机、2008 年全球金融危机等一系列严重的外部宏观经济冲击。在世界百年未有之大变局背景下，经济外部冲击频率增强，特别是新冠疫情的发生，扰乱了人民的日常生活，企业停产、学校停课，人民出行减少，服务行业发展陷入停滞，固定资产投资大幅下降，进出口贸易几近停滞。从国际视角上看，新冠疫情作为公共卫生安全危机对于世界经济发展的影响是相当严重的。如今，疫情虽已过去，但人们深刻认识到，在当今世界错综复杂的环境中，经济冲击时时刻刻都可能会发生。财政政策作为短期内有效调节宏观经济的手段，是缓解经济冲击的有效手段，但同时经济波动也会影响财政，具体表现为两个方面：一是受经济冲击影响，社会经济发展受到影响，进一步影响财政收入；二是财政作为调控宏观经济的手段，在缓解经济冲击的过程中不可避免地扩大了财政支出规模，在收支两方共同压力的作用下，财政赤字往往会在经济波动期间加剧。

二、新形势下财政对经济波动的应对

每当经济发展遇到宏观经济冲击时，财政都是缓解经济波动的重要手段。回顾我国对历次外部经济冲击的处理经验可以发现，财政在其中都起到了不可或缺的作用。

---

① 何代欣. 积极财政政策应对疫情冲击及经济波动的定位与策略［J］. 财政科学，2020（3）：22-29.

现如今，经济发展进入新常态，我国正推动经济结构转型和社会制度的进一步深化改革。在吸取以往阶段财政政策应用经验的基础上，我国在新发展阶段需要建立一套能有效应对经济冲击的财政体系。

一方面，我们要改善财政收支结构，增强财政政策应对经济危机的能力。可支配的财政资金在上限层面上决定了通过财政政策解决外部经济冲击能力的大小，同时，不断爆发的宏观经济冲击也会造成极大的财政收支压力。为了防止公共债务的不断扩大，保障财政政策调节经济发展的能力，我国需要进一步优化财政收支结构，合理扩展财政收入来源，严格控制财政支出规模。在新发展阶段，我国要将财政支出更多转向公共服务供给和医疗就业等民生保障领域，同时加快推进国有企业资产收益的上缴和养老保险的全国统筹。

另一方面，我们要提高财政有效性，差异化精确化财政政策目标。经济发展进入新常态，这对财政也提出了新的要求，财政资金的有效利用成为财政政策的重要议题。以疫情防控期间的财政经验为例，面对疫情冲击，中小微企业作为市场活力的重要来源，其抵抗风险的能力较弱，并且中小微企业也能吸收大量劳动力，提供大量就业岗位。因此，当经济波动来临时，财政政策应更加注重对于中小微企业的保护，而不能对所有企业一概而论。同时，在疫情防控进入常态化阶段后，第二产业的恢复速度要优于第三产业，在经济波动结束之后，能否快速恢复不同产业的正常生产也依赖着财政政策的精确作用。

第三节　财政政策与结构调整

宏观调控中财政政策从两方面影响经济发展：一是财政资金的直接投入；二是财政政策对于市场预期的影响。财政政策的确定性、稳定性、可持续性对市场主体的预期具有重要影响，财政政策稳定、市场主体预期乐观是保障经济稳定的重要前提。过去几十年间，面对一系列的经济冲击和挑战，我国实行的积极财政政策取得了重大的成果，积累了丰富的经验。无论是 1997 年的亚洲经济危机、2008 年的全球金融危机还是 2020 年的新冠疫情，我国财政都给出了令人满意的答案。但同时，随着财政支出规模的不断扩大以及减税降费力度的不断加大，收支两端双向压力带来巨大的财政赤字风险，地方政府“债台高筑”屡见不鲜。为了保障财政体系的可持续发展，在接下来的经济发展中，我国更加注重财政结构的调整，注重财政支出的效益评估，以增强财政政策的精准作用①。

---

① 储德银，建克成. 财政政策与产业结构调整：基于总量与结构效应双重视角的实证分析［J］. 经济学家，2014（2）：80-91.

一、“十四五”时期财政治理前瞻

（一）大力发展安全财政、绩效财政、功能财政、整体财政，优化财政功能和结构

1. 安全财政

当今世界经济环境不容乐观，各种外部冲击不断发生。经济安全是“十四五”期间发展的重要主题，安全问题也自然是财政工作需要解决的重点与难点之一。发展安全财政，关键是要提高财政作用水平，为应对各类风险和意外事件做好预案，并且要做到预案丰富、预案有效、预案灵活；确保在风险发生时有及时的处理和应对策略，既要保障经济社会的发展安全，也要保障财政本身的安全，严格控制财政赤字水平。

2. 绩效财政

经济进一步发展，需要财政发挥的作用更加有效。“十四五”时期，要进一步建立绩效评价思想，强化绩效评价理念，全面铺开绩效财政的建设；“花钱必有效、无效必问责”的绩效观要贯穿财政体制建设，做到每一分财政资金都有评、都有效；逐步建立完善的预算绩效评价机制，确保财政支出的科学性、有效性。

3. 功能财政

功能财政是指将财政目标锚定为社会经济的总体平稳增长。长期以来，财政的核心是实现年度财政收支平衡，即所谓的“平衡财政”。平衡财政在调控宏观经济上的能力相对有限。“十四五”期间，要建设一套完整的“功能财政”体系，发挥好财政的逆周期调节作用，由注重短期内年度平衡转为追求长期内在一个经济周期内的财政平衡，将经济社会的行稳致远作为财政的根本目标。

4. 整体财政

整体财政是指要坚持系统观念，将财政政策作为经济发展的内在环节进行考虑。“十四五”期间，要建立整体财政思想；在空间上，要协调好财政与市场发展之间的关系，更好地发挥政府作用，增强财政政策和货币政策的作用效果；在时间上，要以发展的眼光调节财政政策，合理分配时间维度上的财政政策可操作性，严格防止财政的过度透支。

（二）推进政策创新，财政创收，建立现代预算管理评价体制

经济发展进入新常态，随之出现的新问题需要财政进行创新予以解决。数字经济发展已经进入了新的阶段，其与传统经济的接轨极大地推动了传统经济的发展；同时，全球都在高度关注如何建立一套适应数字经济发展的数字经济税收制度。我国的数字经济税收制度发展仍处于起步阶段，大规模的电商平台、社交平台等缺乏合理的税收管理机制，亟须建立一套完整的数字经济税基评估机制和税收征管方式，以合理发掘数字经济财政创收潜力。除此之外，我国需要进一步完善税式支出制度。我国各类税收优惠政策数目繁多，数量过多的税收优惠可能为市场秩序带来混乱，违背其促进产业发展的初衷，影响市场的公平竞争。

建立现代化预算绩效管理体制，是优化财政功能的重要途径。近年来，我国在预算绩效评价实施领域持续发力，具体表现为预算管理系统化、绩效评价的范围一般化、评价体系标准的科学化。“十四五”时期，我国应当在初步体制建立的基础上，进一步全面深化加强预算绩效体制改革；逐步建立起中期预算管理体系，加强预算的中期管理能力；增强预算管理的公开性、透明性，接受大众的评判，对于可行性不强的项目，要有及时停止的魄力。项目是财政政策调整经济的重要路径，我国要进一步加强预算绩效管理体制与项目立项评价管理体制的对接，确保项目可行、资金充足；加强对于地方区县小微项目的统一管理，确保小微项目的资金合理使用。当然，我国还要进一步改善中国财政“四本账”的协同关系，确保“四本账”之间的相互补充，共同服务经济发展和稳定。

二、加快优化政策结构，统筹兼顾稳增长和稳收入

（一）稳增长难度加大，财政政策边际效应递减

面对突如其来的疫情、风高浪急的国际环境和艰巨繁重的国内改革发展任务，近年来，我国明显加大积极财政政策实施力度，财政投入规模不断扩大，政策工具日益丰富，确保我国经济增长呈现出大国经济体中的最好表现。但是，从实施效果来看，我国积极财政政策的边际拉动效应在持续递减。

一方面，近年来积极财政政策投入力度持续加大。2017 年以来，为应对中美经贸摩擦带来的不利影响，我国逐步加大了积极财政政策的实施力度，特别是 2019 年我国开始实施大规模减税降费政策，减税降费规模明显扩大。

统计数据显示，2019—2022 年，我国积极财政政策新增投入超过 48. 2 万亿元，占 2013 年以来积极财政政策新增总投入 67. 6 万亿元的 71. 4%。其中，2020 年和 2022 年新增政策投入分别达到 13. 6 万亿元和 15. 2 万亿元。从政策投入占当年国内生产总值的比重来看，2019—2022 年，积极的财政政策新增投入占当年 GDP 的比重平均为 11. 1%。其中，2020 年和 2022 年新增政策投入占比分别高达 13. 4%和 12. 6%，力度之大可见一斑。

另一方面，积极财政政策边际拉动效应逐渐减弱。我国经济发展进入新常态，已由高速增长阶段转向高质量发展阶段，新冠疫情冲击和严峻复杂的国内外环境加大了经济增长的难度，积极财政政策投入产出比也相应降低。

2019 年以来，我国经济年均增长 4. 9%，比 2013 年以来 10 年的平均增速低 1. 3 个百分点，比 2013—2016 年的平均增速低 2. 4 个百分点，经济增长难度加大。这期间，尽管积极财政政策对稳定经济增长发挥了关键作用，但其拉动效应逐渐减弱。笔者测算，2019—2022 年，单位规模的新增政策投入（占 GDP 比重 1%）所对应的经济增速平均不足 0. 5 个百分点，比 2013—2016 年的平均值少 1. 6 个百分点，积极财政政策的边际拉动能力明显降低。

（二）新增减税降费占比过高，不利于税收增长

减税降费对于特殊时期缓解企业经营困难、促进经济恢复具有积极意义。在现行

税制结构下，减税降费应统筹财政政策需要与政府财力可能，努力保持税负稳定。近年来，我国减税降费力度明显加大，在新增财政投入中占比大幅提升，在经济增速降低、税收产出下降的形势下，不利于税收增长，对积极财政政策可持续造成了一定影响。

2019 年以来，我国持续加大减税降费政策的实施力度。在财政政策投入构成中，减税降费成为积极财政政策工具箱中发展最快的政策工具之一。

据统计，2019—2022 年，通过实施更大规模减税降费、支持疫情防控和经济社会发展税费优惠政策、“减税降费+缓税缓费”“大规模留抵退税+减税降费+缓税缓费”新的组合式税费支持等政策，我国新增减税降费及退税缓税缓费合计达 11.2 万亿元，在同期积极财政政策投入结构中占比达 23.1%，低于地方政府专项债的占比（30.9%）和财政赤字投入的占比（27.9%），大幅高于调入（调出）资金和使用结转结余净额的占比（16%）。

从发展速度来看，近年来，我国对减税降费的政策依赖度迅速提升，对财政赤字的政策依赖度大幅下降。笔者测算，相较于 2013—2016 年，2019 年以来积极财政政策中新增减税降费占比提高了 1.1 倍，财政赤字占比仅为 0.4 倍。这表明，在组织实施积极财政政策过程中，存在过度依赖减税降费、利用赤字空间不足的政策倾向。

大规模减税降费对财政稳定性产生影响。大规模减税降费属于国家财政大规模隐性支出，在缺乏税式支出法等相关法律法规强力约束时，大规模地实施减税降费不仅会直接导致税收收入短收，造成财政运行长期紧平衡，同时也易诱发骗税行为，不利于提高财政支出效率，使财政收支失去预算刚性约束，影响财政的稳定性。

国家统计局数据显示，2019—2022 年，伴随大规模减税降费等相关政策实施，我国税收收入增幅大幅下降。除 2021 年由于上年基数较低税收增长 11.9%以外，2019 年、2020 年、2022 年分别增长 1%、-2.3%、-3.5%，大幅低于 2017 年的 10.7%和 2018 年的 8.3%。

除受疫情因素造成经济低速增长的影响外，大规模减税降费是造成税收低速增长甚至负增长的直接原因之一。据统计，我国税收收入占 GDP 比重由 2019 年的 16%下降到 2022 年的 13.8%，三年下降 2.2 个百分点。实际上，2022 年，我国 13.8%的税收收入占比处于 20 世纪 90 年代新税制改革以来的最低水平，财政正常运行受限。

（三）多措并举综合施策，确保财政可持续发展

下一步，我国应深入推进跨周期调节与逆周期调节相结合，科学处理当前与长远、调控与改革、收入与税源的关系，坚持宏观调控与增加收入“两手抓、两手硬”，增强财政可持续性，大力夯实中国式现代化国家治理的基础。

一是合理使用减税降费政策工具，年度新增减税降费规模控制在积极财政政策总投入的 10%以内。增值税留抵税款是国家依托增值税管理机制依法筹集的企业强制存款和法定储备资金，建议对新增增值税留抵退税恢复计划管理；同时，对现有减税降费政策措施进行系统化梳理和规范，加快研究制定税收支出法，将减税降费和税收优

惠依法纳入法治化轨道。

二是强化预算统筹，建立更加科学的财政资金调入机制。本书建议，可以将部分政府性基金项目转列一般公共预算，加大一般预算对基金预算收支的统筹力度；提高国有资本收益上缴比例并推进其制度化、规范化，增强国有资本收益对社保和特殊时期对一般预算的补充保障能力；完善结余资金收回使用机制，实行存量资金与次年预算安排紧密挂钩；将依托行政权力、国有资源资产获取的收入等全面纳入一般预算管理。

三是加大财政赤字使用力度，建立跨阶段预算平衡机制。本书建议，可以将“以收定支”与“以支定收”相结合，强化国家战略引导，突出“以支定收”；在赤字运用上更加积极主动，适当扩大一般预算赤字波动区间，将财政赤字“削峰填谷”机制运用到经济增长的不同阶段，实施跨阶段预算平衡机制，促进政府预算由平衡预算向现代功能预算转变；加大赤字预算对建设投资和资本性支出的保障力度，科学发挥地方政府专项债和特别国债政策功能；建立健全中长期政府投融资规划制度体系，建设政府资本预算机制，以政府投融资规划统领政府资本预算，在应对危机和现代化强国建设中掌握工作主动权、打好发展主动仗。

四是将政策重点由大规模减税降费调整为加快优化税制结构。一方面，要进一步提高减税降费的针对性和有效性。现阶段我国小体量的纳税人和企业税收负担已经得到了较大幅度的减轻，处于历史最低水平，持续大规模减税降费空间收窄。另一方面，要重点关注大中型企业等一般纳税人的减税降费工作，把有限资源用于结构性安排，从而更大程度地提高减税效能。

总体而言，就是要稳定宏观税负，提高税收收入在国内生产总值中的比重。具体体现在多个方面：要以建立“三足鼎立”的复合税制为目标，优化调整税收制度，推动现行税制由流转税、所得税“双主体”税制结构，加快向流转税、所得税、财产财富税“三足鼎立”转变，构建科学有效的现代税制体系；健全直接税体系，提高直接税比重，推动税收调节不断向居民收入、所得、财产财富、遗产赠与、社会保障、海外移民定居等综合领域拓展；研究开征遗产赠与税、弃籍税等，有效调节社会分配，并适时推进社会保障“费改税”；完善个人所得税制度，扩大综合征收范围，清理规范不合理税收优惠；加快推进房地产领域综合税收改革，简化房地产税收制度，促进税收负担由建设、交易环节更多转向保有环节；围绕实现碳达峰和碳中和目标，加快推进资源与环境税收制度改革，建立有利于国际税收协作的碳税制度；研究开征数字服务税，保护我国税收权益，推动数字经济和新经济加快发展；建立健全资源有偿使用制度和生态环境补偿机制；推进正税清费，通过撤销、合并、削减费率等措施，严厉控制非税收入不合理增长；加快培育市场主体，加大税源建设力度；统筹处理好普惠性减税与结构性减税的关系，维护公平竞争的市场环境，建设全国统一大市场，避免形成行业地区政策洼地；深化“放管服”改革，提升企业登记便利度；落实停歇业制度，降低企业经营成本，解除市场主体后顾之忧。

三、加强和改进财政宏观调控政策措施

首先，要运用积极财政政策工具，加强财政宏观调控能力。我国财政工具持续创新，财政工具种类增加、财政工具作用增强，同时多种财政工具间的配合机制更加完善，促进经济平稳向好发展。党的二十大以来，我国累计新增专项债券超 11 万亿元，超长期国债工具使用进入加速轨道，财政资金引领大量社会资金助力国家重点战略实施和重点领域安全能力的建设。

其次，要一步一个脚印，深化财政体制改革。党的二十届三中全会提出，要全面深化财税体制改革。完善财税体制，就是要完善税收体制，建立一套适应经济发展现状的税收体系，通过财政税收体制改革拓展地方税源，平衡财政收支，将适宜合并征收的税种进行统筹征收，提高税收征管效率；同时，要适当扩大地方税权，合理分配中央和地方的税收征管权力，提高地方政府财政支配管理的自主性，并建立起一套合理的税收监管体系，确保中央对税收的宏观管理能力。

再次，要充分发挥财政政策功能，精确扶持新一轮科技产业革命，培养社会科技创新发展能力，增强财政资金引导社会资本流动的能力，集中社会力量办大事。党的二十届三中全会提出，要健全因地制宜发展新质生产力体制机制，健全促进实体经济和数字经济深度融合制度。2024 年，中央财政预算为科技支出安排资金总额达 3 708 亿元，同比增长达到 10%。因此，我们要用好大额财政资金，大力支持科技创新和产业创新融合发展，抢占新一轮科技产业革命之先机；同时，要持续提高基础领域、前沿领域、实用领域研究支出水平，加强宏观视域的培养，做好科技产业发展蓝图规划，早布局、布局好国家科技重大项目的发展模式，助推战略性关键新兴产业的快速高质量发展，加速打造高端产品产业链，提高科技工作者工作热情，攻关克难，突破系列关键科技节点。

最后，要发挥好财政对基础民生的支撑作用，持续强化民生领域投入。共享经济发展成果是中国特色社会主义的本质要求，我国经济也已取得快速的发展，财政作为第二次分配的关键环节，承担着保护社会民生稳定的重大责任。因此，新时代财政实践发展要注重农业农村发展，注重中低收入人群的生存保障和发展需求，确保脱贫攻坚巨大成果的稳固和安全。

参考文献

安百杰，张宁，2019. 新时代财政支出绩效评价实践的优化研究［J］. 东岳论丛，40（6）：106-114.

陈小亮，马啸，2016.“债务-通缩”风险与货币政策财政政策协调［J］. 经济研究，51（8）：28-42.

成新轩，2003. 欧盟财政政策协调分析［J］. 世界经济（5）：41-46.

储德银，建克成，2014. 财政政策与产业结构调整：基于总量与结构效应双重视角的实证分析［J］. 经济学家（2）：80-91.

褚大军，2008. 卡特传［M］. 北京：当代世界出版社.

邓金钱，何爱平，2016. 城镇化、地方财政支出规模与城乡收入差距：基于面板门槛模型的实证检验［J］. 管理学刊，29（2）：35-42.

杜凤华，2009. 应对金融危机的财政货币政策研究［J］. 财政研究（7）：23-26.

冯海波，2003. 关于中国财政政策演变的规律性认识［J］. 当代经济研究（4）：24-27.

冯俏彬，2021.“十四五”时期我国财政治理与2021年财政政策前瞻［J］. 中国财政（2）：24-27.

傅志华，陈龙，2017. 学习领会习近平财政思想深化财税改革和制度建设［J］. 财政科学（11）：5-13.

甘小武，邹进文，朱华雄，2021. 土地革命时期中国共产党的财政思想研究［J］. 经济理论与经济管理，41（9）：4-19.

高珂，2019. 我国经济动能转换的财政政策研究［D］. 北京：中央财经大学.

郭文，曹建海，程灵沛，2018. 我国经济波动与财政政策关系的实证研究［J］. 现代管理科学（3）：12-14，54.

国家发改委经济研究所课题组，刘国艳，王元，等，2012. 积极财政政策转型与财政可持续性研究［J］. 经济研究参考（2）：3-33.
韩保江，许诗源，2021. 中国共产党财政思想逻辑的百年演变与历史启示［J］. 财政研究（7）：3-11.
韩铁，1984. 艾森豪威尔的现代共和党主义［M］. 湖北：武汉大学出版社.
何代欣，2020. 积极财政政策应对疫情冲击及经济波动的定位与策略［J］. 财政科学（3）：22-29.
何德旭，于树一，2017. 论支持供给侧结构性改革的积极财政政策［J］. 地方财政研究（11）：63-71，81.
何国华，1999. 凯恩斯主义复兴和宏观经济政策理论的新发展［J］. 世界经济研究（6）：66-70.
胡绍雨，李雪霞，2023. 财政支出结构变迁与优化：国际经验及中国定位［J］. 财会研究（11）：4-11.
胡永刚，郭长林，2013. 财政政策规则、预期与居民消费：基于经济波动的视角［J］. 经济研究，48（3）：96-107.
黄邦根，李朝林，2019. 新老凯恩斯主义的区别研究［J］. 现代商业（25）：117-118.
贾俊雪，郭庆旺，2012. 财政支出类型、财政政策作用机理与最优财政货币政策规则［J］. 世界经济，35（11）：3-30.
贾康，2008. 中国财税改革 30 年：简要回顾与评述［J］. 财政研究（10）：2-20.
贾康，孟艳，2008. 关于财政政策与货币政策协调配合的简要认识［J］. 财政研究（6）：23-27.
贾松明，2002. 积极财政政策的可持续性分析［J］. 中央财经大学学报（5）：23-25.
凯恩斯，1936. 就业、利息和货币通论［M］. 徐毓枬，译. 北京：商务印书馆.
李明，张璿璿，赵剑治，2020. 疫情后我国积极财政政策的走向和财税体制改革任务［J］. 管理世界，36（4）：26-34.
李齐云，2019. 新中国 70 年财政思想演进［J］. 公共财政研究（4）：4-11.
李戎，田晓晖，2021. 财政支出类型、结构性财政政策与积极财政政策提质增效［J］. 中国工业经济（2）：42-60.
李树杰，2001. 开放经济条件下蒙代尔-弗莱明模型的应用［J］. 金融教学与研究（3）：16-19，35.
李卓，2000. 欧洲货币一体化中的财政约束［J］. 世界经济（2）：19-29.
刘丽辉，2020. 新形势下积极财政政策应对经济波动的策略研究［J］. 现代商业（22）：145-146.
刘日新，2016. 新中国前三十年的经济：1950—1980 年的国民经济计划［M］. 北京：中国经济出版社.

刘蓉，等，2020. 新中国财政税收制度变迁［M］. 成都：西南财经大学出版社.
刘溶沧，2000. 中国财政政策货币政策理论与实践［M］. 北京：中国金融出版社.
刘尚希，2018. 积极财政政策的变迁［J］. 新金融评论（6）：1-12.
刘小怡，夏丹阳，1997. 财政政策与货币政策［M］. 北京：中国经济出版社.
刘晓泉，钟金芳，2022. 中国共产党财政政策的探索历程及基本经验［J］. 江西财经大学学报（3）：3-12.
卢学英，白文周，2015. 市场信心、经济波动与财政政策［J］. 华东经济管理，29（2）：81-88.
罗永宽，1998. 艾森豪威尔传［M］. 武汉：湖北辞书出版社.
吕炜，2004. 体制性约束、经济失衡与财政政策：解析 1998 年以来的中国转轨经济［J］. 中国社会科学（2）：4-17，204.
吕炜，张妍彦，周佳音. 财政在中国改革发展中的贡献：探寻中国财政改革的实践逻辑［J］. 经济研究，54（9）：25-40.
马蔡琛，管艳茹，2020. 财政政策助推“双循环”新发展格局［J］. 地方财政研究（11）：10-16.
马海涛，2018. 财政理论与实践［M］. 北京：高等教育出版社.
马洪范，2008. 国际金融危机下的中国财政政策选择［J］. 中国金融（24）：62-64.
毛慧姝，2003. 凯恩斯学派财政政策实践及借鉴［J］. 广东商学院学报（2）：52-55.
尼克，1979. 尼克松回忆录［M］. 伍任，裘克安，马究生，等译. 北京：商务印书馆.
彭健，2014. 分税制财政体制改革 20 年：回顾与思考［J］. 财经问题研究（5）：71-78.
钱乘旦，许洁明，2019. 英国通史［M］. 上海：上海社会科学院出版社.
秦嗣毅，2003. 战后美国财政政策演变研究［J］. 学习与探索（2）：69-71.
施莱辛格，1981. 一千天：约翰·菲·肯尼迪在白宫［M］. 仲宜，译. 北京：三联书店.
施雨，2018. 城镇化背景下的城市财政结构比较研究：以重庆、上海为例［J］. 现代商贸工业，39（24）：100-103.
苏平贵，2003. 汇率制度选择与货币政策效应分析：蒙代尔-弗莱明模型在我国的适用性、改进及应用［J］. 国际金融研究（5）：4-9.
苏妍，胡高昂，2017. 罗斯福杜鲁门［M］. 沈阳：沈阳出版社.
孙恒，刘珍丽，2017. 艾森豪威尔肯尼迪［M］. 沈阳：沈阳出版社.
孙磊，2006. 中国财政政策动态效应的实证分析：1998—2004［J］. 财贸研究（1）：59-64.
孙学工，2017. 关于新时代财税体制改革的四点认识［J］. 财政科学（11）：26-29.
谭建立，赵哲，2021. 财政支出结构、新型城镇化与碳减排效应［J］. 当代财经

（8）：28-40.
唐滔，徐瑞慧，2023. 欧元区财政政策与货币政策的关系和启示［J］. 金融发展研究（6）：63-67.
王宏道，林暹亮，伍李华，2020. 金融支持小微企业发展的政策研究［J］. 财经界（9）：94-95.
王建，2024. 在危机应对中投资于未来：新型冠状病毒感染疫情期间全球教育财政政策分析与启示［J］. 教育研究，45（2）：147-159.
王丽萍，龙敏，2006. 我国货币政策独立性研究：以蒙代尔-弗莱明模型分析［J］. 经济论坛（2）：25-26.
魏立萍，刘晔，2008. 民生财政：公共财政的实践深化［J］. 财政研究（12）：7-10.
温桂芳，马栓友，赵萍，等，2003. 积极财政政策与经济增长效应分析［J］. 人文杂志（3）：52-60.
吴必康，2014. 变革与稳定：英国经济政策的四次重大变革［J］. 江海学刊（1）：168-175.
吴中宝，王健，2014. 透视奥巴马经济学：美国经济大转向［M］. 北京：中国经济出版社.
吴遵杰，陈勇，2017. 新古典宏观经济学：理论、模型与问题［J］. 政治经济学评论，8（1）：72-97.
肖捷，1992. 德国经济体制和经济政策［M］. 北京：中国计划出版社.
肖立晟，杨晓，2019. 供给型财政政策对美元走势的影响［J］. 中国金融（5）：74-75.
肖普，1980. 卡特总统和美国政坛内幕：八十年代的权利和政治［M］. 冬梅，译. 北京：时事出版社.
辛波，王竹芹，于国安，等，2003. 财政收入政策选择空间研究［M］. 徐州：中国矿业大学出版社.
邢丽，陈龙，2023. 积极财政政策：中国实践的新逻辑［J］. 中国社会科学（2）：57-77，205-206.
闫坤，张晓珉，2023. 积极的财政政策加力提效 有效支持高质量发展［J］. 中国财政（4）：13-15.
阳军，孟卫东，黄森，2011. 财政结构、城乡统筹与经济发展的空间机理研究［J］. 华东经济管理，25（5）：50-54.
杨逢珉，张永安，2008. 欧洲联盟经济学［M］. 上海：上海人民出版社.
杨贵华，1995. 世界风云人物：尼克松［M］. 北京：新华出版社.
杨全社，杨英杰，皇甫建华，等，2020. 美国金融危机以来财税政策演变及其实施效果评价［J］. 经济研究参考（1）：76-89.
杨小军，2011. 中国新凯恩斯主义菲利普斯曲线的经验研究［J］. 统计研究，28

（2）：13-18.
杨志勇，2019. 新中国财政政策 70 年：回顾与展望［J］. 财贸经济，40（9）：21-34.
杨志勇，2022. 稳中求进的积极财政政策及未来财政政策选择［J］. 地方财政研究（2）：19-24.
姚洋，郑东雅，2008. 重工业与经济发展：计划经济时代再考察［J］. 经济研究（55）：26-40.
叶进，李长久，1997. 里根［M］. 浙江：浙江人民出版社.
詹静涛，2006. 现代财政国库管理制度理论与实践［J］. 财政研究（4）：2-9.
张成思，2012. 通货膨胀、经济增长与货币供应：回归货币主义？［J］. 世界经济，35（8）：3-21.
张建刚，2010. 凯恩斯主义的理论缺陷及其新的发展［J］. 经济问题（3）：13-18.
张荐华，2001. 欧洲一体化与欧盟的经济社会政策［M］. 北京：商务印书馆.
张锦铁，2005. 美国总统档案［M］. 北京：九州图书出版社.
张子璇，2017. 财政经济形势与财政体制变革之研究［J］. 现代商业（24）：167-168.
章和杰，陈威吏，2008. 扩张财政政策对内外均衡的影响分析：基于篮子货币汇率制度下的蒙代尔-弗莱明模型［J］. 统计研究（10）：26-33.
赵扶扬，王忏，龚六堂，2017. 土地财政与中国经济波动［J］. 经济研究，52（12）：46-61.
郑春荣，2012. 英国社会保障制度［M］. 上海：上海人民出版社.
中国贸易结构优化课题组，1991. 欧洲经济一体化的历史性变革与我国的对策［J］. 管理世界（6）：17-25，220.
周文，刘少阳，2021. 100 年来中国共产党对中央与地方经济关系的探索与完善［J］. 中国经济问题（3）：5-19.